GUÉRIR APRÈS LA PERTE D'UN ÊTRE AIMÉ

GUÉRIR APRÈS LA PERTE D'UN ÊTRE AIMÉ

Méditations quotidiennes pour traverser une période de deuil

Martha Whitmore Hickman

Traduit de l'anglais par
Marie Gonthier

ADA éditions

Titre original anglais : Healing After Loss: Daily Meditations for Working Through Grief

Éditeur : François Doucet
Traduction : Marie Gonthier
Révision linguistique : Daniel Picard
Correction d'épreuves : Nancy Coulombe, Fannie Legault Poisson
Conception de la couverture : Matthieu Fortin
Photo de la couverture : © Thinkstock
Mise en pages : Sébastien Michaud
ISBN papier 978-2-89752-095-3
ISBN PDF numérique 978-2-89752-096-0
ISBN ePub 978-2-89752-097-7
Première impression : 2014
Dépôt légal : 2014
Bibliothèque et Archives nationales du Québec
Bibliothèque Nationale du Canada

Éditions AdA Inc.
1385, boul. Lionel-Boulet
Varennes, Québec, Canada, J3X 1P7
Téléphone : 450-929-0296
Télécopieur : 450-929-0220
www.ada-inc.com
info@ada-inc.com

Diffusion

Canada :	Éditions AdA Inc.
France :	D.G. Diffusion Z.I. des Bogues 31750 Escalquens — France Téléphone : 05.61.00.09.99
Suisse :	Transat — 23.42.77.40
Belgique :	D.G. Diffusion — 05.61.00.09.99

Imprimé au Canada

Participation de la SODEC.
Nous reconnaissons l'aide financière du gouvernement du Canada par l'entremise du Fonds du livre du Canada (FLC) pour nos activités d'édition.
Gouvernement du Québec — Programme de crédit d'impôt pour l'édition de livres — Gestion SODEC.

Catalogage avant publication de Bibliothèque et Archives nationales du Québec et Bibliothèque et Archives Canada

Hickman, Martha Whitmore, 1925-

[Healing After Loss. Français]
Guérir après la perte d'un être aimé : méditations quotidiennes pour traverser une période de deuil
Traduction de : Healing After Loss.
ISBN 978-2-89752-095-3
1. Deuil - Aspect religieux - Christianisme - Méditations. 2. Chagrin - Aspect religieux - Christianisme - Méditations. I. Titre. II. Titre : Healing After Loss. Français.

BV4905.2.H5214 2014 242'.4 C2014-941402-1

À Bill et Sudie

Introduction

Après la perte d'un être aimé, il y a d'abord beaucoup d'activités car il faut organiser les funérailles, accueillir la famille et les amis. Les amis qui se pressent autour de nous, le partage des larmes et des étreintes, la nourriture apportée, les souvenirs échangés, tout cela nous réconforte. Les services religieux donnent un sens aux événements et nous apportent l'espoir tandis que la communauté se rassemble affectueusement autour de nous et nous soutient.

Mais les services religieux prennent fin, les parents et les amis retournent chez eux, et nous entrons, seuls, dans un pays nouveau et étrange, un pays où l'une des personnes qui donnait un sens à notre vie est absente.

Il y a maintenant des espaces vides dans notre esprit, des espaces vides dans les jours et les nuits. Souvent, au moment où nous nous y attendons le moins, les souffrances et les soucis reviennent, encore et encore, parfois comme une vague océanique qui déferle, ou comme l'eau mêlée de sable qui suinte lentement d'un morceau de bois de grève qu'on vient de soulever et qui cherche à retrouver sa place.

Ce processus dure très longtemps. Des années, et non pas des jours ou des mois, si l'être cher nous était très proche. Certaines pertes – un enfant, un époux ou une épouse – ne sont jamais « surmontées ». Mais, si nous sommes sages, et si nous avons de la chance et du courage, et si nous sommes soutenus pour parcourir, encore et encore, la terre sacrée, la perte cessera peu à peu de nous dominer. Nous pourrons choisir. Nous pourrons faire marche arrière et quitter une zone dangereuse si nécessaire, ou envisager la possibilité d'y revenir le jour où nous en aurons la force. Nous pourrons sentir sur notre visage les embruns sans craindre la noyade et même apprécier le goût du sel sur nos lèvres, car cette perte dramatique s'accompagne d'une bouffée d'amour pour la personne disparue et peut-être du sentiment que, dans cet univers mystérieux, nous sommes encore ensemble, nous sommes unis dans un amour dont les liens ne peuvent être défaits.

« Ce qui est essentiel ne meurt pas mais se clarifie », a écrit Thornton Wilder. Et aussi : « Le plus grand hommage à rendre à un défunt n'est pas le chagrin mais la gratitude. » Nous réussirons un jour à traverser cette « vallée de l'ombre » particulière et, même si notre monde demeure teinté de tristesse, nous finirons par acquérir un sentiment de force intérieure, la capacité de nous réjouir de la vie que nous avons partagée et de regarder vers l'avenir où l'être aimé, bien qu'absent physiquement, continuera de nous bénir.

Chacun de nous raconte ou écrit à partir de sa propre histoire, avec ses tristesses et ses joies. Ma vie comme écrivaine et comme être humain a été profondément affectée par mon expérience du deuil – en particulier, par la mort de ma fille de 16 ans qui, par un après-midi d'été ensoleillé durant des vacances familiales dans les montagnes du Colorado, est tombée de son cheval et s'est tuée. C'était il y a longtemps. Le deuil prend son temps et, pendant un moment, il occupe tout notre temps. Je parle en connaissance de cause.

C'est donc avec le sentiment d'être exactement au bon endroit, en accord avec ma propre vie, que j'ai entrepris ce livre de méditations pour ceux et celles qui sont endeuillés. Ces méditations suivent l'ordre des jours dans une année, mais vous pouvez commencer votre lecture n'importe où, à n'importe quel mois ou jour de l'année. Elles sont brèves car, durant les premières étapes du deuil surtout, notre attention est limitée, et une réflexion profonde nous sera plus utile qu'une discussion prolongée.

Je remercie les nombreuses personnes qui ont permis la réalisation de ce livre : les membres de ma famille et les amis qui m'ont soutenue au moment où j'étais le plus vulnérable ; les communautés spirituelles et religieuses qui m'ont témoigné leur affection et qui me rappellent qui je suis, qui j'ai choisi d'être.

Et j'adresse mes remerciements tout particulièrement à mon éditrice, Lisa Considine, qui la première m'a approchée et proposé ce projet ; je remercie les centaines de personnes dont les paroles — entendues aux hasards d'une conversation, trouvées dans des lettres ou des textes édités — ont été les déclencheurs de ces méditations. Ce fut une riche aventure que de me familiariser avec les paroles de ces sages ou de les redécouvrir. Et j'espère que, tous ensemble, nous pourrons aider les personnes qui vivent un deuil à avancer avec détermination et courage, et à croire qu'une lumière de plus en plus vive éclairera la longue route de la guérison et de la réappropriation de la vie.

Nashville, Tennessee
Août 1994

1ᴱᴿ JANVIER

... J'ai rédigé ces notes sur mes sentiments
En hommage à la tendresse,
Et à tous ceux qui ont été enrôlés
Dans la confrérie
Des endeuillés...

— EDWARD HIRSCH

Lorsque nous intégrons la communauté des hommes ou des femmes en deuil, la sensibilité devient pour nous une seconde nature. Nous sommes si vulnérables. Tout contribue à garder ouverte la plaie à vif de notre chagrin, à nous rappeler l'être que nous avons perdu, à faire surgir des souvenirs : une inclinaison de la tête, un rire, une façon de marcher, un détail, une conversation particulière. Ces images sont autant de perles enfilées les unes à la suite des autres sur le collier de l'absence. Avec tendresse, nous les tournons et retournons sans cesse. Nous ne pouvons ni les supporter ni les laisser partir.

Puis, petit à petit, un élément à la fois, le fil conducteur du deuil se modifie d'une façon ou d'une autre et devient une enfilade de précieux souvenirs : une inclinaison de la tête, un rire, une façon de marcher, un détail, une conversation particulière se transforment en cadeaux issus de la vie que nous avons partagée jadis avec la personne disparue, des cadeaux qu'on ne pourra jamais nous reprendre.

Je souhaite respecter et faire confiance aux processus du deuil et de la guérison, sachant qu'avec le temps un nouveau jour se lève.

2 JANVIER

L'esprit est un peu lent quand il s'agit d'évaluer une grande perte — voilà tout. Il lui faudra des mois, voire des années, de réflexion et de remémoration pour rassembler les détails et, ainsi, découvrir et mesurer toute l'étendue de cette perte.

— Mark Twain

S'il nous arrive d'avoir envie « d'en finir » avec notre deuil d'une façon ou d'une autre (si j'accélère le processus, peut-être que je me sentirai mieux plus rapidement), n'oublions pas, comme nous le montrent plusieurs expériences fondamentales de l'existence – faire l'amour, manger et boire –, que la vitesse n'est pas nécessairement ce qu'il y a de mieux. Le fait de savoir que le deuil est incontournable devrait nous rassurer. Il prendra tout le temps qu'il lui faut. Notre tâche consiste à prêter attention aux messages qui surgissent de l'esprit et de la mémoire. Si nous n'en tenons pas compte, le prix à payer sera sans doute plus élevé à long terme.

Si je peux cesser de résister et calmer mon âme, mon chagrin me dira ce qu'il attend de moi à chaque étape du parcours.

3 JANVIER

Aimez le moment présent, et l'énergie de ce moment rayonnera par-delà toutes les frontières.

— CORITA KENT

L'une des choses les plus apaisantes que l'on puisse faire, quand on éprouve un profond chagrin, est d'essayer d'extraire du temps qui passe les merveilleux moments occasionnels.

Même si nous nous le demandons parfois – comment supporter cela, toutes ces années à venir, sans lui/sans elle ? –, nous n'en continuons pas moins de vivre chaque instant, chaque heure, chaque jour. Dans l'avenir, il y aura effectivement des journées qui nous sembleront vides. Mais si, présentement, nous vivons un moment merveilleux – une réunion de personnes qui nous sont chères, une promenade dans les bois, un échange avec un enfant, une pomme que l'on croque, une tasse de thé –, savourons-le.

J'ai participé un jour à un atelier de relations humaines où l'on s'exerçait à délimiter son territoire, tâche pour laquelle, à l'instar de nombreuses femmes, je ne suis pas douée. L'exercice consistait à marcher dans la pièce remplie de gens en s'imaginant entouré d'un globe transparent, dont on fixait soi-même les dimensions. Ce fut une merveilleuse aventure libératrice, un moment imaginaire où l'on se sentait déconnecté. Peut-être que, de la même façon, nous pouvons essayer d'apprécier les bons moments de notre vie. Au lieu de penser : « Avant cela, j'étais triste » ou « Après cela, je serai triste », nous pourrions essayer de penser : « Aujourd'hui, je serai uniquement dans ce moment présent et je goûterai ce qu'il y a de bon en lui. »

Parfois, ce n'est pas une vision à long terme qu'il me faut. J'ai besoin du moment présent, vécu pour lui-même, sans lien avec le passé ou le futur.

4 JANVIER

Il est dans la nature de la grâce de toujours remplir les espaces vides.

— Goethe

Ce n'est pas qu'il nous soit impossible de faire la différence. Ce n'est pas que nous soyons déloyaux. Mais, si la vie nous propose de diriger ailleurs tous ces élans que nous éprouvons pour l'être qui n'est plus auprès de nous, comment ne pas en être reconnaissant ? C'est comme un héritage supplémentaire – une bénédiction, même – qui provient de celui ou celle que nous avons perdu(e) et qui sera remis à une autre personne qui a besoin de ce que nous avons à donner. Nous sommes ainsi revigorés par la mémoire de l'être aimé, et en même temps nous offrons un cadeau, nous créons une nouvelle relation.

Qu'il me soit donné de rester vigilant pour que je puisse me rendre utile si quelqu'un a besoin de moi maintenant.

5 JANVIER

Quand nous avons besoin de moments réparateurs, rien ne vaut une longue promenade. Il est étonnant de constater à quel point les mouvements rythmiques des pieds et des jambes sont étroitement liés au nettoyage des toiles d'araignée dans le cerveau.

— Anne Wilson Schaef

C'est la dernière chose que nous ayons envie de faire, parfois : aller dehors et être actif physiquement. Il y a l'effort à fournir pour nous lever et bouger ; mais qui, de toute façon, se soucie que nous gardions ou pas notre corps en bon état de fonctionnement ?

Dans une telle situation, la réflexion doit prévaloir sur le sentiment. Nous savons que l'exercice est « bon pour nous ». La dépression s'allège lorsque les muscles travaillent vigoureusement, lorsque nous nous appliquons à parcourir une certaine distance ou à nager. Pendant que l'énergie physique se libère grâce aux mouvements rythmiques, une partie de notre peine s'estompe. La valeur psychique d'une telle activité vient probablement, du moins en partie, de ce que nous prenons conscience de notre propre compétence, de notre aptitude à bouger rythmiquement et à nous « occuper » de notre corps. La confiance que nous avons en nous-mêmes se développera. Après tout, nous ne serons peut-être pas prisonniers de notre chagrin pour toujours. L'exercice redonne de la vigueur à notre corps tout en améliorant notre état d'esprit.

Parfois, quand je me sens déprimé, je deviens mon pire ennemi. Que je devienne mon ami.

6 JANVIER

La meilleure façon de connaître Dieu, c'est d'aimer nombre de choses.

— Vincent van Gogh

Après une lourde perte, il n'est pas facile de s'aventurer dans un nouvel amour et encore moins de nourrir avec sagesse les amours que nous avons déjà. Nous sommes rongé par la perte de l'être cher. Qu'avons-nous à donner ? Et si nous nous risquons dans une nouvelle histoire d'amour, qu'est-ce qui nous empêchera de revivre le même malheur ?

Rien. Et pourtant, la sagesse séculaire nous apprend que, pour vivre vraiment, nous devons étendre notre amour à toute créature sur Terre.

Je me souviens de la première expérience de la mort que j'ai faite durant mon enfance ; j'avais conclu alors que la meilleure façon de me protéger contre le chagrin dévastateur qu'entraîneraient sûrement d'autres pertes dans l'avenir était d'aimer le plus de personnes possible. Ainsi, quand l'une d'elles allait mourir, il me resterait encore d'autres personnes à aimer. Je ne sais pas si la géométrie amoureuse opère exactement de cette façon, mais ce n'était pas trop mal pour commencer !

Être vulnérable, c'est être humain au niveau le plus profond et le plus enrichissant.

7 JANVIER

Le regret est un effroyable gaspillage d'énergie. On ne peut rien construire là-dessus. On ne peut que s'y complaire.

— KATHERINE MANSFIELD

Bien sûr, il y a des choses que nous regrettons. Des choses que nous aurions souhaité faire différemment. Même si nous avons eu le temps de prononcer toutes les paroles appropriées, des images que nous aimerions beaucoup pouvoir changer surgiront malgré tout dans notre esprit. L'être qui nous est cher nous a sûrement pardonné. Pouvons-nous nous accorder ce pardon ?

Je suis navré. Je t'en prie, comprends que je t'ai aimé. Je sais que, toi, tu m'as aimé.

8 JANVIER

L'espérance est cet oiseau
Qui se perche dans l'âme
Et siffle la chanson sans paroles
Sans jamais s'arrêter.

— EMILY DICKINSON

Nous connaissons parfois l'espoir autant par son absence que par sa présence. Quand nous sommes déprimés, l'espoir nous semble presque insaisissable ; il devient une parfaite illusion. Nous nous sentons sans vigueur, tétanisés, ou alors nous posons des gestes uniquement pour la forme. Le chant de l'espoir dont parle la grande poétesse s'est tu. Tout comme la détermination du corps, la volonté de l'esprit reste pourtant tournée vers la vie, et même une vie pleine d'entrain. Puis, quelque chose se produit : un ami nous appelle, et nous rassemblons nos forces, nous essayons de nous rendre utiles, pour nous-mêmes ou une autre personne. Notre énergie est ranimée. Au moins, le moment présent retrouve un certain sens, et cette persistante note d'espoir, sans laquelle nous ne saurions vivre, se remet à vibrer dans notre esprit.

Il arrive parfois que mon seul espoir soit que demain je me remette à espérer.

9 JANVIER

Quelque chose d'inattendu s'est produit. C'est arrivé tôt ce matin. Pour diverses raisons, pas du tout mystérieuses en elles-mêmes, mon cœur est devenu léger comme il ne l'avait pas été depuis des semaines... Et c'est au moment même où je pleurais le moins la perte de H que je me suis le mieux souvenu d'elle. En fait, c'était (presque) meilleur qu'un souvenir ; une impression instantanée, indescriptible. Il serait exagéré de comparer cela à une rencontre. Il y avait pourtant quelque chose qui pourrait m'inciter à employer ces mots. C'est comme si l'atténuation du chagrin avait permis de lever une barrière.

— C. S. Lewis

Inconsciemment, nous craignons parfois que l'atténuation progressive de notre chagrin détruise cette forme de contact particulier que nous conservons avec l'être qui nous manque cruellement. Mais peut-être est-ce comme laisser partir ses enfants quand ceux-ci sont prêts à voler de leurs propres ailes. Si nous lâchons prise, les chances sont bien meilleures qu'ils reviennent et que leur comportement corresponde davantage à ce qu'ils sont maintenant. Le fait de renoncer à notre plus intense chagrin crée peut-être un espace où pourra naître une nouvelle relation avec l'être aimé. C'est la *personne*, après tout, que nous voulons, pas le chagrin.

Je vais essayer de tenir délicatement mon chagrin dans ma main afin de lui permettre de s'envoler loin de moi. Le lien que j'ai établi avec la personne que j'ai perdue est intact. Il ne peut être rompu.

10 JANVIER

La terre est ma sœur. J'aime sa grâce permanente, sa discrète audace et tout l'amour qu'elle me porte. Comme nous admirons notre force commune, tout ce que nous avons perdu, tout ce dont nous avons souffert et tout ce que nous savons. Nous sommes stupéfaits devant tant de beauté, et je n'oublie pas ce qu'elle est pour moi, ce que je suis pour elle.

— Susan Griffith

La terre nous aidera. Il y a une telle force dans le sol, les arbres et l'eau. L'air que nous respirons nous irrigue d'une vie nouvelle. L'eau est attirée dans l'atmosphère avant de revenir remplir les rivières et les ruisseaux. Les montagnes s'élèvent, s'usent et s'élèvent à nouveau. Dans la toundra alpine, de minuscules fleurs éclosent sans être vues. Le cycle des saisons se poursuit avec la promesse d'une renaissance. La création est un mystère, tout comme la mort. Mais il existe des signes et des promesses. Nous sommes les enfants de Dieu.

Dans la vie comme dans la mort, nous tirons notre force de la même source.

11 JANVIER

On pourrait décrire ainsi le péché originel : si on nous donnait le choix, nous préférerions faire la tête plutôt que de nous joindre à la fête.

— ROBERT FARRAR CAPON

Lorsque nous perdons un être cher, et particulièrement si le décès est subit et prématuré, nous avons tendance bien souvent à nous opposer fermement durant les derniers instants. Nous résistons. Nous refusons de consentir.

C'est ainsi que nous nous accrochons à l'être que nous connaissions et que nous aimions avant la tragédie. C'est aussi une forme de déni. Réintégrer la vie, c'est accepter ce qui est arrivé. Mais l'événement est inacceptable. Nous retenons notre souffle, nous vivons dans l'attente et nous refusons d'acquiescer ; nous attendons que l'univers revienne sur sa décision, se ravise ou, tout au moins, présente des excuses, reconnaisse son crime.

Cela n'arrivera pas. C'est nous qui devrons renoncer. Il vaut mieux comprendre, le plus rapidement possible, que les conditions ont changé, et commencer à vivre dans cette réalité nouvelle.

La colère, d'accord. Mais le déni ne fera de mal qu'à moi et à ceux que j'aime.

12 JANVIER

Au cours des mois qui ont suivi la mort de ma fille, j'ai rempli quatre carnets — j'écrivais tous les jours parfois, ou plusieurs fois par jour, ou encore à plusieurs jours d'intervalle. Je décrivais les sentiments que j'éprouvais, les événements de la journée, les occasions propices aux souvenirs, à la tristesse et à l'espoir. C'était un moyen d'éloigner le chagrin, de l'envoyer ailleurs, de le faire sortir de moi.

— MARTHA WHITMORE HICKMAN

Il se peut que l'écriture ne vous soit pas d'un grand secours. Le fait de parler à des amis, de peindre ou de sculpter aura peut-être l'effet recherché. L'artiste Käthe Kollwitz a produit une série de dessins après la mort de son fils.

Pour la plupart d'entre nous, l'important n'est pas de réaliser une œuvre d'art mais de prendre un chagrin qui repose comme une boule dans le cœur et de l'éloigner de nous.

L'intérêt de ces pages où sont consignés nos sentiments – à l'opposé d'une conversation avec des amis – est que l'on peut y revenir à volonté. Ce ne sera peut-être jamais le cas, mais cet exercice nous aura soulagés de la pression qu'exerçait dans notre tête un trouble profond non résolu. Essayez de le décrire sur papier. Cet exercice pourra vous aider à clarifier votre esprit et vous permettre de franchir d'autres étapes.

J'accepterai d'examiner de nouvelles façons d'apaiser mon chagrin.

13 JANVIER

Je pense que ces moments difficiles m'ont aidé à mieux réaliser à quel point la vie est riche et belle sous tous ses aspects et que plusieurs sujets qui nous préoccupent n'ont pas la moindre importance.

— Isak Dinesen

C'est une sagesse qui coûte cher, et Dieu sait que l'on s'en serait bien passé. Mais il est vrai également que le fait de traverser une grande épreuve peut nous rendre plus forts, nous enseigner ce qui est vraiment important.

Mais le fait que nous ayons survécu au décès d'un être aimé ne garantit aucunement que nous soyons plus sages dans l'avenir. Il se peut que nous devenions aigris, avides, que nous vivions en reclus. C'est à ce moment que nous avons besoin d'amis, d'une communauté de foi et même d'aide professionnelle. Mais, si nous tenons le coup, nous aurons une meilleure idée de ce que nous sommes et de ce que nous voulons le plus dans la vie. Et nous apprendrons à apprécier et goûter l'eau fraîche, le soleil et le vent, le parfum des roses, ainsi que l'amour et l'amitié que nous avons aujourd'hui.

Je prendrai le temps d'apprécier les cadeaux que m'offre la vie et j'éprouverai de la gratitude.

14 JANVIER

Pleurer est peut-être la plus humaine et la plus universelle de toutes les réactions pour alléger la peine.

— Dr Karl Menninger

Vous savez quoi ? Une chose que les femmes savent depuis longtemps et que les hommes commencent peut-être à découvrir, c'est que pleurer aide vraiment à se sentir mieux. Et non sans raison. Nous savons aujourd'hui que les pleurs sont utiles autant sur le plan physiologique que psychologique.

Des chercheurs de l'Université du Minnesota ont découvert que les larmes déclenchées par les émotions (contrairement à celles qui sont provoquées par une exposition au vent, par exemple, ou un oignon coupé) contiennent deux substances chimiques importantes, la leucine-enképhaline et la prolactine ; la première serait liée à l'une des substances naturelles sécrétées par le corps pour soulager la douleur. Selon ces chercheurs, la larme est une substance exocrine – comme la sueur ou l'haleine –, et l'une des fonctions de ces processus est de faciliter l'élimination des substances accumulées sous l'effet du stress.

Pourquoi alors sommes-nous gênés de pleurer ? Pourquoi craignons-nous que nos larmes mettent les autres mal à l'aise ? C'est souvent lorsque les gens commencent à pleurer que le processus de guérison peut se déclencher.

Plus d'excuses. Plus de gêne. Mes larmes sont là pour me guérir. Qui sait si, en même temps, mes larmes ne donneront pas aux autres la permission de pleurer quand ils en ressentiront le besoin ?

15 JANVIER

Gardez ouverte la porte de sa vie.

— Edith Fogg Hickman

Combien d'entre nous connaissent des gens aux prises avec un immense chagrin qui hésitent même à mentionner le nom de l'être cher qu'ils viennent de perdre ? Comme si le simple fait de prononcer son nom allait faire surgir de nouveau une vague de peine insupportable. Et comme si le fait d'éviter de nommer la personne permettait d'éviter la souffrance, en quelque sorte.

Mais les choses ne fonctionnent pas de cette manière.

Quand ma fille est décédée, son arrière-grand-mère, qui avait aussi perdu un adolescent, nous a écrit ceci : « Gardez ouverte la porte de sa vie. » Je crois que c'est ce que nous aurions fait de toute façon : au fil du temps, nous aurions parlé d'elle avec un peu moins de tristesse, mais, sur le coup, la sagesse de cette chère femme nous a aidés.

Même si l'être aimé est décédé, le souvenir, le sentiment de sa présence n'est pas mort, pas plus que la possibilité, après un certain temps, de trouver une joie constante, non seulement dans le rappel d'événements passés, mais dans le prolongement de son esprit en notre vie actuelle.

Au cœur du mystère nébuleux et permanent de la vie, j'accueille l'esprit toujours vivant de la personne que j'ai aimée comme s'il passait par l'embrasure d'une porte.

16 JANVIER

Quiconque a survécu à une épreuve, quelle qu'elle soit, doit en faire le récit. C'est son devoir.

— ELIE WIESEL

Survivre à la perte d'un être aimé est une épreuve en soi. Qu'entendons-nous par le devoir d'en faire le récit ?

Raconter notre histoire est une façon de témoigner de la vie de la personne que nous avons perdue, des expériences que nous avons partagées, des anecdotes préférées de la famille. Ce récit est aussi un moyen de faire évoluer son chagrin et de favoriser sa propre guérison.

Mais c'est aussi un cadeau qu'on offre aux autres : de raconter non seulement cette période de vie que nous avons partagée et qui à présent est terminée, mais aussi de raconter notre propre histoire en relation avec cet événement, d'expliquer comment nous avons traversé cette épreuve. De quoi avons-nous eu peur ? Comment avons-nous vécu nos moments de panique ? Qu'est-ce qui nous a aidé ? Qu'est-ce qui nous a permis de faire surface ? Si, à un certain moment, nous avons aperçu une lueur au bout du tunnel, à quoi ressemblait-elle ?

Nos amis connaîtront bien assez vite ce genre de crise. Peut-être pouvons-nous faciliter leur démarche. C'est normal de pleurer. C'est normal de compter sur les autres. C'est normal d'être désorienté et de ne pas savoir quoi faire. Et, s'il y a des moments de lumière et d'espoir, de foi et de soutien merveilleux, eh bien, pourquoi ne pas raconter ces histoires !

En racontant mon histoire, je partage ce que j'ai de plus précieux.

17 JANVIER

Nous sommes de vrais amis à présent parce que nous avons su partager certaines expériences douloureuses de nos vies respectives.

— May Sarton

Comme l'amitié se développe rapidement quand on partage son chagrin ! Lors d'une visite à ma mère, à l'hôpital, peu de temps après la mort de ma fille, j'ai eu une conversation avec une infirmière à l'étage. J'ignore qui, d'elle ou de moi, a abordé le sujet la première. Mais il s'est avéré que nous pleurions toutes deux la perte d'un enfant décédé récemment, à l'âge de l'adolescence. Le genre de tango lent et circonspect, qu'exécutent habituellement deux personnes qui lient connaissance, n'a pas eu lieu. Nous nous comprenions. Nous connaissions la souffrance et les questions qui résidaient dans nos cœurs.

J'ai quitté la ville, et ma nouvelle amie. Nous avons échangé des cartes de Noël pendant plusieurs années. Et, bien que des milliers de kilomètres nous séparent, si, demain, nous avions l'occasion de nous revoir, nous retrouverions la même amitié comme si nous nous étions quittées la veille.

Les gens que nous connaissons et qui n'ont pas vécu une expérience semblable à la nôtre ont parfois de la difficulté à entrer en contact avec nous. Nous pouvons les aider en leur parlant de ce que nous sommes et de ce que nous ressentons aujourd'hui par rapport à ce nouvel aspect de notre vie. Mais quelle chance nous avons lorsque nous établissons des liens d'amitié avec des personnes qui savent d'emblée ce que nous ressentons !

Auprès de toi, cher compagnon dans le chagrin, je peux trouver réconfort et repos.

18 JANVIER

Mourir est une nuit mouvementée et un chemin nouveau.

— Emily Dickinson

Lorsque nous venons de perdre un être cher, nous constatons avec stupéfaction et douleur que le soleil continue de se lever et de se coucher, que les journaux sont livrés régulièrement, que les feux de circulation passent du rouge au vert et inversement, alors que toute notre existence est ébranlée, bouleversée.

Quoi d'étonnant à ce que l'on se sente désorienté ? Les passants que nous croisons dans la rue n'en continuent pas moins de vaquer à leurs occupations, comme si aucun d'entre eux n'avait été profondément ébranlé, comme si la terre ne s'était pas ouverte sous nos pieds pour nous avaler ou nous jeter dans un monde d'effroi et de changement.

Comme le dit Emily Dickinson, c'est « un chemin nouveau » — assurément autant pour nous que pour la personne que nous avons perdue. Il nous faudra du temps pour apprendre à avancer sur ce chemin. Du temps, et beaucoup de soutien pour éviter de trébucher et faire une chute irrémédiable. Ceux qui ont subi la perte d'un être cher seront sans doute nos guides les plus utiles : ils savent quand prononcer le mot approprié, quand faire silence et cheminer à nos côtés, quand tendre le bras et saisir notre main. Avec le temps, nous deviendrons des aidants pour autrui.

Je suis entré dans un nouveau pays. Je serai patient avec moi-même. Je rechercherai des compagnons de route.

19 JANVIER

Avec les dons que Dieu vous a donnés, faites des échanges.

— Hilda de Whitby

Plus qu'à n'importe quelle autre période de notre vie, c'est pendant que nous vivons un deuil que nous devons nous accorder de l'attention. Nous avons subi une perte extrêmement importante. Que nous reste-t-il ? Y a-t-il encore quelque chose d'important pour nous ici ?

Un homme endeuillé demande à un guide spirituel : « Que puis-je faire pour retrouver mon équilibre ? »

Le guide répond : « Tu es fatigué. Assieds-toi dans une chaise longue au soleil et prends conscience des sensations dans ton corps. Écoute ce que te dit ta respiration. Sens les muscles dans tes jambes. Puis, laisse ton esprit errer sans but. Écoute tes pensées. Qu'est-ce qui émerge de tout cela ? Qu'est-ce qui t'interpelle ? »

Un dialogue intérieur comme celui-ci peut aider ceux d'entre nous qui pleurent la perte d'un être cher à se « remettre sur la bonne voie » encore une fois. Y a-t-il des loisirs que nous aimons particulièrement et que nous avons un peu délaissés ? Des projets que nous projetons de reprendre « plus tard » ? De bonnes œuvres qui nous plaisaient mais que nous avons négligées ces derniers temps ? Reprendre certains fils conducteurs importants, que nous avions peut-être mis de côté, permet d'accélérer le retissage de la trame de notre vie en formant à nouveau un motif cohérent.

Je serai attentif aujourd'hui à la façon d'utiliser les dons exceptionnels que Dieu m'a donnés.

20 JANVIER

La souffrance est sur Terre la réalité la plus personnelle qui soit. Il est vrai qu'elle est aussi le grand dénominateur commun, mais nous n'en prenons conscience que lorsqu'elle s'est apaisée. Souffrir, c'est être seul. Voir une autre personne souffrir, c'est connaître la barrière qui confine chacun de nous à sa solitude intérieure. Seuls des individus peuvent souffrir.

— Edith Hamilton

Il est bien de parler de l'universalité de la souffrance. Mais, lorsque nous perdons un être aimé, nous avons l'impression d'être la seule personne au monde à éprouver certains sentiments, et nous n'avons pas tort. Quand des amis bien intentionnés nous disent : « Je sais exactement comment tu te sens », nous nous hérissons intérieurement en adoptant une attitude de déni : « Non, non. Tu ne peux pas savoir ce que c'est. »

Même nos plus proches parents ont une expérience différente de la nôtre ; et parfois nous nous heurtons maladroitement, nous nous faisons du mal et nous nous sentons blessés parce que nous présumons que notre souffrance est la même puisque nous pleurons la même personne.

Et pourtant... et pourtant... C'est à ce moment que nous avons le plus besoin des autres. Nous devons établir un subtil équilibre entre notre besoin de respecter le caractère sacré de notre espace intérieur et notre besoin de la présence des autres — pour l'amour, la compagnie, le soutien et la compréhension.

Je dirai à mes amis : « Quand je n'arrive plus à sortir de ma maison de chagrin, passez votre main par la fenêtre ouverte, et je m'y accrocherai comme si ma vie en dépendait. »

21 JANVIER

Heureux ceux qui pleurent : ils seront consolés.

— Matthieu 5,5

Extrait d'une liste de neuf enseignements sur la meilleure façon de vivre sa vie, que Jésus a donnés à ses disciples, voici le deuxième enseignement. Le deuil fait partie intégrante de la vie, il est inscrit dans la vie de chacun, et son issue est certaine. Faire son deuil, c'est être réconforté.

Mais comme nous nous en détournerions vite si nous le pouvions. Le deuil en soi est tout sauf confortable.

Ce n'est pas ce qui est promis dans les enseignements de Jésus.

Ce qu'on nous promet, c'est que ceux, qui ont le courage de pleurer la perte d'un être cher, trouveront, dans le sillage du deuil, une étrange bénédiction; en effet, une fois la tristesse exprimée, la douleur dispersée dans la brise accueillante, c'est comme si un amour inscrit au cœur de la vie enveloppait la personne endeuillée et disait : « Là, là, je suis avec toi, je t'entends, je comprends. Tout ira bien. »

Dans ces ténèbres, je tendrai la main, confiant que la vie viendra vers moi et qu'elle m'apportera le réconfort et la force de vaincre.

22 JANVIER

Une partie du processus [de renaissance] consiste à établir une nouvelle relation avec le défunt... ce véritable ami mort, dont parle Saint-Exupéry. Comme dans toute gestation, le processus est lent, mystérieux et muet. Durant son déroulement, la personne est terriblement vulnérable. Il faut veiller sur la nouvelle vie qui se développe en soi et la protéger — comme on protège un enfant.

— Anne Morrow Lindbergh

Nous l'effectuons sur un terrain instable – ce cheminement qui nous permet de transformer la relation que nous avions avec une personne vivante en une relation avec une personne décédée. Nous ne savons pas ce qui nous attend, nous ignorons même ce que nous cherchons. Est-ce s'illusionner que d'évoquer la possibilité d'entrer en relation avec quelqu'un qui est mort ?

Cette démarche ressemble peut-être un peu à celle d'une personne qui joue le rôle de parent pour la première fois ; angoissée à l'idée que quelque chose puisse aller de travers, elle retourne régulièrement auprès de l'enfant pour jeter un coup d'œil. Le bébé va-t-il bien ? Respire-t-il encore ? Dort-il toujours paisiblement ?

Au bout d'un certain temps, le parent est plus sûr de lui. Le bébé *est* bien là, en sécurité, mais, comme pour tous les miracles, il faut s'habituer à celui de la naissance. C'est la même chose pour le mystère de la vie : nous pouvons développer peu à peu un sentiment de confiance et croire que nous pourrons établir une relation suivie avec un défunt.

J'ouvrirai mon cœur, confiant que, d'une façon qui échappe aujourd'hui à ma compréhension, l'être que j'aime continuera d'être présent dans ma vie.

23 JANVIER

La vie vous demande d'utiliser la force que vous possédez, sans plus. Un seul exploit est possible — ne pas fuir.

— Dag Hammarskjöld

Nous nous blâmons parfois sévèrement : pourquoi ne faisons-nous pas mieux ? Surtout si nous prétendons avoir la foi, pourquoi n'arrivons-nous pas à mobiliser les ressources de cette foi et à devenir un modèle d'acceptation paisible et de sérénité intérieure ?

Parce que nous sommes des êtres humains et que nous souffrons.

Nous ne descendrons dans l'estime d'aucune personne digne de ce nom si nous reconnaissons que nous éprouvons un chagrin dévastateur à la suite de la perte que nous avons subie. On peut concevoir que des gens nous témoignent d'une façon ou d'une autre du respect mêlé d'admiration si nous faisons preuve d'une certaine quiétude forcée, mais ces derniers se sentiront plus près de nous (et plus aptes à supporter leur propre peine le moment venu) s'ils nous sentent honnête. Nous devons nous laisser habiter par la peine, même lorsque nous nous efforçons de prendre conscience de la vie qui se déroule autour de nous.

Quelquefois, c'est exactement la seule chose à faire : laisser la peine nous habiter. Comme le dit Dag Hammarskjöld, non seulement c'est la seule chose à faire, mais c'est aussi un geste de courage extrême.

Je ne vais pas m'accabler davantage en m'efforçant de correspondre à une certaine image de la « personne éplorée modèle ». La force que j'ai, c'est la force d'être moi-même.

24 JANVIER

Une journée où l'on n'a pas ri est une journée perdue.

— Proverbe français

Même maintenant – surtout maintenant peut-être –, nous avons besoin d'humour dans notre vie. Un petit intermède comique peut soulager la tension, sauver la mise.

Je me souviens d'un jour où j'étais assise avec mon frère et mes sœurs dans une petite salle d'attente ; mon père, qui était sur le point de mourir, dormait un peu plus loin, et mon frère nous racontait une conversation amusante qu'il avait entendue par hasard. Non seulement il a allégé l'atmosphère durant ce moment, mais il nous a aussi permis de prendre conscience de la force des liens qui nous unissaient – dans cette situation extrêmement dramatique, nous avions suffisamment confiance les uns envers les autres pour nous permettre de rire.

Je me souviens d'un gâteau qu'on avait donné à notre famille à la suite d'un décès – un gâteau si compact que notre fils, le scientifique de la famille, l'avait qualifié de « gâteau étoile à neutrons ». Nous l'avons mangé avec affection et gratitude, gratitude non seulement pour le gâteau, mais aussi pour les moments de soulagement et de légèreté qu'il nous a procurés.

Je me souviens d'un petit neveu qui avait fait, en grognant et en chancelant, une imitation hilarante d'un oncle affligé, sans le vouloir.

Irrespectueux ? Méchant ? Non. Ces rires salvateurs ont été des moments bénis au cœur d'une journée très triste.

Vive le rire. Qu'on me conduise vers lui !

25 JANVIER

Le temps est un couturier spécialisé dans les retouches.

— Faith Baldwin

Le changement est l'essence même de la vie, et pourtant nous lui résistons.

Parfois, en jetant un coup d'œil sur le passé, nous constatons que c'est seulement en lâchant prise que nous avons pu nous lancer dans de nouvelles aventures, avoir de nouveaux éclairs de compréhension et obtenir de nouvelles satisfactions.

Une veuve, qui avait vécu dans l'ombre de son époux et qui avait toujours accompli consciencieusement les tâches dévolues à une épouse et à une mère, est devenue après la mort de son mari une conférencière en demande dans de nombreuses églises et réunions de citoyens. Un jour, elle m'a dit : « N'est-ce pas dommage ? J'ai dû attendre qu'il meure avant de pouvoir m'épanouir ? »

Nous vivons notre vie par chapitres. Ce qui lui convenait dans les premières années de son mariage n'était manifestement plus approprié dans les dernières années. Elle n'aurait pas non plus souhaité confier les soins de la maison et des enfants à une autre personne lorsque ses enfants étaient jeunes.

Il y a une certaine consolation dans le fait de savoir que le changement, même difficile, apporte des bienfaits étonnants. Bien que cette pensée puisse nous paraître peu intéressante pour le moment, ne fermons pas trop vite la porte car il y a peut-être quelque chose de bon qui nous attend dans une pièce adjacente.

Je garderai les yeux bien ouverts. Quelque chose de surprenant et de bon peut arriver demain… ou après-demain.

26 JANVIER

Aide le bateau de ton frère à traverser la rivière et vois ! Le tien a déjà atteint l'autre rive.

— Proverbe hindou

La raison pour laquelle les groupes de soutien et d'entraide sont si efficaces est qu'ils nous incitent à nous aider mutuellement, de sorte que, dans chaque échange, les deux personnes reçoivent de l'aide ; en outre, nos mécanismes d'adaptation se renforcent lorsque nous aidons quelqu'un à traverser des périodes de turbulence qui nous sont familières.

Aider une autre personne, c'est oublier, pour quelques instants du moins, ses propres besoins essentiels et dévorants. De savoir que nous ne sommes pas seuls nous permet d'élargir un peu notre perspective.

Et puis, comme nous avons tous les mêmes besoins, nous nous comprenons les uns les autres et nous tissons des liens comme seules les personnes qui ont parcouru le même chemin peuvent le faire. Nous n'avons pas besoin de nous expliquer. L'autre sait. Il ou elle est passé(e) par là.

Au départ, dans ces jumelages, nous sommes ceux et celles qui ont le plus besoin d'aide. Une personne qui s'est jointe au groupe avant nous peut nous servir de guide, de modèle générateur d'espoir.

Puis, un peu plus tard, nous deviendrons guide à notre tour. Et, pendant ce temps, le chagrin qui s'attarde s'atténuera tandis que nous transmettons à une autre personne un espoir vivifiant : *Tu vois, j'y suis arrivé. Toi aussi, tu le peux.*

J'éprouve de la reconnaissance envers les gens qui m'ont tendu la main et j'apprécierai toutes les occasions que j'aurai de tendre la main à mon tour.

27 JANVIER

Et se peut-il que, dans un monde grouillant d'activité où règne l'abondance, la perte d'une faible créature génère dans le cœur d'une personne un vide immense et insondable, que seules la vastitude et la profondeur de l'éternité sauraient combler ?

— Charles Dickens

Comment est-ce possible ? Nous avons plusieurs amis, de nombreuses fréquentations. Nous n'avons pas passé notre temps exclusivement avec cet être aimé aujourd'hui décédé ; bien au contraire.

Mais à présent ! Toute la création semble dénoncer l'absence de cet être. Même les lieux où nous aimions nous rendre seuls – pour faire du magasinage en solitaire, par exemple, ou nous promener dans un parc – nous parlent désormais d'absence et de solitude. Nous voyons des gens marcher gaiement ensemble et nous pensons : pourquoi pas moi ?

Nous ne pouvons laisser notre chagrin à la maison lorsque notre esprit prend ce chemin. Mais nous pouvons au moins éviter de l'aggraver en regrettant certaines choses qui n'ont jamais existé !

J'appréciais souvent d'être seul ; parfois même, je préférais l'être. Ne laissez pas mon chagrin me dévorer au point que je ne puisse plus m'imaginer seul et satisfait.

28 JANVIER

Lorsque je me suis sentie mieux… j'ai eu l'impression de trahir mon mari, même si, rationnellement, je savais qu'un chagrin prolongé peut devenir morbide. Parce que le chagrin peut se substituer au défunt, y renoncer est parfois le plus grand défi du deuil.

— Mary Jane Moffat

La chose peut nous sembler troublante de prime abord. Bien sûr, nous pouvons faire la différence entre notre chagrin et la personne que nous pleurons.

Mais il est plus facile qu'on ne le croit de confondre l'un et l'autre. L'être que nous aimons est parti – le fait de penser à lui tout le temps ne le ramènera pas.

Mais le deuil ? C'est notre seul programme pour un certain temps. Nous pouvons y consacrer toute notre attention. Nous cherchons l'être disparu en regardant le film de notre chagrin toujours présent. Nous avons pris cette habitude avec laquelle il est difficile de rompre. Mais il le faut ; sinon, nous serons obnubilés par le décès de l'être aimé, incapables d'apprécier la vie de cette personne.

Plusieurs années après la mort de son père, une jeune femme disait : « Je peux enfin me rappeler la vie de mon père et pas uniquement sa mort. »

J'attends avec impatience le jour où les images de la vie de l'être que j'aime ne seront plus associées à sa mort.

29 JANVIER

Même l'affliction est un monde à explorer.

— SYLVIA TOWNSEND WARNER

C'est un monde dans lequel nous ne voulons pas entrer, un monde pour lequel nous n'éprouvons aucun désir. Nous nous détournerions de lui si nous le pouvions. Et pourtant nous y voilà plongés. Et une foule de personnes s'y trouvent déjà.

Une femme, un jour, est venue voir le Bouddha pour lui demander de l'aide après la mort de son enfant ; il lui répondit que, pour guérir, elle devait trouver simplement un grain de moutarde provenant d'une famille n'ayant jamais connu le chagrin. Selon l'histoire, elle aurait parcouru le monde en vain, sans jamais trouver une telle maisonnée ; en revanche, elle aurait trouvé la compréhension, la compassion, l'amitié et la vérité.

Le monde de l'affliction est un monde qui appelle plusieurs d'entre nous. Il n'y a pas moyen de le contourner. Il faut le traverser si nous voulons guérir et commencer une vie nouvelle. C'est un monde qui vaut la peine d'être exploré et qui nous offre les mêmes vertus que celles qu'avait trouvées la mère endeuillée : compréhension, compassion, amitié et vérité.

On ne gagne rien en se détournant de la vérité. Quand les circonstances de ma vie seront difficiles, j'affronterai cette dure réalité, j'apprendrai ce qu'elle doit m'enseigner et je traverserai cette épreuve.

30 JANVIER

La guérison est impossible dans la solitude ; elle est à l'opposé de la solitude. La convivialité est guérison. Pour guérir, nous devons assister avec toutes les autres créatures à la fête de la Création.

— Wendell Berry

Voilà des mots difficiles à entendre, car, lorsque nous souffrons, nous sommes portés bien souvent à nous isoler : « Ils sont là, ils suivent leurs routines habituelles alors que mon univers s'est écroulé. Comment pourraient-ils comprendre ? D'ailleurs, ma tristesse les mettrait mal à l'aise, n'est-ce pas ? »

Bien sûr, nous aurons besoin de moments de solitude pour nous plonger dans nos réflexions, évaluer notre chagrin et nous reposer. Mais il n'y a pas grand réconfort dans la solitude, et nous devons reprendre notre place dans la famille humaine, comprendre que nous ne sommes pas le centre du monde, nous laisser envelopper par les attentions affectueuses de nos amis.

S'il y a des gens que notre tristesse incommode, nous pouvons aller ailleurs. Ou alors, si nous avons le courage de le faire, nous pouvons reconnaître la situation : « Je vois bien que je ne suis pas débordant de joie en ce moment. Mais j'avais besoin de sortir et d'être avec des gens. »

Cela suffira souvent à mettre les gens à l'aise. La situation était délicate surtout à cause du non-dit qui flottait dans l'air sans jamais être exprimé clairement – comme un étranger arrivant dans une fête et qu'on ne présente à personne.

Il m'est parfois difficile d'aller dans des groupes. Mais mes liens avec les autres représentent pour moi le courant de la vie.

31 JANVIER

Dieu est sérieux quand il s'agit de savoir ce qu'il advient de nous.

— Willie S. Teague

Dans son livre à succès intitulé *When Bad Things Happen to Good People*, le rabbin Harold Kushner écrit qu'à l'époque de la grave maladie puis du décès de son jeune fils, il a eu le sentiment que Dieu était présent à sa souffrance et à celle de sa famille. Ce Dieu n'était pas la cause de cette souffrance, mais il la partageait d'une certaine façon, les réconfortant et les soutenant.

Un ami m'a raconté qu'un jour, alors qu'il était seul dans sa voiture, il a eu la conviction tout à coup que Dieu prenait soin de *lui* – « que Dieu m'aimait vraiment, moi David. J'ai baissé la fenêtre de la voiture et j'ai chanté », a-t-il dit avant de sourire, perplexe et reconnaissant.

En entendant cela, j'ai éprouvé de la reconnaissance, moi aussi. Oui, je le pense. J'ai déjà éprouvé ce sentiment.

Si nous croyons que la création est plus qu'un simple hasard – et quelle que soit l'intensité de cette conviction –, nous pouvons affirmer sans craindre de nous tromper que Dieu prend soin de nous. Si j'avais créé quelque chose d'une pareille ampleur, j'y ferais très attention. Je voudrais savoir comment elle se porte.

Dans l'obscurité où je me trouve, il m'arrive parfois de croire qu'un amour, qui soutient toute la création, me soutient aussi. Pas toujours, mais quelquefois.

1ER FÉVRIER

L'homme qui déplaçait des montagnes a commencé par transporter de petites pierres.

— PROVERBE CHINOIS

Comment rassembler les morceaux et reconstruire notre vie après avoir subi une douloureuse perte ? Par où commencer ?

Nous serons sans doute incapables pendant un certain temps de nous lancer dans de nouvelles entreprises majeures. Mais faire un seul pas sera utile : nous ferons ainsi comprendre à notre moi intérieur que nous misons sur la vie plutôt que sur un interminable chagrin.

Une amie m'a dit qu'après avoir commencé à coudre de nouveaux vêtements pour elle-même, elle a commencé à se sentir mieux. C'était un investissement dans la vie.

Ce n'était qu'un début, mais je revois encore cet instant, au supermarché, où j'ai décidé d'avoir « l'air réjoui » plutôt que d'arborer une mine sombre comme je le faisais depuis des semaines. C'était une toute petite chose, mais qui avait manifestement de l'importance. Autrement, je ne m'en souviendrais pas une vingtaine d'années plus tard.

Je ferai un petit pas – juste un. Qui sait si, en imagination, je n'arriverai pas à voir l'être qui m'est si cher me prodiguer un signe d'encouragement – « Oui. Continue. Tu le peux. Je suis avec toi. »

2 FÉVRIER

Elle se dit qu'elle n'avait jamais eu l'occasion de prendre conscience de la force que possèdent les êtres humains pour supporter le malheur; elle aimait et vénérait tous ceux qui avaient souffert, et même ceux qui n'avaient pu surmonter l'adversité.

— James Agee

Il est vrai que le chagrin accroît notre sensibilité. Nous nous découvrons des affinités avec des personnes qui ont subi des pertes semblables aux nôtres. Comme la femme devenue veuve récemment dans le récit d'Agee, il se peut que nous soyons impressionnés par cette force intérieure qui nous permet de continuer à vivre malgré une telle souffrance. Nous comprenons à quel point le sort nous a épargnés en ne nous envoyant pas plus tôt ce genre de chagrin; et nous sommes vraiment désolés pour les jeunes aux prises avec une peine immense qui n'ont pas eu le temps de vivre des années d'insouciance dont ils auraient pu se souvenir avec bonheur.

Tout cela se présente comme une sorte d'ahurissement durant la première étape du deuil. Comme si nous étions plongés dans l'eau glacée et que nous avions le souffle coupé. Le choc modifie toutes nos perceptions. Puis nous nous habituons. Notre corps se réchauffe, et nous commençons à nager.

Ma capacité à supporter l'adversité représente pour moi une force dont j'ignorais l'existence.

3 FÉVRIER

Le silence est la force de notre vie intérieure... Si nous remplissons nos vies de silence, nous vivrons dans l'espoir.

— THOMAS MERTON

Il y a un équilibre délicat à trouver entre la fréquentation de plusieurs personnes et la solitude tranquille. L'établissement de relations sociales trop nombreuses nous sert peut-être à fuir notre véritable situation. Trop de solitude peut nous laisser songeurs et renfermés.

Mais attendez. On peut aussi trouver le silence à l'extérieur de la solitude. Les rencontres des quakers pour la pratique de leur culte, par exemple, sont principalement des expériences de silence collectif. Nous nous sentons parfois plus près les uns des autres quand nous faisons silence ensemble.

Malgré tout, le silence s'installe le plus souvent quand nous sommes seuls, et nous ferions bien de reconnaître sa valeur. Au cours des dernières années, nous avons entendu parler des vertus de la méditation silencieuse sur le plan physique : abaissement de la tension artérielle, ralentissement du rythme cardiaque et même facilitation de certains types de guérison. Nous savons que, dans de nombreuses circonstances, quelques moments de silence peuvent nourrir notre esprit.

Alors, pendant que nous soignons les blessures que nous a causées notre chagrin, de nombreuses périodes de silence nous aideront à demeurer dans les profondeurs de notre âme et à trouver la paix.

Je ne craindrai pas de rester tranquille. Je goûterai la vertu rafraîchissante du silence. Et l'esprit de l'être que j'aime viendra peut-être m'y retrouver.

4 FÉVRIER

Je ne suis pas fou ; ce serait trop beau si je l'étais,
Car alors ce serait comme si je m'oubliais :
Ô, si je pouvais, quel chagrin j'oublierais !

— WILLIAM SHAKESPEARE

Le chagrin a vraiment fait basculer des hommes et des femmes dans la folie. Nous avons peut-être déjà eu ce sentiment : si seulement je pouvais devenir fou… n'importe quoi pour éliminer cette atroce conscience de la perte.

Heureusement, de tels moments ne durent pas. Pour peu que nous ayons connu vraiment des gens atteints de maladie mentale, nous savons que cet état ne procure aucun répit à la souffrance.

Et si, dans des moments de stress extrême, nous avons senti vaciller les défenses qui nous gardent dans les limites de la raison et de la réalité, nous savons que la paix de l'esprit et du cœur ne s'obtient pas en esquivant la réalité, pas plus que l'abus de médicaments ou d'alcool ne permet de traiter efficacement la peine.

Mais, lorsque nous lisons des témoignages de personnes qui ont éprouvé de semblables sentiments, nous comprenons cet élan et nous hochons la tête avec reconnaissance.

Le fait de savoir que je ne suis pas seul dans ma lutte peut m'aider à traverser cette épreuve.

5 FÉVRIER

Nous ne voulons pas imposer aux autres notre tristesse et nous ne voulons pas non plus dire n'importe quoi et pleurer tout le temps. Mais nous offrons peut-être un cadeau aux autres lorsque nous avons suffisamment confiance pour partager avec eux nos sentiments. Il se peut que cela les aide à assumer leurs propres émotions.

— Martha Whitmore Hickman

Essayer d'« être courageux » ou de « rester impassible », se dominer et rester calme lorsqu'on a du chagrin, tout cela relève d'une illusion. Que sommes-nous *censés* ressentir quand notre cœur se brise ?

Et nous continuons pourtant de porter aux nues ceux qui ne montrent pas leur chagrin en public, qui reçoivent des condoléances comme s'il s'agissait d'une agréable conversation par un beau dimanche après-midi. Voici ce que disent les gens : « Elle a été si courageuse. Je suis fier d'elle. Elle ne s'est pas effondrée. Pas une seule fois. »

À qui profite cette maîtrise complète des émotions ? À la personne qui souffre ? À ceux qui cherchent à la consoler, à ceux qui craignent d'être aspirés par ce chagrin et qui ne savent pas exactement comment ils réagiront lorsque ce sera leur tour ?

Un ami disait : « Quand quelqu'un pleure devant moi, je considère cela comme un cadeau. »

Je ne vais pas m'accabler davantage en m'interdisant à tort de pleurer.

6 FÉVRIER

Mais une telle vague qui, même en mouvement, semble endormie,
Trop ample pour gronder et écumer,
Lorsqu'arrachée aux profondeurs infinies
S'en retourne dans sa demeure[1].

— Alfred Tennyson

Ces mots de Tennyson expriment avec force les rythmes essentiels de la création. Nous connaissons bien les vagues de l'océan, l'attraction de la lune, le rythme régulier de la rotation des étoiles et des planètes. Et nous, qui avons fixé les dates de nos fêtes les plus sacrées – le Ramadan, Pâques, la pâque juive – en fonction des phases de la lune et de l'orbite de la Terre autour du Soleil, nous sommes aussi soumis au mouvement rythmique de la vie.

Comment ne pas avoir confiance et espérer que les rythmes qui traversent la nature en exerçant une telle influence continueront de soutenir l'être qui nous est cher et qui, pour un certain temps, se trouve hors de portée de nos sens et de notre connaissance rationnelle ?

Et comment ne pas imaginer que la « demeure » dont parle Tennyson soit nourricière, sûre et propice à la croissance, plus que tout ce qu'ait jamais connu le plus chanceux d'entre nous ?

Dans les rythmes qui nous affectent tous, je trouve espoir et promesse.

1. N.d.T.: Traduction libre.

7 FÉVRIER

Lorsqu'il fait assez noir, on peut voir les étoiles.

— Charles Beard

Il est souvent plus facile de voir les étoiles durant les longues et froides soirées d'hiver.

Les gens qui ont vécu un événement extrêmement dramatique – une collision, une tornade, une maladie grave – expliquent comment celui-ci a modifié leurs perceptions. De même, quand nous subissons la perte d'un être cher, nous voyons mieux ce qui est important.

Plusieurs années après le décès de notre fille, nous avons été victimes d'un cambriolage. On a nous a volé toute l'argenterie que nous avions reçue à notre mariage ainsi que des antiquités transmises de génération en génération.

Nous étions bien sûr bouleversés. Mais, tout de suite, ces mots ont traversé mon esprit : « Ce ne sont que des objets. » Je ne peux savoir si j'aurais été aussi calme si le vol avait eu lieu avant la mort de ma fille, mais j'imagine que non.

Non seulement les étoiles sont plus scintillantes, mais elles sont aussi plus belles. Les anciens navigateurs trouvaient leur chemin en mer en observant les étoiles. Alors, l'expérience de la perte nous aide peut-être à clarifier ce qui est important à nos yeux, ainsi qu'à savoir où nous sommes et la direction que nous voulons suivre.

Au fin fond des ténèbres, je lèverai les yeux et verrai les étoiles.

8 FÉVRIER

La guérison est un processus indépendant de la volonté ; elle est caractérisée par une succession de petites morts dont nous faisons l'expérience et par le passage d'anniversaires significatifs dont nous prenons conscience jusqu'à ce que le pronom « je » reflète notre identité de façon solide et naturelle.

— Mary Jane Moffat

Vous rappelez-vous les premières semaines, les premiers mois qui ont suivi le décès de votre être cher ? La première fois où vous êtes entré au supermarché ? La première fois où vous avez changé le filtre de l'appareil de chauffage ? La première fois où vous êtes allé au cinéma ? Rien n'était insignifiant, tout valait la peine d'être noté. Et les événements marquants comme les anniversaires de naissance et Noël lançaient leur avertissement des semaines à l'avance.

Et puis, des mois ou des années plus tard, peut-être, vous avez retrouvé le sentiment d'être une personne à part entière. La blessure est toujours là, mais elle est devenue une composante de votre moi profond. Vous n'avez plus le sentiment d'une déchirure intérieure, d'une blessure ouverte exposée à tous les heurts.

J'ai su qu'un changement significatif était survenu en moi quand, à la question « Combien avez-vous d'enfants ? », j'ai répondu « J'ai trois fils », sans avoir besoin d'ajouter : « J'avais une fille, mais elle est morte. » Cette perte faisait encore partie intégrante de mon identité, mais je n'avais plus besoin de le répéter chaque fois.

Je veux croire que ce processus se déroulera à son propre rythme.

9 FÉVRIER

Les petits chagrins peuvent parler; les grands sont muets.

— SÉNÈQUE

On nous recommande avec insistance, pour notre santé, « d'en parler ». Parfois, nous en sommes capables, parfois, non.

Ce serait une mauvaise nouvelle si cette incapacité à parler se maintenait très longtemps. Mais, comme pour tant d'autres aspects du processus du deuil, notre psyché sait ce dont nous avons besoin.

Donc, si « les mots nous manquent » lorsque nous avons du chagrin, nous ne sommes pas obligés de parler sans arrêt. Nous ne sommes sûrement pas obligés de parler sans arrêt afin d'aider les gens à se sentir plus à l'aise. Il est normal d'attendre d'eux qu'ils s'adaptent à nos besoins, plutôt que l'inverse.

Je me souviens d'être allée à une fête et d'avoir senti que le chagrin m'empêchait de participer à la conversation, contrairement à mon habitude. Comme une mère donnant à un enfant la permission de ne pas exécuter une tâche quelconque, je me suis donné la permission de jouer le rôle de spectatrice, de rester en marge de la conversation, sans me sentir « obligée » d'ajouter du lubrifiant à l'engrenage social. Le groupe s'en sortait très bien sans moi, et je me souviens encore du soupir de soulagement que j'ai poussé intérieurement en m'installant confortablement dans mon petit cocon psychique… pour quelque temps.

C'est bien de prendre soin de moi à l'instant même.

10 FÉVRIER

Au milieu de l'hiver, j'apprenais enfin qu'il y avait en moi un été invincible.

— ALBERT CAMUS

Cela nous surprend. Nous savons que c'est un coup de chance extraordinaire. Nous savons que cela ne va pas durer. Bonheur ? Satisfaction ? Joie ?

Et il ne s'agit pas seulement d'une brève bouffée de joie, de satisfaction, comme lorsque nous sommes soulevés et emportés sur les ailes d'une chanson, ou par la prière, ou devant un ciel spectaculaire, ou à la vue d'un champ de marguerites tout juste écloses. C'est le sentiment que, d'une certaine façon, après tout ce qui s'est passé, nous allons pouvoir être heureux ! Qui l'eût cru ?

Cette conviction peut disparaître doucement, elle aussi. Mais elle reviendra. Peut-être qu'à chaque fois, elle ressemblera un peu moins à une étonnante étrangère, à une visiteuse déguisée. Non, tout cela est réel : cette fécondité, cette lumière du jour qui reste plus longtemps, cette chaleur, cette beauté d'un soir d'été. Même au cœur de la glaciale détresse provoquée par le chagrin, nous allons croire en l'été.

L'été a aussi ses orages. Mais ils vont passer. Ils vont peut-être nettoyer l'air et offrir à notre regard, encore une fois, un monde frais et propre. C'est la vie qui nous appelle : « Tu vois, tu es à moi. J'ai en réserve des merveilles pour toi, que tu le croies ou pas. Et je t'attendrai, sous la neige, si nécessaire, et par-delà la tempête. »

Au mitan de l'hiver, j'entretiendrai l'idée que l'été reviendra.

11 FÉVRIER

Le problème avec la mort, c'est l'absence.

— Roger Rosenblatt

Après toutes nos tentatives pour nous réconforter et donner un sens à la mort, nous nous retrouvons avec une immense brèche dans la trame de notre existence – « Tu me manques. Tu me manques. Tu me manques. »

Et qu'arrive-t-il ensuite ?

L'absence nous semble de plus en plus familière, les bords de la brèche psychique sont de moins en moins nets et commencent même à se ressouder, si bien que nous pouvons avancer sans courir constamment le risque de tomber dans l'incroyable abîme créé par le décès de la personne.

Avec le temps, l'absence se transforme même en une sorte de présence. Quelqu'un a dit qu'un enfant décédé vous accompagne comme ne saurait le faire un enfant vivant. D'une certaine façon, c'est vrai. Et, oui, c'est une consolation. C'est le cas non seulement pour les enfants, mais aussi pour les parents et d'autres êtres aimés qui sont décédés ; ils font partie de la communauté que nous emmenons toujours avec nous, où que nous allions.

Ils deviennent peut-être nos anges gardiens, notre lien avec l'autre monde. Mais l'un des compromis qu'exige de nous la vie, c'est d'abord de les laisser partir ; et la nostalgie que nous éprouvons en pensant à eux rend presque acceptable, parfois, l'idée de notre propre mort.

Je fais, et ferai toujours, partie de tout ce que j'ai connu.

12 FÉVRIER

Il faut plus que de la volonté pour cesser de penser à une personne que l'on a aimée et perdue. J'ai pu le voir dans la courbure de ses épaules et dans la façon dont il tenait ses pieds l'un près de l'autre. Il a bien essayé, en faisant preuve d'une détermination farouche. Mais ce ne sera pas suffisant. Quelles que soient les beautés nouvelles qu'il découvrira dans le monde, elles ne lui permettront pas, pendant longtemps et peut-être même toute sa vie, de tenir à distance ses souvenirs.

— JOSEPHINE HUMPHRIES

Au départ, nous n'avons pas d'autre choix que de penser presque constamment à celui ou celle que nous avons perdu(e). Pas une heure ne se passe sans que nous n'ayons conscience de notre perte, nous souvenant de la personne, de certains épisodes de notre vie commune et de l'ambiance qui régnait alors, pensant à ce qui ne pourra plus exister dorénavant.

Puis, un jour peut-être, nous sommes fort surpris de constater que, pendant plusieurs heures, voire une journée entière, notre esprit était ailleurs. Nous commençons à guérir.

Mais nous ne devons pas craindre d'oublier pour autant ceux que nous aimons. Nous nous rappellerons ce dont nous avons besoin de nous souvenir. Et parfois, quand apparaissent de « nouvelles beautés », le souvenir de l'être aimé brille de façon encore plus éclatante, car nous nous imaginons partageant cette nouvelle joie avec l'être disparu. Il y a de la douleur dans tout cela, mais c'est peut-être aussi une nouvelle façon de considérer l'existence de l'être aimé.

Le souvenir de l'être que j'ai aimé fait partie de ma vie pour toujours.

13 FÉVRIER

Le chagrin nous donne l'audace d'aimer une fois de plus.

— Terry Tempest Williams

Ce serait facile, n'est-ce pas, de fermer les valves de l'amour afin de ne plus souffrir autant une autre fois ?

Non, ce ne serait pas facile. Pendant un certain temps, nous aurons sans doute l'impression d'être engourdis, nous aurons un mouvement de recul après avoir reçu ce coup qui nous a fait souffrir. Mais, sans l'amour de nos amis et de notre famille, nous ne pourrons jamais traverser cette période de deuil.

Et puis l'amour appelle l'amour. C'est l'amour qui nous extirpe de notre chagrin, et c'est l'amour qui nous guérira.

Mais nous ne serons pas guéris si nous ne nous impliquons pas, si nous ne répondons pas à l'amour que les autres nous offrent en leur offrant le nôtre.

Oui, il faut du courage pour courir le risque d'aimer à nouveau. C'est le courage d'être pleinement humain. Un courage qui témoigne de l'amour que nous avons partagé avec un être cher aujourd'hui décédé.

Le moment venu, je serai prêt.

14 FÉVRIER

Il y a un temps pour tout... un temps pour abattre, et un temps pour bâtir; un temps pour pleurer, et un temps pour rire; un temps pour se lamenter, et un temps pour danser...

— ECCLÉSIASTES 3,1-4

S'il est une chose que connaissent bien les personnes en deuil, c'est la façon dont notre humeur peut changer. Un instant, nous sommes relativement calmes, nous maîtrisons la situation et tenons le chagrin à distance. L'instant d'après, nous voilà bouleversés, nous avons perdu notre équilibre.

La moindre chose peut nous décontenancer : une odeur, les paroles d'une chanson, un article de journal qui nous rappelle l'être que nous avons perdu, les premiers signes du printemps. Et l'être aimé qui n'est pas là pour partager ces instants ! Même les petites fêtes, comme la Saint-Valentin, peuvent nous faire vaciller.

À d'autres occasions, nous sommes insouciants et savourons l'instant présent : la beauté de la neige, la chaleur du feu, le réconfort d'un chocolat chaud, la présence d'amis. Et nous nous demandons pourquoi nous changeons d'humeur aussi facilement. Il nous arrive même de nous questionner sur notre santé mentale : quand mon humeur sera-t-elle plus stable de sorte que je ne risque pas constamment d'être déstabilisé ou de tomber dans le piège du désespoir ?

La perte de l'être cher a brisé notre vie. Il faudra bien sûr du temps pour remettre les pièces ensemble et retrouver une certaine cohérence.

Respectant les saisons de mon deuil et confiant d'être sur le chemin de la guérison, je serai patient envers moi-même.

15 FÉVRIER

La spiritualité est le lieu de rencontre de l'intimité absolue et de l'infini sans limites.

— Rick Fields

Parmi tous les événements qui se produisent au cours d'une vie humaine et qui permettent qu'une telle rencontre ait lieu, l'expérience de la mort se situe certainement en tête de liste. Un instant, la personne est là, elle respire, elle vit, et, l'instant d'après, il ne reste plus que son corps, une coquille vide ; mais cette personne qui riait et pleurait, parlait et aimait, s'en est allée.

Où ?

Des gens disent avoir senti, et même vu, l'esprit du défunt qui se tenait près d'eux. D'autres, relatant leurs expériences de mort imminente, disent avoir flotté au-dessus de leur corps et observé toutes les manœuvres frénétiques employées pour les ressusciter. Des gens éloignés de plusieurs centaines de kilomètres au moment du décès d'une personne aimée disent avoir ressenti un symptôme – une douleur soudaine, peut-être – qui sera relié plus tard à l'heure et à la cause de ce décès.

Notre expérience de tels mystères nous indique que nous ne connaissons qu'une infime partie des bienveillantes intentions du Créateur à notre égard. Cette connaissance n'est pas suffisante pour faire disparaître la douleur de la séparation. Mais, si nous arrivons à concevoir cette séparation comme temporaire et non permanente, eh bien, cela fait toute la différence !

Je m'efforcerai d'examiner avec un esprit ouvert toutes les avenues qu'empruntent la sagesse et l'espoir.

16 FÉVRIER

Si son cœur devait se briser et laisser son chagrin se répandre, celui-ci pourrait inonder la terre entière, semble-t-il, et pourtant personne ne le voit.

— Anton Chekhov

C'est une étrange sensation que de marcher dans une rue achalandée ou d'entrer et sortir des commerces en étant aux prises avec un chagrin si envahissant qu'il semble déterminer toute notre existence, tandis que les passants déambulent sans rien remarquer du tout !

Ne sommes-nous pas perplexes et peut-être un peu fâchés de voir que tout le monde poursuit son chemin comme si de rien n'était ? Sans savoir pourquoi, nous avons le sentiment que la terre devrait cesser de tourner et reconnaître notre chagrin.

Mais, en y réfléchissant bien, nous ne voulons pas vraiment que tout aille mal dans le monde simplement pour ne pas être seuls à souffrir. Nous avons besoin de la sécurité que peut offrir un monde bien organisé. Que les passants ignorent l'agitation et la tristesse qui nous habitent au moment où nous les croisons, c'est peut-être aussi bien ainsi. Et qui sait ce qu'ils peuvent porter dans leurs propres cœurs ?

Je n'aurai pas besoin que tout le monde soit entraîné dans mon chagrin pourvu que je puisse revendiquer un espace bien à moi pour faire mon deuil.

17 FÉVRIER

Toutes les choses merveilleuses de la vie sont si simples que l'on ne prend conscience de leur caractère prodigieux qu'au moment où elles deviennent inaccessibles. Jamais je n'ai été aussi sensible à la beauté, à la joie, au miracle de la vie qu'à présent, alors que je suis plongée dans un profond chagrin parce que Johnny n'est plus là pour en jouir.

— FRANCES GUNTHER

Tout ce qui nous rappelle l'extrême fragilité de la vie suscite peut-être cette émotion. Comment en sommes-nous arrivés à prendre pour acquis ces cadeaux de la vie ?

Nous prenons conscience avec émotion de l'inaccessibilité, pour l'être que nous aimons, à ces bienfaits que nous venons tout juste de découvrir. Nous avons presque le sentiment de devoir faire l'expérience du monde pour deux personnes.

Nous pouvons peut-être considérer que notre perception nouvelle et plus aiguë de la beauté du monde est un cadeau de l'être cher que nous avons perdu. Nous pouvons aussi nous consoler en nous rappelant qu'un thème récurrent des expériences de mort imminente est la stupéfaction devant la beauté et la lumière de l'Au-delà. La beauté de notre monde constitue peut-être un avant-goût de ce qui nous attend.

En appréciant les merveilles de ce monde, je peux sentir la présence de l'être que j'aime.

18 FÉVRIER

Voici venir l'heure de plomb,
Dont le souvenir, si on y a survécu,
Évoque celui qu'ont de la neige des personnes frigorifiées :
D'abord l'engourdissement, puis la stupeur, et enfin le détachement[2].

— Emily Dickinson

On peut difficilement imaginer images plus fortes que celles du poème d'Emily Dickinson. Le sentiment nous est pourtant familier : une lourdeur dans la démarche, dans tout notre corps, une lourdeur de l'esprit et du cœur.

Le mot engourdissement est approprié : une sorte de léthargie envahissante. Nous avons peut-être même de la difficulté à réfléchir. Nous ne nous rappelons plus à quel endroit nous avons déposé un objet, ce que nous avions projeté de faire. (C'est un bon moment pour dresser des listes.)

Mais nous survivons à l'heure de plomb. La volonté du corps et de l'esprit tend vers la guérison, et même vers la croissance, car il n'y a pas de guérison sans croissance.

Même si j'ai l'impression d'être englouti dans l'heure de plomb, j'essaierai de me rappeler qu'il y aura un temps nouveau et un jour nouveau.

2. N.d.T.: Traduction libre.

19 FÉVRIER

Avec l'aide de divers objets usuels — avec l'aide des deux grands ormes qui abritent la maison des ardeurs du soleil, du jasmin-trompette près de la porte arrière, du bosquet de lilas blanc à la fenêtre de la salle à dîner, du confortable mobilier en osier et de la balançoire sur la véranda qui ajoute ses cric... crac... aux bruits de la nuit d'été —, j'ai vécu au jour le jour.

— William Maxwell

Quand notre univers est détruit par le chagrin, les seules choses qui nous permettent de passer au travers, parfois, sont des objets familiers et des routines familières qui, par leur existence même, semblent nous dire : « Regarde, tu n'as pas tout perdu ; certaines choses restent les mêmes. » Ils ne nous demandent rien, ces objets familiers, ils sont là, simplement. Ils représentent la stabilité dans un monde devenu soudainement chaotique. Nous leur en sommes reconnaissants d'une façon irrationnelle et globale, comme s'ils étaient des amis chers – ce qu'ils sont, durant cette crise.

En cette période de confusion et de changement, j'apprécie grandement le réconfort que me procure ce qui m'est familier.

20 FÉVRIER

Élaborer un récit intime de notre souffrance nous transporte au cœur de cette réalité, là où survient inévitablement une renaissance.

— Sue Monk Kidd

Comment faire cela ? Et pourquoi ?

Certaines personnes tiennent un journal, un outil utile en toute occasion, mais particulièrement en ces temps où un grand bouleversement sur le plan émotionnel peut affecter toute notre vie. Le fait d'inscrire toutes nos préoccupations – sous forme de bribes de souvenir, de comptes rendus quotidiens sur la souffrance et la confusion que nous vivons – peut non seulement nous aider à identifier et à comprendre ce qui s'est passé, mais aussi à ranger tout cela dans un endroit sûr où nous pourrons revenir à volonté. Lorsque nous couchons sur papier toutes ces choses, nous ne sommes plus obligés de les conserver dans notre tête.

Certaines personnes s'inspirent de la vie de l'être qu'elles ont aimé pour élaborer leurs récits. Après le décès de son épouse, un de mes meilleurs amis a passé plusieurs mois à décrire la période où ils ont commencé à se fréquenter, plus de 65 ans auparavant. Ce n'était pas seulement une belle histoire, et un trésor éventuel pour les proches, mais, comme il le disait : « Cela m'a aidé à rester en contact avec elle. »

L'élaboration d'un récit intime nous aidera à nous dégager du chaos, dans lequel nous plonge souvent le chagrin, et peut même nous offrir des trésors !

21 FÉVRIER

Je suis pour tout ce qui aide à traverser la nuit.

— Frank Sinatra

Nous avons tous notre façon de composer avec la douleur, et il existe un large éventail de réactions appropriées. La raison a parfois peu de choses à voir avec tout cela. Une femme dont l'époux, ébéniste, était décédé subitement dans la fleur de l'âge, racontait qu'elle avait commencé à accepter sa mort le jour où elle s'était dit que Dieu avait besoin du meilleur ébéniste du monde. Sur le plan rationnel, elle n'aurait jamais défendu pareille hypothèse. Qu'est-ce que ça peut bien faire ? Ce stratagème lui a été utile, et il n'a fait de mal à personne.

Lors du décès de notre fille, une amie, dont le père était mort peu de temps auparavant, nous a écrit : « Mon papa prendra soin de Marie. » Ces mots nous ont procuré un merveilleux réconfort.

Lorsque nous sommes en proie au chagrin, toutes les images, qui nous apportent stabilité et paix, sont des bienfaits ; elles sont aussi appréciées et utiles pour survivre que des marmites, des cartes à jouer et des fleurs. Il se peut qu'elles résistent mal à un examen rationnel rigoureux, mais les expériences de la mort et du chagrin exigent que nous fassions preuve de beaucoup d'intuition et d'imagination. Nous sommes entrés dans un monde nouveau.

Devant ce mystère, j'ouvre mon cœur et mon esprit pour accueillir toutes les directives de l'esprit.

22 FÉVRIER

Nous sommes appelés à mener une vie intègre, à exprimer la vérité telle que nous la percevons et à croire que Dieu peut utiliser ce que nous lui offrons.

— Elizabeth J. Canham

Et si nous n'avions à offrir, dans l'immédiat, que notre souffrance ? Eh bien, offrons-la. Si la souffrance et le chagrin sont nos réalités les plus profondes, alors nous devons reconnaître cette réalité. Si nous essayons de la dissimuler en détournant *constamment* le regard, nous ne duperons personne, surtout pas nous-mêmes. Comme une blessure non exposée à l'air et à la lumière, notre souffrance prendra plus de temps à guérir et elle exigera beaucoup plus de soins à long terme.

Mais nous ne sommes pas obligés pour autant de rester chaque heure du jour et de la nuit englués dans le chagrin, même si, à certains moments, c'est vraiment le sentiment que nous aurons. Nous aurons intérêt, autant pour nous-mêmes que pour notre entourage, à mettre une sourdine à notre chagrin pendant quelque temps et à entrer en relation avec le monde de façon plus décontractée.

Quand un chagrin récent nous bouleverse, c'est la vérité telle que nous la percevons. Agir en tenant compte de cela n'est pas seulement une nécessité pour nous ; c'est aussi un témoignage, pour ceux qui nous entourent, du respect et de la confiance que mérite la tristesse. Le voyage du deuil offre un paysage varié, mais aucun détour permanent.

Mon chagrin est un fardeau suffisamment lourd à porter maintenant. Je ne vais pas augmenter ce fardeau en essayant de camoufler qui je suis.

23 FÉVRIER

Il peut arriver
Qu'une petite racine de l'arbre sacré vive encore.
Alors nourris-la
Pour que l'arbre puisse feuillir, fleurir et se remplir d'oiseaux chanteurs.

— Black Elk

Quelle est cette lueur d'espoir qui persiste à rester présente au cœur de nos ténèbres ? Est-ce l'esprit persévérant de l'être aimé qui nous dit qu'il va bien et de ne pas nous inquiéter ? Est-ce notre intuition nous disant qu'il y a dans la vie, et la mort, plus que ce que nous pouvons éventuellement comprendre, que la mort n'est pas un terminus mais une porte à franchir ?

Ou est-ce l'insatiable nature de la vie qui monte, fleurit et chante, même dans les heures sombres ?

Une amie dont le fils est décédé m'a raconté comment un oiseau, inconnu dans sa région jusqu'à ce jour, s'était perché sur l'une des plus hautes branches d'un arbre qui poussait dans une clairière et avait chanté, éclairé par un rayon de soleil. Et il avait chanté longtemps. Elle a dit que, même si elle connaissait encore des moments de grande solitude, plus jamais elle n'avait douté de la présence et de l'amour constants de son fils, ni du fait qu'ils seraient réunis un jour.

Puissé-je dès maintenant apercevoir l'arbre sacré et entendre la mélodie des oiseaux chanteurs.

24 FÉVRIER

Les gens qui nous disent que le temps contribuera à effacer notre chagrin nous offrent des consolations bien intentionnées mais dérisoires. Nous ne voulons pas perdre notre chagrin car il nous relie à notre amour; et nous ne pouvons cesser de pleurer la perte de l'être cher sans être dépouillés de nos affections.

— PHILLIPS BROOKS

Le temps, bien sûr, apaise le chagrin, pour peu que nous le laissions suivre son cours et lui accordions la place qui lui revient. Peu d'entre nous souhaiteraient que l'intensité et l'affliction qui caractérisent la première étape du deuil se perpétuent jusqu'à la fin de leurs jours. Nous ne craignons pas cela.

Mais il se peut que nous craignions de perdre l'intensité de l'amour que nous éprouvons pour la personne que nous avons perdue.

Au début, ces deux réalités – le chagrin et l'amour – sont si étroitement liées qu'il est impossible de les séparer. Parfois, dans notre désespoir, nous nous accrochons au chagrin pour être sûrs de ne pas perdre l'amour.

Peut-être que le chagrin et l'amour seront toujours profondément soudés l'un à l'autre dans une certaine mesure, comme les deux faces d'une pièce de monnaie. Et peut-être qu'au bout d'un certain temps, en tirant à pile ou face, ce sera presque toujours l'amour qui apparaîtra.

Celui que j'aimais fait autant partie de ma vie que l'air, la nourriture et l'eau qui nourrissent mon corps. Je ne craindrai donc pas de perdre quelqu'un qui a été, et reste, une partie de moi-même.

25 FÉVRIER

Elle avait le rire facile, un rire juvénile, plutôt strident, qui lui faisait monter les larmes aux yeux et qu'elle déplorait par la suite, le jugeant incompatible avec la dignité d'une mère accablée par les soins à donner à ses quatre enfants et par les tracas financiers. Elle coupait court à ses crises de fou rire et se réprimandait sévèrement : « Allons, voyons !... » Ensuite, elle éclatait de rire à nouveau jusqu'à faire trembler le lorgnon sur son nez.

— Colette

Un des plus grands cadeaux que nous puissions nous faire (et, quand nous y arrivons, nous savons que nous avons franchi une étape) consiste à nous remémorer, avec plaisir et en riant, les moments drôles que nous avons partagés avec l'être qui nous est cher.

Au début, il se peut que nous n'ayons pas le cœur à rire. Plus tard, quand nous y arriverons, nous aurons peut-être l'impression de manquer de respect envers la personne décédée. Peut-être même en éprouverons-nous de la culpabilité.

Mais réfléchissez un instant. Qu'est-ce qui ferait le plus plaisir à l'être qui vous est cher : vous voir triste, ou réjoui, lorsque vous vous souvenez des moments merveilleux et drôles que vous avez passés ensemble ?

Un cœur joyeux favorise la guérison.

– Proverbes 17,22

26 FÉVRIER

À nouveau, monte du cœur de la souffrance le cri séculaire,
Ô Dieu, pourquoi ? Ô Dieu, jusqu'à quand ?
Et ce cri se heurte au silence.

— Jim Cotter

Certains jours, nous avons l'impression d'assez bien manœuvrer, confiants de pouvoir affronter le futur. D'autres jours, et d'autres nuits, nous nous sentons totalement abandonnés, isolés dans une pièce obscure, tandis que l'univers nous apparaît comme un endroit vaste et hostile. Nous avons du mal à nous rappeler que nous n'avons pas toujours éprouvé ces sentiments ou à croire que nous nous sentirons mieux un jour. Nous sommes vraiment entrés dans « la nuit sombre de l'âme ». Cela pourrait-il nous aider de savoir qu'au cours des siècles, ce désespoir a été le lot de beaucoup de gens, que, même si nous sommes plongés dans une profonde affliction, une myriade de saints et de pèlerins – nos compagnons d'infortune – sont avec nous ? Car, même si notre douleur n'appartient qu'à nous, même si l'être cher était unique au monde, peut-être pouvons-nous prendre appui, juste un peu, sur l'idée qu'un très grand nombre de membres de la famille humaine ont vécu la même expérience que nous.

Bien qu'il y ait des choses à faire pour nous préparer à vivre une période plus lumineuse – prendre suffisamment de repos, manger adéquatement, lire, prier, parler avec des gens –, la sagesse populaire nous recommande de supporter la noirceur et de patienter durant ces nuits obscures. Elles ne vont pas toujours durer. Et un jour – et ce sera sans doute une surprise –, nous constaterons que les nuages ont disparu.

Si je me sens déprimé aujourd'hui, cela ne signifie pas qu'il en sera toujours ainsi.

27 FÉVRIER

Un thème peut sembler avoir été mis de côté, mais il revient sans cesse — la même chose mais modulée, sous une forme un peu modifiée.

— Muriel Rukeyser

Nous trouvons des rappels partout. Pas seulement les anniversaires – une semaine, un mois, un anniversaire de naissance, un an –, mais aussi l'oscillation des épaules d'un étranger, la ligne d'une pommette ou une inclinaison de la tête. Des événements auxquels nous avons participé ensemble, des chansons que nous avons partagées, des aliments que nous aimions, ou détestions, tous les deux, tout cela déclenche nos émotions. Nous rencontrons partout ces déclencheurs qui, pour peu qu'on les effleure, nous plongent dans la tristesse.

Nous devons prendre conscience de ces rappels : « Oui, je vous reconnais. Oui, vous me rappelez l'être que j'ai perdu. » Mais, tandis que nous reprenons des forces, nous pouvons exercer un certain choix en cette matière et, après avoir reconnu le lien avec tendresse, mettre de côté cette association avec notre être cher décédé.

Quelques mois après la mort de ma fille, j'ai vu une jeune femme portant une veste en tissu écossais, semblable à celle que ma fille portait jadis. Je n'arrivais plus à détacher d'elle mes yeux. Elle avait même les cheveux longs et d'une couleur identique. Pendant un moment, j'ai songé à m'approcher pour lui parler.

Mais j'ai plutôt fermé les yeux et prié pour cette jeune étrangère, pour sa vie, quelle qu'elle soit. J'ignore si cela lui a fait du bien, mais cela m'en a fait à moi; puis, je suis retournée à ma lecture.

Je verrai partout les ombres de mon chagrin. Et je poursuivrai ma route.

28 FÉVRIER

On aurait dit qu'ils venaient de trouver soudainement le bonheur comme s'ils avaient surpris un papillon dans une forêt enneigée.

— Edith Wharton

Au départ, c'est une véritable révélation – un sujet d'étonnement –, et nous en éprouvons presque de la culpabilité. Nous pouvons être heureux !

Nous pensions peut-être que cela n'arriverait jamais, que notre vie aurait toujours la couleur de la souffrance, que celle-ci envahirait chaque instant de notre existence.

En un sens, nous avions raison : chaque moment de notre vie est influencé par tous les événements qui l'ont précédé. Et cela, nous le refusons. Après avoir perdu un être cher, nous craignons parfois, inutilement, de perdre aussi le souvenir que nous en avons. Cela ne se produira pas.

Mais nous allons perdre le nuage de mélancolie – ou nous en serons libérés –, ce nuage qui flottait au-dessus de notre tête et qui était notre lot quotidien depuis un certain temps. Cela dépend en partie de nous. Nous *pouvons* décider de ne plus être heureux. Cela peut exiger beaucoup de travail – du fait de ne jamais être heureux à nouveau –, mais c'est possible si nous le voulons.

Comme il est préférable de nous éloigner de notre nuage ! Et quel meilleur hommage pouvons-nous rendre à celui que nous avons perdu ! Ainsi, quand nous découvrirons par hasard un papillon dans une forêt enneigée, nous pourrons le voir !

La mélancolie n'a aucune valeur en soi. C'est très bien d'être heureux.

1ER MARS

Où ? Où est allée cette lumière, cette étincelle, cet amour qui explorait le mien ? Quel rapport avec cette argile froide ? C'est ici, ici, ici dans mon cœur. Elle est en moi, autour de moi. Il n'y a rien dans cette argile.

— ANZIA YEZIERSKA

Le changement est sidérant lorsque le souffle et la vie s'en vont et qu'il ne reste que le corps. Nous l'observons, nous l'aimons et le vénérons, mais ce n'est plus qu'une coquille à présent. Les processus qui le nourrissaient se sont interrompus. Le sang demeure immobile. La poitrine ne se soulève plus ni ne s'abaisse.

Mais où est allée cette personne ? Les interprétations diffèrent selon les croyances et les expériences. Mais une chose est sûre : elle vit encore de diverses façons ; elle est là, dans le cœur des gens qui se rassemblent pour pleurer sa perte et célébrer la vie. Ce n'est pas uniquement parce que nous nous souvenons de nos êtres chers ; ils continuent à vivre à travers les enseignements qu'ils nous ont prodigués et par l'influence qu'ils ont exercée dans nos vies.

Au cours des semaines, des mois et des années à venir, nous découvrirons peut-être dans notre propre vie des qualités et des actions qui nous étonneront, avant qu'une pensée traverse notre esprit et nous fasse sourire : « Je me demande... Oui, c'est peut-être une partie de [...] qui vit en moi. »

J'accueillerai et prêterai attention aux diverses façons par lesquelles l'être qui m'est si cher continue de vivre en moi.

2 MARS

Plusieurs réconciliations prometteuses ont échoué alors que les deux parties étaient prêtes à pardonner, parce que ni l'une ni l'autre n'était prête à être pardonnée.

— Charles Williams

L'incapacité d'accepter le pardon est parfois la dernière pierre à éliminer d'un cœur éploré. Et nous avons tous notre propre catalogue de choses pour lesquelles nous souhaitons vivement obtenir le pardon. Les paroles dures prononcées rapidement, le service rendu de mauvaise grâce, ou refusé.

Qui continue d'exercer des représailles ? Est-ce la personne décédée qui vous jette un regard mauvais et secoue un doigt accusateur dans des enfers quelconques ? Il y a de fortes chances pour que ce soit nous-mêmes qui continuions de nous réprimander : « Comment as-tu pu… ? »

« Quand vous vous pardonnez, vous êtes pardonné », nous dit Elisabeth Kübler-Ross, qui a écrit pendant des années sur les étapes du deuil et qui a procuré ainsi un grand réconfort aux gens.

Imaginez une conversation entre vous et la personne que vous pleurez. Souhaiteriez-vous que cette personne soit sans défauts ? Une telle personne ressemblerait fort peu à la personne qui vous est chère.

Et cette personne ne désire pas non plus que vous incarniez la perfection. Vous ne seriez pas reconnaissable non plus !

Je vais essayer de laisser le poids de la culpabilité et des regrets s'éloigner doucement. Je ne suis pas parfait. Je suis aimé. L'amour sait se montrer indulgent, et continue d'aimer.

3 MARS

La cloche sonne, il est une heure.
Nous ne prenons pas conscience du temps
Mais de sa perte.

— EDWARD YOUNG

Le temps nous échappe toujours. Mais la perte d'un être aimé laisse fortement sa marque sur la notion que nous avons du temps. Pendant un certain temps, nous classons toutes nos expériences dans les catégories « avant » et « après ». Avant le décès, après le décès. Avant ou après le déclenchement de la maladie, parfois. Le passé prend une autre couleur : tout ce qui s'est passé auparavant est maintenant figé comme dans la cire ; c'est le signe qu'une période est terminée. Le temps qui s'étire dans le futur est un espace vide, pour le moment, un rappel constant de la perte de l'être cher que l'on projette.

Puis, tandis que nous retissons la trame de notre vie avec les fils dont nous disposons maintenant, la ligne de démarcation s'atténue un peu. Nous commençons à regarder en arrière non pas en souffrant constamment de la perte subie, mais en nous réjouissant et en appréciant la vie que nous avons partagée. Et, d'une façon que nous n'aurions jamais cru possible avant d'effectuer ce parcours du deuil, nous savourons tous les moyens par lesquels l'être que nous aimons est, et sera, encore présent dans notre vie.

Tandis que je commence à voir au-delà de la peine, je constate que la tristesse et la joie font partie de la trame de ma vie.

4 MARS

Un individu ne développe pas un cancer, une famille, oui.

— Terry Tempest Williams

Le partage du chagrin entre les membres de la famille peut grandement aider à supporter la perte d'un être cher. Pendant que nous pleurons ensemble, que nous racontons nos histoires communes, que nous nous souvenons de certains objets et évoquons des souvenirs, nous pouvons être attentifs les uns aux autres d'une façon que personne, peut-être, à l'extérieur du cercle familial, ne pourrait connaître.

Mais, à d'autres moments, il se peut que nous soyons la dernière personne avec qui un autre membre de la famille voudrait traverser cette étape difficile.

Pourquoi ? Parce que chaque personne a eu une expérience différente avec le défunt, et chacune d'elle a sa façon de vivre son deuil. Un membre de la famille peut éprouver du ressentiment, ou se sentir héroïque, pour avoir prodigué à un parent une plus grande part des soins qu'exigeait son état durant une longue maladie. Un autre, moins proche, peut avoir l'impression d'être relégué à l'arrière-plan, en quelque sorte. Les membres de la famille plus réservés peuvent trouver que ceux qui s'expriment davantage sont déplacés et énervants. L'intensité de la mort et de la perte peut rendre des différences comportementales qui, en d'autres circonstances, nous paraîtraient acceptables, presque intolérables ; l'acceptation des risques comme des bienfaits liés au partage de cette grande épreuve pourra nous aider à traverser certaines périodes difficiles.

Dans cette grande épreuve, tandis que je puise des forces auprès de ma famille, je reconnais et j'accepte aussi le fait que nous ayons tous notre propre façon de vivre notre chagrin.

5 MARS

La foi
Est l'oiseau
Qui perçoit la lumière
Et qui chante
Au matin
Quand il fait encore noir.

— Rabindranath Tagore

Durant ce printemps hâtif, à mi-chemin entre les solstices d'hiver et d'été, il nous arrive parfois, au réveil le matin, de sentir presque arriver l'été. Il fait encore noir et il fait froid, bien souvent. Mais quelque chose dans l'air vient confirmer ce qu'indique le calendrier : que les jours rallongent, du moins dans l'hémisphère nord. La lumière arrivera plus tôt et elle restera plus longtemps.

À une époque où je vivais un deuil, il m'est arrivé de rester éveillée toute la nuit. Nous avions des visiteurs à la maison. Nous avions conversé longtemps. Nous ne nous étions pas mis au lit avant minuit, et je ne pouvais m'endormir. Je me sentais agitée et anxieuse. Puis, dans l'obscurité du matin, les oiseaux ont commencé à chanter.

Déjà ? me suis-je dit.

Durant une période d'obscurité et de chagrin, puissions-nous entendre, parfois à l'improviste, un chant annoncer des jours plus heureux.

6 MARS

Jusque-là, en général, nous éprouvions de la tristesse avec quelques éclaircies occasionnelles ; mais, à présent, une variété d'émotions troublantes se manifeste : nous connaissons des moments de joie dans lesquels nous nous absorbons et qui semblent nous satisfaire, puis nous plongeons à nouveau dans la tristesse. Nous pouvons peut-être apprendre à accepter ces changements d'humeur en reconnaissant la réalité de chacun d'eux et en sachant que la lumière fait place à l'obscurité et l'obscurité, à la lumière.

— MARTHA WHITMORE HICKMAN

Lorsque nous commençons à nous sentir mieux, nous éprouvons une nouvelle gamme de sentiments, parfois même de la culpabilité : comment puis-je me sentir si bien quand la personne que j'aime est partie ? Même lorsque nous parvenons à mettre de côté ce tigre de papier, les variations qui se produisent dans notre humeur sont parfois déstabilisantes. Nous avons vraiment du plaisir, débarrassés enfin de cette musique triste qui jouait constamment en arrière-plan. Puis nous nous souvenons et nous avons l'impression de tomber soudainement dans une trappe – un changement soudain et beaucoup plus perturbant que lorsque la tristesse était constamment présente.

Tout cela fait partie du processus de guérison. Tout comme nous connaissons des moments douloureux et des périodes d'accalmie lorsque nous souffrons physiquement, ainsi en est-il lorsque nous pleurons la perte d'un être aimé. Au moins, nous savons que nous allons dans la bonne direction.

Je vais apprécier pleinement les moments où je peux être heureux – c'est ce que voudrait la personne que j'ai aimée.

7 MARS

Je ne crois pas que la souffrance seule soit source d'enseignement. Si c'était le cas, le monde entier serait sage car tous les gens souffrent. À celle-ci, il faut ajouter le deuil, la compréhension, la patience, l'amour, l'ouverture et l'acceptation de notre vulnérabilité.

— Anne Morrow Lindbergh

Nous connaissons bien ce parcours, ce difficile apprentissage à partir de nos expériences de vie. Nous sommes méfiants, et on peut le comprendre. Cette suggestion indirecte, voulant que le chagrin recèle certaines qualités qui le rachètent – comme si nous devions « apprendre quelque chose » –, constitue une offense pour nous. Comme si nous ne devions pas trop nous préoccuper d'avoir le cœur brisé.

Mais, après un certain temps, si nous avons de la chance et si nous travaillons là-dessus, nous commençons à comprendre qu'en réalité, nous sommes plus forts, plus mûrs. Ce travail est difficile, et souvent chaque impulsion de notre psychisme s'y oppose, parce que le fait que nous tirions des leçons de notre chagrin pourrait donner l'impression que nous sanctionnons ce qui s'est passé.

Mais, presque sans le vouloir, nous nous sentons mieux. Nous avons effectué le parcours qui nous a permis de sortir de notre bulle et, comme pour tous les voyages, nous avons dû nous engager, prendre des initiatives, nous adapter, accepter avec bonne volonté de donner et de recevoir de l'aide.

En suivant ce parcours de guérison, je prendrai mon temps. Je tiendrai compte des signaux avertisseurs. Je ferai attention aux autres voyageurs qui pourraient avoir besoin de mon aide, comme j'ai besoin de la leur.

8 MARS

Il vaut mieux connaître l'amour et la perte d'un être cher
Que de n'avoir jamais aimé.

— ALFRED TENNYSON

Cette citation est souvent utilisée en référence aux amants, mais ces paroles s'adressent à tous ceux et celles qui ont perdu un être aimé.

Un père dont la fille est décédée a dit un jour à son pasteur : « Nous préférons l'avoir eue avec nous pendant toutes ces années que de ne pas l'avoir eue du tout, mais nous avons été submergés par le chagrin pendant un certain temps. » Ceux d'entre nous qui ont été confrontés à un départ prématuré et soudain se sentent probablement concernés par les deux parties de cette affirmation. Bien sûr, nous ne souhaitons pas que notre enfant n'ait jamais vécu. Mais, pendant un certain temps, nous ne pouvons penser à rien d'autre qu'à notre chagrin.

Et pourtant, même quand notre souffrance est presque insupportable, nous ne voudrions pas échanger notre vie pour une autre. Une bonne amie et mentor, qui a eu une brillante carrière mais qui n'a jamais eu d'enfants, m'a écrit après le décès de notre fille. Elle m'offrait ses condoléances et partageait ma tristesse. Puis elle a ajouté : « Il y a des gens qui n'auront jamais autant à perdre. » Je n'ai pu m'empêcher de penser qu'elle parlait d'elle-même, et la peine que j'ai éprouvée pour elle à ce moment m'a fait prendre conscience encore une fois que j'avais beaucoup reçu.

Même lorsque je souffre, je chéris le cadeau que représente la vie de l'être qui m'est si cher.

9 MARS

Lorsque les morts ont été enterrés et que les estropiés ont quitté les hôpitaux pour commencer une vie nouvelle ; lorsque la douleur physique provoquée par la peine s'est transformée avec le temps en blessure permanente de l'âme, en chagrin qui durera aussi longtemps que le corps lui-même ; lorsque les horreurs sont devenues des cauchemars et des réminiscences surgissant en plein jour, alors le lien transcendant de la souffrance commune à tous les humains apparaît, et avec lui vient le pardon et avec le pardon vient l'amour.

— André Dubus

Un père éploré après le décès soudain de sa fille dans un accident a dit : « J'ai l'impression d'avoir joint les rangs de la famille humaine. »

Ce sentiment de solidarité avec la communauté humaine, d'empathie et d'amour mutuel est un lien qu'on parvient à établir avec beaucoup d'efforts. Mais, devant une tragédie, quelle qu'en soit la nature, la meilleure décision que puissent prendre des êtres humains est de transformer leur peine en amour et en compréhension mutuelle. C'est ce qu'on peut souhaiter de mieux.

Je ne veux pas pour autant sous-estimer les difficultés. Mais ne refusons pas les grands bienfaits que représentent le pardon et l'amour qui, après une longue lutte, sortiront de l'ombre pour réconforter tout le monde, même nous.

Mon cœur se soulève en signe de solidarité et de nostalgie, et mes pensées vont vers tous les gens qui ont souffert comme moi. Puissions-nous nous retrouver et nous soutenir les uns les autres.

10 MARS

C'est une certitude :
Celui qui naît doit mourir,
Et celui qui meurt doit naître.
Par conséquent, devant l'inévitable,
Tu ne devrais pas t'affliger.

— BHAGAVAD GITA

Une certaine quiétude se dégage de cet extrait d'un texte sacré hindou, mais pour la plupart d'entre nous, il suggère une forme d'acceptation pour laquelle nous ne sommes pas encore prêts.

Le concept de la réincarnation, un précepte de la croyance hindoue, est à la fois réconfortant et troublant, ce qui se produit souvent avec les concepts religieux. Il est réconfortant, car il nous dit que l'âme survivra et voyagera jusqu'à ce qu'elle atteigne la perfection ultime. Il est inquiétant, car il ne promet pas que la personne disparue puisse réintégrer le cercle de nos amis et de notre famille dans cette vie ou dans une vie future. Ce que nous voulons, ce n'est pas une nouvelle vie avec de nouvelles personnes, mais une vie avec une personne particulière que nous aimons et qui nous manque terriblement !

Et, même si nous sommes absolument convaincus que nous serons réunis un jour, n'avons-nous pas de la peine d'être séparés présentement ? Bien sûr.

Malgré tout, tandis que nous explorons le monde et diverses religions pour obtenir du réconfort et mieux comprendre, la sérénité qui se dégage de ces paroles peut apaiser nos âmes.

J'éprouve de la reconnaissance pour toutes les paroles qui tentent de répondre à mon besoin.

11 MARS

Nous sommes appelés à jouer le rôle d'aliment et de boisson les uns pour les autres.

— Wendy M. Wright

Nous sommes très importants les uns pour les autres – aussi essentiels que la nourriture et l'eau. Et particulièrement en ce moment, alors que la perte d'un être cher nous fait souffrir.

Nous avons besoin que nos amis et notre famille nous réconfortent, atténuent par leur présence notre sentiment de solitude, partagent nos souvenirs et notre peine.

Et ils ont besoin de nous, ils ont besoin de savoir que nous les aimons encore, que nous ne les avons pas chassés de notre vie pendant que nous vivons notre deuil ; ils ont besoin que nous portions attention le plus possible à leurs besoins.

Et ces liens d'amour et d'amitié ne se perpétuent pas de façon automatique. Lorsque nous nous sentons tristes tout particulièrement, il peut nous sembler plus facile de rester seuls.

Mais ce n'est pas un bon choix. Ce n'est bon pour personne. La nourriture dont nous avons besoin pour vivre pleinement ne provient pas uniquement des aliments et des boissons, mais des gens qui nous aiment et que nous aimons.

Je ne permettrai pas à mon chagrin de constituer une barrière entre moi et les gens que j'aime. Au contraire, il peut même devenir un pont, parfois.

12 MARS

La crise actuelle est toujours la pire.

— ELAINE M. PREVALLET

Nous venons de vivre une terrible journée. Puis une autre. Un jour, la première angoisse provoquée par le chagrin commence à s'estomper. Nous pensons peut-être que le pire est passé. Puis quelque chose se produit : on entend les accents d'une chanson familière ; on perçoit l'odeur des fleurs ou d'un parfum ; on voit, de l'autre côté de la rue, la silhouette d'une étrangère qui dresse ou incline la tête d'une façon qui nous est familière. Et le chagrin nous accable encore une fois.

La situation s'améliorera. Mais d'autres souvenirs, d'autres occasions pourront toujours nous rappeler la perte que nous avons subie. Notre chagrin sera ravivé mais, lui aussi, il passera.

Puissé-je accepter les rythmes du deuil. J'ai suffisamment de sujets d'inquiétude sans avoir en plus à me reprocher d'être aussi vulnérable.

13 MARS

Quelqu'un a-t-il déjà éprouvé un chagrin semblable au mien?

— George Herbert

Nous pensons peut-être tous la même chose au départ, à savoir que nous sommes seuls à ressentir un chagrin aussi intense et douloureux. Nous sommes peut-être même jaloux de ce chagrin, offensés à l'idée qu'une autre personne puisse éprouver autant de peine.

Et, d'une certaine façon, nous avons raison : notre expérience ne ressemble à aucune autre. Nous accrocher à notre chagrin, comme s'il était unique en l'examinant de tous côtés, nous permet peut-être de mieux comprendre et de nous habituer à cette réalité inconcevable.

Puis, après un certain temps, nous apprécierons peut-être la présence des autres. Plusieurs communautés ont mis sur pied, sous une forme ou une autre, des groupes de soutien pour les personnes en deuil, à l'intérieur desquels une personne peut exprimer librement sa souffrance, sans crainte d'être jugée excessive ou complaisante envers elle-même. Pendant que vous décrivez une expérience particulièrement pénible que vous avez vécue lorsque votre souffrance a ressurgi à l'improviste, ces amis acquiescent d'un signe de tête : *Oui, je comprends.* Ils connaissent les écueils et les embûches que nous rencontrons durant notre parcours, et ils nous aident en nous assurant que la situation va réellement s'améliorer.

Avec le temps, nous devenons aussi des aidants.

Mon chagrin m'appartient, et je fais partie de la famille humaine.

14 MARS

Le travail que nous devons accomplir n'est pas toujours celui qui semble fait sur mesure pour nous, mais celui qui se présente à notre conscience comme une urgence : prendre soin d'une personne hospitalisée ou tendre un mouchoir, par exemple.

— Elizabeth M. Sewell

Lorsque nous nous remettons d'un grand chagrin, tout nous semble parfois trop difficile, chaque tâche devient trop lourde pour nous. Alors nous nous immobilisons, nous ne faisons rien, nous attendons qu'un grand projet quelconque ou qu'un grand événement nous fasse sortir de notre léthargie.

Mais de tels appels ne résonneront peut-être pas. Ou, si c'est le cas, la tâche nous paraîtra peut-être encore trop lourde.

L'important est de prêter attention aux petites incitations : une chose simple que j'aimerais faire aujourd'hui, un projet mineur qui me semble valoir la peine. Tout ce qui peut nous aider à nous remettre en mouvement. Ce n'est pas le moment de préciser notre projet de vie. C'est le temps de poser des petits gestes comme téléphoner à un ami, désherber quelques rangs du potager, poster un paquet ou même retourner un livre à la bibliothèque. Toute activité qui nous donne le sentiment de pouvoir prendre des initiatives.

Aujourd'hui, je chercherai une incitation à faire une nouvelle activité. Et je la ferai.

15 MARS

Les fils de la trame sont tous là : pour le souvenir, rien n'est jamais perdu.

— EUDORA WELTY

Lorsque nous avons perdu un être cher, nous ressentons souvent une sorte de peur généralisée. Notre vie a été si bouleversée. Y a-t-il quoi que ce soit de sûr ? Qu'est-ce que je pourrais perdre encore ?

L'une de ces craintes pourrait bien être : « Oublierons-nous ? » Les souvenirs de notre vie commune s'estomperont-ils s'ils ne sont pas renforcés par la présence de l'être aimé et le rappel d'événements passés dans nos conversations ?

Le choc de la perte peut faire disparaître pendant un certain temps quelques souvenirs parmi les plus agréables et les plus joyeux, ou les rendre trop douloureux pour que nous acceptions de les ramener à notre mémoire. Mais, tandis que nous commençons à nous sentir un peu mieux, et que le poids du chagrin s'allège, les espaces libres dans la courtepointe de notre mémoire se rempliront à nouveau. Ce sera comme trouver un trésor perdu, un trésor inestimable, car il aura été hors de vue pendant un certain temps.

Les souvenirs de la vie que j'ai partagée avec l'être aimé sont entreposés dans mon cerveau. J'y trouverai tout ce dont j'ai besoin.

16 MARS

L'esprit humain a tendance à sanctifier un être aimé après son décès — c'est un point faible navrant; comme si la vie n'était pas sacrée elle aussi.

— George Eliot

Bien sûr, d'une certaine façon, nous sacralisons le défunt. Sa vie terminée est mise en relief. La mort nous incite à nous souvenir avec solennité, à placer l'être cher au centre de notre attention, à reconnaître la perte que nous subissons et le fait que cette personne nous manque terriblement.

Mais il est possible aussi que nous soyons tellement préoccupés par le défunt que nous négligions les vivants. C'est particulièrement dangereux lorsqu'il y a de jeunes enfants impliqués. Des études portant sur les réactions des enfants lors d'un décès dans leur famille ont montré qu'un nombre assez important d'entre eux se sentaient oubliés et négligés. Ils avaient le sentiment que leur chagrin n'était pas reconnu ou qu'on ne s'en occupait pas. C'est compréhensible mais malheureux, et ce problème pourrait être facilement évité si les adultes étaient un peu plus sensibles à leurs sentiments et s'ils s'assuraient que les enfants se sentent inclus dans le deuil familial. Ce n'est pas rendre service aux enfants – ni à aucun proche de la famille – d'essayer de leur «épargner» des souffrances en les tenant à distance. Tout comme nous, ils ont besoin d'étreintes et de réconfort bien plus que de protection.

Il y a un équilibre subtil entre l'attention que j'accorde à mes propres besoins et celle que j'accorde aux besoins des vivants qui attendent peut-être de moi que je les console et les réconforte.

17 MARS

Dinah avait le sentiment que chaque aspect de sa vie était devenu périlleux, et tout ce qu'elle pouvait faire était de prendre les choses comme elles se présentaient, de laisser la routine et la nécessité orienter ses journées.

— Robb Forman Dew

Une des conséquences de la perte d'un être aimé, particulièrement si le décès est soudain et inattendu, est que nous prenons vraiment conscience de la fragilité de la vie. Si cette tragédie a eu lieu, que va-t-il encore nous arriver ? Il se peut que nous éprouvions un fort sentiment de crainte, que nous frôlions la paranoïa. Une mère dont l'enfant avait été tué dans un accident de voiture m'a dit qu'elle ne pouvait supporter que son autre enfant revienne à la maison plus tard que prévu. « Appelle-moi si tu es en retard. Même de 10 minutes. S'il te plaît », lui disait-elle.

Globalement, notre sécurité est menacée. Notre vie intérieure est bouleversée. Le fait de suivre méthodiquement nos routines quotidiennes peut nous aider à conserver une certaine stabilité et protéger notre cohésion intérieure.

De plus, nous aurons peut-être le sentiment qu'en conservant nos façons de faire habituelles, nous pourrons échapper à la vigilance de la destinée et éviter qu'un événement terrifiant se produise à l'improviste. Ce sont des peurs primaires, irrationnelles – mais la perte que nous avons subie n'est pas rationnelle non plus.

Plus tard, pas maintenant, nous aurons l'énergie et le courage d'accepter le changement.

Je vais traverser cette période du mieux que je le peux et j'ai confiance qu'avec le temps, ma spontanéité et mon énergie reviendront.

18 MARS

... Il excuse tout, il croit tout, il espère tout, il endure tout.
L'amour ne disparaît jamais.

I Corinthiens 13,7-8

L'amour que nous portons à un être humain comporte tout un lot de responsabilités et un potentiel de souffrances énorme : risques d'incompréhension, de trahison, d'indifférence et, finalement, de perdre un être cher.

Pour faire pencher la balance de l'autre côté, nous avons la possibilité d'enrichir notre vie en partageant nos expériences avec une autre personne, ce qui nous permet d'obtenir de la chaleur, sur les plans physique et spirituel, et de communier ; d'améliorer notre compréhension et de développer des projets communs ; de combattre la solitude et l'isolement par le soutien mutuel.

La plupart des gens n'ont pas de difficulté à choisir l'amour.

Mais, après avoir investi une si grande part de notre énergie dans la vie d'un être que l'on aime, et constaté que cette personne adorée est partie, faut-il s'étonner que nous restions pétrifiés pendant un certain temps ?

Cependant, l'amour que nous avons partagé nous aide à trouver la force de supporter cette perte immense. L'espoir et la joie que nous avons connus nous aident à croire que nous pourrons les connaître à nouveau.

Et l'intensité de notre chagrin (qui s'atténuera, même si cela nous semble difficile à croire) reflète l'intensité de l'amour partagé, lequel continuera à rayonner durant toute notre vie, ainsi qu'à illuminer et nourrir tout ce que nous faisons et tout ce que nous sommes.

L'amour ne disparaît jamais. Jamais.

19 MARS

Qu'y avait-il dans le champ du ciel, le gigantesque affleurement rocheux, la feuille de sassafras dans ma main ? Je ne sais pas, mais je suis restée sans voix, émerveillée, remplie d'une joie tranquille.

— Avery Brooke

Chaque personne a probablement son propre lieu de guérison. Dans un cours que j'ai suivi sur « l'art comme méditation », l'animateur nous a fait cette suggestion : « Fermez les yeux. Pensez à un endroit sur cette planète qui constitue votre lieu de prédilection. »

Où est le vôtre ? Où est le mien ? Ces lieux diffèrent peut-être selon les périodes de notre vie. Mais, pendant que nous effectuons le travail de deuil, nous avons intérêt à nous rendre le plus souvent possible dans des lieux qui exercent sur nous un effet calmant et thérapeutique.

Et il peut s'agir d'un type de lieu plutôt que d'un endroit précis. Un de mes amis m'a dit : « L'océan. N'importe quel endroit pourvu que ce soit près de l'océan. »

Une fois parvenus dans ce lieu, nous devons être prêts à le laisser s'exprimer, à ouvrir notre cœur au « champ du ciel, à l'affleurement rocheux », à la paix qui semble émaner de tels endroits et qui nous dit de mystérieuses façons que tout ira bien.

En communion avec la beauté de la nature, je trouve une affirmation de tout ce qui est, y compris moi-même.

20 MARS

Une plante pousse dans le brouillard et sous les nuages d'une manière aussi effective que sous le soleil.

— WILLIAM ELLERY CHANNING

Après un événement aussi traumatisant que la perte d'un être aimé, nous avons parfois l'impression que notre vie s'est arrêtée. Impossible d'aller de l'avant. Quel sens pourrions-nous donner au reste de notre vie ?

Heureusement, la vie nous entraîne, que nous soyons d'accord ou pas. Et un jour, comme après le passage d'un orage, nous verrons à nouveau la lumière et nous nous rendrons compte que, pendant tout le temps où nous étions plongés dans l'obscurité et en proie à la confusion, les processus de guérison et de croissance s'effectuaient lentement et silencieusement. Nous n'avons pas du tout perdu de temps ; comme la graine qui est restée inerte, en apparence, dans le sol tout l'hiver, et qui maintenant est prête à commencer sa danse du printemps, nous avons été entraînés de façon constante et sans vraiment nous en rendre compte vers une vie nouvelle. Comme le papillon qui émerge d'un cocon après une longue période d'obscurité, nous allons laisser tomber l'enveloppe de la chenille qui recouvrait encore nos ailes et constater que nous pouvons voler.

Parfois, j'ai l'impression d'être gelé sur place, comme si je n'allais plus jamais grandir ni avancer. Mais, pendant tout ce temps, L'Un qui est plus grand que moi me montre le chemin sur ce terrain obscur.

21 MARS

Malheur à moi ! L'hiver est arrivé puis il s'en est allé,
Mais le chagrin est revenu au tournant de l'année.

— Percy Bysshe Shelley

Les anniversaires ! Ils continuent de nous tourmenter. Chaque événement fait ressurgir le souvenir de ce que nous avions « l'habitude de faire » : les pique-niques, le voyage de Pâques, les feux d'artifice locaux du 4 juillet, la réunion de famille à l'Action de grâces. Et, bien sûr, les anniversaires privés : naissance, mariage, décès.

Parfois nous oublions. Et, au milieu de l'après-midi, nous nous demandons pourquoi nous nous sentons si déprimés, jusqu'à ce que nous jetions un coup d'œil au calendrier et que nous nous souvenions. L'esprit conscient peut oublier, mais l'inconscient possède une mémoire plus longue.

Avec le temps, ce sera plus facile. Mais c'est bien d'être attentifs aux anniversaires et de prendre conscience que nous nous rappellerons et que nous serons probablement tristes.

Alors, reconnaissez-le : c'est le jour. Vous pourriez en parler à un ami qui peut comprendre. Et puis, traitez-vous avec douceur. Vous pouvez peut-être prévoir une activité divertissante. Ce n'est pas nécessaire de pleurer toute la journée. L'être qui vous est cher ne voudrait pas cela. Vous n'oublierez pas. Une autre année s'écoulera…

Je serai libre de me détourner de mon chagrin lorsque je le pourrai. La vie n'est pas un test d'endurance.

22 MARS

Je crois que je commence à comprendre pourquoi le chagrin ressemble tellement à l'attente. Cela vient de la frustration engendrée par de nombreuses impulsions devenues habitudes... J'ai encore l'habitude de placer une flèche sur la corde de mon arc; puis je me souviens et je dois abaisser l'arc.

— C. S. Lewis

Au cours des premiers jours, des premières semaines, des premiers mois, la perte d'un être cher ressemble à une amputation. Les nerfs provoquent un élancement comme si le membre était encore là. Particulièrement si le décès est survenu soudainement, ces impulsions involontaires se produisent. À table, nous mettons le même nombre de couverts qu'auparavant. Trop souvent, nous comptons un siège de trop au cinéma. Chaque fois que nous nous surprenons à agir ainsi, c'est comme si on nous enfonçait une aiguille dans le cœur.

Mais, après un certain temps, une longue période de temps, il se peut que nous accueillions l'association qui s'est produite comme un rappel émouvant des jours heureux que nous avons partagés et que nous ne voulons pas oublier. À mon retour à la maison après le décès de ma fille, je me souviens d'avoir dit à mon fils : « Comment puis-je vivre dans cette maison? Je la verrai partout. »

Il a répondu : « Tu l'apprécieras peut-être un jour. »

Des années ont passé et, à présent, lorsque je parcours les pièces où elle a vécu avec nous, j'apprécie ces associations.

La guérison se produit à son propre rythme. Ce qui représente un fardeau un jour peut très bien constituer un cadeau, un autre jour.

23 MARS

Ne laisse pas des situations hypothétiques te bouleverser ; si jamais tu dois les vivre, tu sauras faire preuve de jugement comme tu le fais à présent.

— Marc Aurèle

L'une des difficultés avec lesquelles nous, les personnes en deuil, devons composer est l'anticipation de plusieurs situations dans lesquelles nous nous retrouverons seuls, sans l'être qui nous est cher.

À quoi peut nous servir cette anticipation angoissante ? À rien. Nous ne pouvons prévoir les problèmes qui nous assailliront, et, même si nous le pouvions, sommes-nous si impatients de les connaître au point de vouloir qu'ils nous tiennent compagnie longtemps d'avance ?

Croyons-nous que nous perdrons cette capacité, dont nous disposons à présent, de gérer une crise ? Nous pouvons présumer que nous serons au moins aussi compétents que maintenant et que nous saurons quoi faire.

Pourquoi ne pas gérer les événements et les incertitudes d'aujourd'hui ?

Je vais m'occuper des inquiétudes et des soucis de ce jour tout en confiant à l'avenir incertain ses soucis inconnus.

24 MARS

Une personne qui ne grimpe jamais ne tombera jamais.

— William Shakespeare

Après avoir perdu un être aimé, notre chagrin est si intense que nous nous demandons parfois si cela en valait la peine. N'aurait-il pas été plus sage de ne pas trop s'attacher à des personnes dont le décès allait provoquer l'effondrement de presque tout notre univers ?

Nous connaissons la réponse. Un tel choix constituerait un déni de ce qui est le plus riche pour nous sur le plan humain : la capacité d'établir des liens intimes et intenses avec d'autres êtres humains.

De façon similaire, un parent ne peut empêcher un enfant de faire des apprentissages qui peuvent comporter une part de danger. Bien sûr, pour les enfants comme pour les adultes, certaines entreprises sont si dangereuses que seules des personnes téméraires sont attirées vers elles ; il en va ainsi pour les relations dont certaines sont si dangereuses que nous nous y engageons à nos risques et périls.

Nous faisons des allées et venues entre des choix de vie séparés par une mince ligne : entre une implication malavisée, d'un côté, et un échange très riche sur le plan humain, de l'autre côté. Nous devons faire preuve de jugement en cette matière pour déterminer à qui nous confierons notre cœur. Mais s'empêcher d'aimer et d'être aimé, parce qu'il y a toujours un risque de perdre, est comme essayer d'empêcher un enfant d'apprendre à marcher car il risque de tomber. L'enfant tombera, il se relèvera et il marchera à nouveau.

Les risques associés à l'amour en valent la peine, même le risque de perdre l'être aimé.

25 MARS

On dit, avec raison, qu'aucun homme ne croule sous le fardeau du jour. C'est lorsque le fardeau du lendemain est ajouté qu'il devient impossible à porter. Ne vous chargez jamais autant, mes amis.

— George MacDonald

Comment pourrions-nous ne pas anticiper avec inquiétude ces jours, ces mois et ces années pendant lesquels l'être qui nous est si cher sera absent de notre vie ?

Il y a sûrement des moments où nous ne pourrons faire autrement. Mais nous ne sommes pas obligés de le faire constamment. Nous pouvons peut-être adopter l'habitude recommandée dans l'approche « rationnelle-émotive ».

Accordons-nous une demi-heure chaque jour pour donner libre cours à notre chagrin, et, même, permettons-nous d'anticiper ces longues journées sans l'être qui nous est cher. En d'autres circonstances, lorsque ces pensées se présentent, repoussons-les : « Non, pas maintenant, ce n'est pas le moment. Revenez à 17 h 30 et, alors, vous aurez toute mon attention. »

Lorsqu'arrive l'heure indiquée, nous devons tenir parole : si ces tristes pensées vous hantent, acceptez-les. Lorsque la demi-heure est passée, changez de sujet intérieurement et trouvez une autre occupation.

Je n'essaie pas d'ignorer ces émotions liées à un long chagrin ; j'essaie simplement de les empêcher de bouleverser complètement ma vie.

26 MARS

Si vous êtes un artiste, votre travail vous permet de vous épanouir et de connaître la plénitude, et ce, pendant toute votre vie. Quelle que soit la nature des plaies qui doivent être cicatrisées, l'instant de la création vous assure que tout est bien, que vous êtes encore en harmonie avec l'univers, que le tumulte intérieur peut être porteur et se transformer en ordre et en beauté.

— MAY SARTON

May Sarton parle en tant qu'écrivaine. Mais l'expression artistique peut prendre différentes formes dans nos vies : une magnifique photographie, un coussin recouvert d'une tapisserie à l'aiguille, un repas, un jardin, l'agencement des meubles et des objets décoratifs dans une pièce. L'important est de faire quelque chose : prendre des mots, des couleurs, des morceaux de bois, des graines ou des aliments, et faire jaillir du sens et de la beauté en les agençant. Cette activité nous permet de constater que le désarroi dans lequel notre chagrin nous a jetés ne nous a pas détruits. Voyez : nous prenons ceci, et même cela, et nous l'intégrons au tissu de notre vie.

Alors posez un geste. Faites quelque chose. Un poème ou une peinture, par exemple, peut possiblement exprimer votre chagrin. Un repas ou un chandail tricoté vous convient peut-être davantage. Une amie dont le fils s'est suicidé m'a dit que, lorsqu'elle avait commencé à confectionner quelques vêtements pour elle-même, elle avait commencé à croire à nouveau en la vie.

En fabriquant de mes mains quelque chose de nouveau, je trouverai peut-être la paix et le sens de ma vie.

27 MARS

Lorsque vous portez un très lourd fardeau, vous pouvez toujours alléger celui d'une autre personne. Lorsque vous ne pouvez trouver Dieu, il vous reste toujours cette possibilité sacrée d'exprimer le Divin. Car c'est à travers l'amour et la bonté des cœurs humains que la réalité divine atteint les hommes, qu'ils l'appellent ainsi ou non. Alors conservez toujours cette pensée : il se peut qu'à certains moments vous ayez besoin d'aide et n'en trouviez pas, mais vous pouvez toujours aider les autres.

— George S. Merriam

Souvent, et tout particulièrement lorsque nous vivons notre premier deuil, nous n'avons ni la volonté ni l'énergie de faire quoi que ce soit pour nous-mêmes ou pour les autres. Mais, lorsque notre état s'améliore, le fait de poser un geste pour autrui pourra procurer à notre cœur et notre esprit envahis par la tristesse une pause très appréciée. Ce mouvement traduira notre espoir de ne pas rester coincés pour toujours dans cette vallée de larmes. Sans compter que cette attitude pourra être utile et rassurante pour quelqu'un d'autre !

Il est étonnant de voir à quel point la dépression s'allège lorsque nous sommes capables d'oublier nos propres soucis et de faire quelque chose pour une autre personne.

28 MARS

Le chagrin ressurgit de façon inattendue… des signes mystérieux me le rappellent. Il s'abat comme une vague, me soulève jusqu'à sa crête et me tourne sens dessus dessous. Puis il se retire, me laissant brisée. Oh, maman, je ne veux ni manger, ni marcher, ni sortir du lit. Je ne veux ni lire, ni travailler, ni cuisiner, ni écouter, ni prendre soin des autres. Plus rien n'a d'importance. Je ne veux pas être distraite de mon chagrin. Ça ne me fait rien de mourir. Ça ne me fait rien du tout.

— TOBY TALBOT

N'importe quoi peut jouer le rôle de déclencheur : quelques mesures de musique, un vieux vêtement que nous découvrons en nettoyant un placard, un bout de papier qui tombe d'un livre et sur lequel nous reconnaissons aussitôt l'écriture. Juste au moment où nous avons l'impression que notre état s'améliore et que nous avons retrouvé une certaine stabilité, quelque chose nous replonge directement dans ce sentiment de perte à l'état brut qui nous submerge.

Non seulement nous sommes incapables de penser à autre chose, mais nous ne le voulons pas. Il n'y a rien d'autre à l'horizon. Notre chagrin occupe tout le champ de notre vie. Si nous essayons de regarder vers l'avenir, notre regard plonge dans le bourbier de notre chagrin. Faut-il s'étonner que la pensée de notre propre mort ne nous semble pas une mauvaise idée ?

Nous nous retrouvons dans cette humeur sans avertissement, et l'effet est dévastateur. Cela passera aussi. Alors… vivez votre chagrin, oui. Mais patientez aussi.

Accepter les vagues de chagrin qui se forment, c'est aussi savoir qu'elles se retireront.

29 MARS

Soyez patient avec tout le monde mais surtout avec vous-même. Je veux dire, ne laissez pas vos imperfections vous troubler et relevez-vous toujours bravement après une chute. Je suis content de savoir que vous recommencez depuis le début chaque jour ; il n'y a pas de meilleur moyen de progresser dans la vie spirituelle que de constamment repartir à zéro.

— François de Sales

L'une des choses qui font obstacle à la guérison d'un chagrin est la pensée qu'il faut beaucoup de temps pour y parvenir. Et nous nous décourageons, non seulement à cause de la présence continuelle du chagrin, mais à cause de notre propre incapacité à mieux le gérer. Juste au moment où nous croyons faire des progrès : vlan ! Il nous submerge avec une vigueur nouvelle.

Plus que nulle part ailleurs, il est important ici d'être patient avec soi-même et de ne pas se laisser miner par le découragement que l'on a connu précédemment. Chaque jour est un jour nouveau, un recommencement.

Sur le seuil de cette journée, je laisse derrière moi les préoccupations et les inquiétudes d'hier.

30 MARS

Pacifiez votre esprit le plus possible ; non par un quelconque effort, mais en laissant choir tout ce qui vous inquiète ou vous excite. Il ne s'agit pas de travailler mais, pour faire image, de laisser reposer un liquide que l'agitation a troublé.

— MADAME GUYON

C'est une autre façon de nous suggérer d'essayer de vivre dans l'instant présent et de ne pas laisser notre immense chagrin envahir tous les aspects de notre vie. C'est plus facile à dire qu'à faire : mettre de côté notre tristesse et ne prêter attention qu'à ce qui se passe autour de nous actuellement. C'est un conseil que nous ne pourrons pas toujours suivre et que nous ne devrions probablement pas suivre. Mais l'image d'une personne qui laisse toute chose tomber sur le sol est valable, et c'est un exercice qui vaut la peine d'être essayé.

Alors imaginez que vous vous tenez droit et immobile, et qu'en touchant un bouton de contrôle intérieur, vous laissez tout le stress et le chagrin de votre vie glisser lentement dans vos bras et vos jambes et être absorbés par le sol sur lequel vous vous trouvez. Comme vous vous sentez plus léger ! Vos bras pourraient presque s'élever dans les airs, libérés du poids que représente toute cette souffrance inscrite dans la mémoire.

Vous pensez que vous avez réussi à vous en débarrasser complètement ? Faites quelques pas et essayez de refaire cet exercice.

Jusqu'à un certain point, il est en mon pouvoir de décider à quel moment je laisserai mon chagrin prendre toute la place.

31 MARS

Ceux qui s'aiment au-delà du monde ne peuvent être séparés par lui. La mort ne fait que traverser l'univers comme des amis traversent les mers; ils vivent encore dans le cœur l'un de l'autre.

— WILLIAM PENN

Cette analogie des amis, séparés par la mer et qui vivent pourtant dans le cœur l'un de l'autre, nous paraît juste et porteuse d'espoir lorsque nous réfléchissons au mystère de la mort.

Après tout, notre amour dépend-t-il toujours du monde physique qui nous entoure ? D'une façon ou d'une autre, ne serions-nous pas « en contact » même si des centaines et des centaines de kilomètres nous séparaient ?

Bien sûr, la mort du corps physique est tout à fait différente du départ d'une personne pour une contrée lointaine ! Nous ne pouvons minimiser la perte déchirante que nous avons subie lorsque l'être qui nous est cher est décédé. Mais, dans la mesure où notre amour se situe « au-delà du monde » – il ne dépend ni d'un lieu, ni d'un moment particulier, ni d'un ensemble de circonstances –, il subsiste certainement, où que nous soyons et quelles que soient les circonstances de notre vie à présent.

Tout comme j'aime mes amis qui sont éloignés, je garde dans mon cœur le souvenir de l'être qui m'est cher.

1ER AVRIL

Parce qu'il nous ramène sur terre, l'humour nous aide à tirer parti de ce qui nous reste, même si nous avons parfaitement conscience de ce que nous avons perdu ou de ce qui nous a été refusé. Seuls ceux qui savent verser des larmes peuvent aussi rire de bon cœur.

— Kathleen R. Fischer

Nous sommes tous familiers avec ces figures emblématiques du théâtre : le masque tragique et le masque comique. Nous savons bien que la tragédie et la comédie font toutes deux partie de la vie humaine.

Nous avons déjà entendu l'expression « intervalle comique » – un moment d'humour inattendu alors que la situation ne semble guère réjouissante.

Comment connaître ces instants de répit alors que nous sommes en proie au chagrin ?

Au départ, nous avons parfois l'impression que plus rien ne pourra nous faire rire. Puis nous découvrons avec étonnement que nous apprécions l'humour autant que les personnes qui ne sont pas aux prises avec un chagrin.

Sommes-nous très surpris ? Estimons-nous « déplacé » cet éclat de rire que nous laissons jaillir au milieu de notre tristesse ?

Or, c'est quand nous avons le cafard qu'un intermède amusant nous est le plus utile, tout comme une personne affamée a davantage besoin de nourriture qu'une personne bien nourrie. Le rire est une valve de sécurité qui empêche le chagrin de nous inonder ; il traduit notre confiance en cette idée que nous ne serons pas terrassés par l'événement, aussi tristes que nous puissions être.

Le rire est parfois la meilleure médecine.

2 AVRIL

La pire chose qui me soit arrivée dans ma vie fut de ne plus croire en la nature. Plus de printemps — plus d'été. Un brouillard éternel, et la neige des Alpes qui fondait.

— John Ruskin

Après avoir subi une perte cruelle, nous avons souvent l'impression que notre vie est caractérisée par cette forme de dépression envahissante. C'est comme si nous étions immobilisés. Si notre vie ne se déroule pas comme nous l'avions souhaité, nous n'acceptons pas que le reste du monde puisse continuer de tourner comme d'habitude. Nous sommes même contrariés de voir que les nuits et les jours se succèdent, indifférents à notre angoisse. Comment la vie peut-elle suivre « sa routine » alors que notre univers intime est en proie à un tel chaos ?

Après les premiers assauts du chagrin et la première crise, il est sans doute inévitable que, de temps à autre, nous tenions à distance le monde, les saisons, les jours et les nuits – une sorte d'anesthésie générale pour nous préserver de la vie, car nous souffrons trop lorsque nous sommes en contact avec elle.

Puis, petit à petit, nos terminaisons nerveuses recommencent à picoter. Peut-être même sans le vouloir, nous sommes obligés de prendre conscience de la vie autour de nous. Nous constatons à nouveau qu'elle est belle et qu'il est possible de trouver plaisir et nourriture dans le monde, même après le départ de l'être aimé.

Ma vie se résume à ce qui m'est donné à présent. Je veux croire que le brouillard se lèvera et que les montagnes seront encore magnifiques.

3 AVRIL

Un ami fidèle est le remède souverain de la vie.

— Les Apocryphes

Après le service commémoratif de notre fille, une amie m'a téléphoné chaque matin pendant une semaine. Elle conduisait son fils adolescent à son camp de basketball à la campagne, à une demi-heure de route de chez elle, et elle me demandait si je voulais l'accompagner.

J'hésitais. C'était une nouvelle amie, je la connaissais depuis peu de temps. Je savais qu'elle m'encouragerait à parler. Le souhaitais-je vraiment ? Est-ce que je ne risquais pas d'être très nerveuse, au point d'en être gênée ?

C'était un risque pour moi, comme pour celle qui m'invitait. Mais j'y suis allée… le premier jour, et tous les jours suivants.

Pendant le trajet jusqu'au camp de son fils, nous parlions très peu, la plupart du temps. Mais, au retour, nous arrêtions souvent dans un parc pour boire quelque chose et nous asseoir sous un arbre. Là, je parlais, parlais. Et je pleurais, et je parlais encore. De quoi était-il question ? Du sentiment de perte, des futilités quotidiennes, du reste de la famille, d'un problème non réglé avec ma fille.

C'étaient des moments remplis d'émotions, bien sûr, pendant lesquels je pouvais exprimer ma souffrance. Mais, chaque jour, lorsque mon amie me déposait chez moi, je me sentais mieux, je pouvais poursuivre mon chemin. La pression était relâchée encore une fois, comme la vapeur qui s'échappe lorsqu'on soulève le couvercle d'une marmite d'eau bouillante. C'était aussi élémentaire, aussi simple et aussi indéniable que cela.

Les amis peuvent aider à faire circuler le flot du chagrin.

4 AVRIL

La foi est la pièce maîtresse d'une vie unifiée. Elle nous permet de vivre par la grâce de liens invisibles. C'est une croyance en une sagesse supérieure à la nôtre. En l'absence de faits, la foi devient notre professeur.

— Terry Tempest Williams

Nous aimerions *savoir*, n'est-ce pas ? Ou croire que nous savons. Des expériences telles que la mort d'un être cher nous incitent à nous questionner sur la nature de la vie après la mort. Quelle est la nature de Dieu ? Quelle sera notre expérience de Dieu, et de l'être aimé, après notre mort ?

Ce sont là bien sûr des questions sans réponses. Mais il nous faut composer avec notre désir de savoir, notre ardent désir de poursuivre une relation avec l'être cher.

Bénis soient ceux et celles dont la foi permet d'accuser le choc de l'ignorance, qui peuvent croire à « une sagesse supérieure à la leur », à « la grâce de fils invisibles ».

Quelle que soit notre tradition religieuse, nous pouvons peut-être tous développer notre sentiment de confiance pour embrasser le royaume de l'inconnu. La chose semble peut-être risquée. Mais cela peut nous aider beaucoup. Et, contrairement à d'autres risques, cela ne nous fera aucun mal !

Dans l'ignorance, j'aurai confiance en l'inconnu.

5 AVRIL

L'une des choses les plus navrantes chez nous, les êtres humains, c'est notre touchante croyance selon laquelle nous pouvons, et devons parfois, améliorer une vérité qui n'est pas assez bien à nos yeux. Ce n'est qu'après avoir été complètement démolis que nous réalisons que cette vérité n'est pas perfectible. C'est cette vérité niée qui ramasse, avec tendresse et indulgence, les morceaux éparpillés et les remet ensemble.

— LAURENS VAN DER POST

Nous nous donnons un mal fou pour tenter de changer ce qui est arrivé. Nous formulons des hypothèses… «Que serait-il arrivé si nous n'étions pas allés dans cette station balnéaire, si nous avions planifié une autre sortie, de sorte qu'elle n'aurait pas fait cette promenade à cheval ?» «Et si nous avions insisté pour qu'il passe un bilan de santé plus rapidement ?» «Et si elle n'avait jamais commencé à fumer ?» «Et si nous l'avions empêché de conduire parce qu'il avait bu ?» C'est une façon de nous torturer nous-mêmes, et nous le savons, mais nous ne pouvons pas, semble-t-il, nous empêcher de réarranger les faits pour améliorer la réalité.

Et, pendant tout ce temps, le monde que nous ne pouvons changer attend patiemment que nous revenions vers lui. Il attend comme des parents attendent que leur enfant évacue sa colère et sa frustration après que son jeu de blocs s'est écroulé ou qu'un petit camarade de jeu a agi cruellement envers lui. Puis vient le temps de la consolation, du réconfort et de l'étreinte, le temps d'examiner ce qu'il y a lieu de faire à présent.

Je sais que la vérité l'emporte toujours. J'arriverai peut-être un jour à éviter le combat.

6 AVRIL

Dimanche dernier, alors que nous discutions politique, j'ai tenu des propos regrettables. Je ne saurais vous dire à quel point cela me rend malheureux aujourd'hui. C'est comme si j'avais rudoyé une personne incapable de se défendre... Cette pensée est pour moi insupportable. Elle me cause un tel chagrin. La vie a repris son cours. Si seulement j'avais un but, une ambition quelconque, cela m'aiderait à le supporter. Mais tel n'est pas le cas.

— Marcel Proust

Comme nous nous réprimandons ! Les conversations au cours desquelles nous avons le sentiment de ne pas avoir fait preuve de la délicatesse qui s'imposait s'incrustent dans notre esprit. Nous nous torturons et souhaitons rattraper les mots que nous avons prononcés. Et, parce que nous sommes accablés par le chagrin au point de ne pouvoir trouver l'énergie de « changer de sujet » intérieurement et de passer à autre chose, ces reproches que nous nous adressons continuent de retentir dans notre esprit.

Il y a fort à parier que cet incident (et d'autres), dont le souvenir est si douloureux pour nous, soit loin d'avoir eu, dans la vie de l'être aimé, l'importance qu'il a présentement dans la nôtre. Bien sûr, nous avons dit des paroles blessantes à des gens que nous aimons, et nous continuerons sans doute de le faire. Dites-vous que c'est le prix à payer pour une relation humaine spontanée. Aimeriez-vous vraiment qu'avant de s'exprimer, les gens évaluent soigneusement tous les effets négatifs que pourraient avoir leurs propos ?

Nos êtres chers nous pardonnent comme nous leur pardonnons.

7 AVRIL

La spiritualité, dans son sens le plus large, est simplement un mode de vie révélant la présence, au cœur de notre fragilité humaine, de nos souffrances et de nos limitations, d'une conscience du sacré et d'une relation avec l'Être divin.

— Edward C. Sellner

Être confronté à la perte d'un être aimé, c'est être engagé — ou s'engager à nouveau, avec plus d'intensité — dans l'expérience spirituelle. Les questions de la survie de l'être aimé, de notre relation avec le monde spirituel et de notre éventuelle communion avec le défunt, maintenant ou après notre propre mort, ces questions s'imposent à nous et se font plus pressantes.

Si nous pouvons concevoir l'Être divin comme une réalité aimante et bienveillante, nous aurons sûrement fait un grand pas ! Nous pourrons supporter que les réponses à nos questions ne soient pas parfaitement claires si nous avons le sentiment que Celui qui dirige se soucie de nous tous, qu'il souffre avec nous quand nous sommes tristes, et veut notre bien. Telles ont été les aspirations et la confiance des croyants à travers les âges.

« La foi est une manière de posséder déjà ce que l'on espère, un moyen de connaître des réalités que l'on ne voit pas », a dit l'apôtre Paul dans sa Lettre aux Hébreux [11,1]. Même si on ne les voit pas, ces réalités existent bel et bien.

Au cœur de mes souffrances, ô Être divin, je souhaite avoir une conscience nouvelle de votre Présence.

8 AVRIL

Même animés des meilleures intentions, il arrive parfois que nos amis ne sachent pas comment nous aider. Craignant peut-être d'aggraver la situation en abordant la question de la perte que nous avons subie, ils évitent ce sujet et parlent d'autres choses ; et alors le non-dit devient une source de tension presque intolérable.

— Martha Whitmore Hickman

Nous sommes dans une petite réunion d'amis, et les gens échangent sur leurs vies respectives, mais c'est comme si notre perte et notre deuil étaient des sujets interdits. Chacun le sait, chacun s'en soucie, mais personne n'en parle. Et, sentant que nous violerions un tabou en le faisant, nous évitons nous aussi d'en parler.

Cela vous semble familier ? Il peut y avoir des moments où le meilleur remède est de participer aux conversations informelles et de s'en sortir le mieux possible. Mais parfois, s'il s'agit d'amis intimes, il vaut mieux crever cette bulle de protection et dire : « J'ai besoin de parler de ce qui m'arrive. »

En général, ce geste dissipe la tension et, soulagés, les gens sont heureux de manifester leur soutien ; la question « Comment vas-tu ? » deviendra une véritable invitation à dire la vérité. Nous sentirons la tension du chagrin refoulé se déplacer – au sens figuré, à tout le moins – et passer de notre corps jusque dans les bras accueillants d'amis qui nous aiment, mais ignorent quoi faire.

En prenant le risque de dire qui je suis, j'offre un présent à mes amis et je m'en offre un.

9 AVRIL

Je dois faire un effort pour observer les objets familiers, le manteau sur la chaise, le chapeau dans l'entrée… Pour apaiser ma douleur, je me suis approprié certaines choses qui lui appartenaient. J'ai porté ses chemises, je me suis assise à son bureau, j'ai utilisé ses plumes pour répondre aux centaines de lettres de condoléances; et ce processus d'association avec les objets qu'il avait touchés m'a permis de me sentir plus proche de lui.

— Daphné Du Maurier

Que faire de ses *objets* ? Pour certaines personnes, elles sont une consolation et elles favorisent la guérison. Pour d'autres, concentrer son attention sur les objets associés à l'être aimé, c'est se laisser prendre dans l'étau angoissant du souvenir et de la souffrance.

Chacun de nous doit trouver sa propre voie. Essayer quelque chose et, si ça ne fonctionne pas, essayer autre chose. Quand notre fille est décédée, nous avons rapidement distribué la plupart de ses vêtements, certains à des amis intimes, d'autres à des organismes de charité. Mais nous en avons gardé quelques-uns que nous avons rangés dans un tiroir, ce qui nous permettait de les regarder quand nous le voulions, mais aussi de ne pas les avoir constamment sous les yeux. Nous avons conservé certains objets que nous pourrons donner quand une occasion se présentera : un coffret à bijoux gravé à son nom que nous offrirons plus tard à un enfant portant le même nom, une pièce de monnaie britannique que l'on pourra mettre dans la chaussure de mariage d'un autre. Nous en avons conservé quelques-uns, et la consolation et le plaisir qu'ils nous apportent augmentent, au fur et à mesure que la douleur de ne plus la voir s'adoucit, se fait plus sereine.

Je peux prendre mon temps et disposer des objets quand je serai prêt.

10 AVRIL

À chaque étape du voyage humain, nous découvrons que, pour avancer, il faut savoir lâcher prise ; et cela signifie mourir un peu. Ce processus opère en nous comme une renaissance, il régénère la conscience que nous avons des origines de notre être.

— KATHLEEN R. FISCHER

Nous savons très bien que l'être qui nous est cher est décédé. Mais pouvons-nous reconnaître qu'avec ce décès, il y a aussi une partie de notre propre personne qui est morte ?

La partie de nous qui vivait en relation avec cette personne vivante est morte.

Morte aussi est la partie de nous qui vivait dans l'espérance d'un avenir partagé sur cette terre.

Morte, la partie de nous qui appréciait ce trésor commun constitué des souvenirs partagés.

Cela fait beaucoup de pertes, et il sera peut-être plus facile d'accepter les répercussions de la mort de l'être aimé si nous reconnaissons que ce départ constitue aussi un événement marquant dans notre vie.

À défaut de lâcher prise, nos vies seront alourdies et entachées par une mort restée sans réponse, et tout notre univers sera empoisonné.

Mais, si nous y arrivons, alors une nouvelle vie jaillira de ces espaces où ces décès se sont produits. « La nature a horreur du vide », avons-nous tant de fois entendu. Dans cette nouvelle vie, nous aurons peut-être une nouvelle relation avec notre cher disparu. Mais nous devrons d'abord lâcher prise.

J'ouvrirai mes mains et mon cœur pour lâcher prise. Et pour recevoir.

11 AVRIL

Ce qui est essentiel ne meurt pas mais s'éclaircit.

— Thornton Wilder

Une bonne façon d'enrichir sa vie après une grande perte consiste à s'absorber dans l'étude du passé de l'être aimé. Maintenant qu'il ou elle n'est plus avec nous, sur le plan physique, nous commençons à voir sous un jour nouveau la vie que cet être cher a connue. À quoi ressemblaient les plages de silence dans cette vie ? Peut-être pouvons-nous seulement émettre des hypothèses, en nous servant de la compréhension que nous avons de la personne et du peu d'éléments que nous avons sur certaines périodes particulières de sa vie. Mais nous pouvons aussi nous asseoir en silence et donner libre cours à notre imagination. À quoi ressemblait la prime enfance de cette personne ? Existent-ils de vieilles photos ? De vieux souvenirs ? Que peuvent-ils nous raconter ? Pourquoi a-t-elle conservé ce mouchoir particulier, ce bouquet de fleurs séchées ?

Pendant que le souvenir de la personne et les histoires qu'elle nous a racontées sont encore frais à notre mémoire, pourrions-nous noter certains détails afin de préserver ces histoires pour ses descendants ? Une amie chère a écrit, pour les enfants de son frère décédé, un compte rendu des années de sa jeunesse auprès de cet homme qu'elle chérissait. C'est tout un trésor qu'elle a donné à ces enfants ! Et ce fut un précieux voyage dans la mémoire pour elle.

C'est une merveilleuse et étonnante consolation que de redécouvrir l'être qui m'est si cher et qui a disparu.

12 AVRIL

Je songe depuis un certain temps au changement des saisons. Cette année, je ne veux pas rater le printemps. Je veux être là lorsque l'herbe reverdira.

— Annie Dillard

Le chagrin est préoccupant. Pendant un certain temps, il semble mobiliser toute notre attention. Nous oublions quel jour nous sommes, ou cela nous importe peu. Nous cessons de nous occuper de questions d'intérêt public auxquelles nous consacrions du temps auparavant. Nous oublions parfois nos rendez-vous, les personnes que nous avons rencontrées et dans quelles circonstances.

Au départ, c'est une réaction inévitable, et appropriée. Nous avons besoin de nous immerger dans ce monde nouveau et traumatisant jusqu'à ce que, en un certain sens, nous « y soyons habitués », comme des sportifs plongeant dans l'eau froide qui nagent vigoureusement pour s'acclimater à la température.

Mais nous devons faire preuve de prudence. Parce que nous passons aussi à côté de certaines choses. Peut-être devons-nous faire un effort conscient et prêter attention à ce qui se passe par-delà ce chagrin si douloureux.

Car nous ne voulons pas manquer l'herbe qui verdit, le parfum des glycines ou la musique des rires enfantins.

Il se passe des choses dans le monde en dehors de mon chagrin. Laissez-moi y prêter attention afin que je puisse découvrir ce qui peut m'aider à guérir.

13 AVRIL

L'essence de ce qu'il avait été rôdait-elle encore au-dessus de la maison, et percevrais-je sa présence si j'y étais ?... J'ai refréné mon irrésistible envie de partir à sa recherche, où qu'il se trouve. Car il devait sûrement me chercher, lui aussi. Nous étions toujours mal à l'aise quand nous étions séparés. Mais où est la voie ?

— PEARL BUCK

Ce dilemme se pose à tous ceux qui ont perdu un être aimé. Plusieurs mois après la mort de mon père, ma mère me disait : « Il doit être quelque part, où je pourrais le trouver. »

Un an plus tard, contemplant la nuit étoilée, peu de temps après le décès de ma fille, j'ai pensé : « Peut-être est-elle là, tout là-haut parmi les étoiles. »

À certains égards, ce sont des suppositions déchirantes car, de ce côté-ci de la mort, il n'y a pas de réponse, aucune destination vers laquelle nous diriger pour retrouver notre amour perdu.

Pourtant, nous sentons parfois que son esprit est près de nous. Est-ce une projection de notre part, ou l'esprit de l'être aimé nous rend-il visite d'une façon ou d'une autre ? Il nous est impossible de le savoir. Nous aimerions que ce soit la personne aimée qui nous rende visite, une sorte de contact, l'assurance que la vie continue. Mais, curieusement, cela n'a peut-être pas grande importance. Si cela nous réconforte, apprécions-le. Et si c'est notre imagination qui permet à notre esprit de s'apaiser... Eh bien, cette imagination est, elle aussi, un don du Créateur de la vie.

Je serai ouvert aux façons dont mon amour et moi prenons soin l'un de l'autre.

14 AVRIL

Ne vous inquiétez donc pas pour le lendemain : le lendemain s'inquiétera de lui-même. À chaque jour suffit sa peine.

— MATTHIEU **6,34**

Plus facile à dire qu'à faire, particulièrement si toute notre vie a été ébranlée par la perte d'un être cher. Comment ne pas envisager l'avenir sans un certain degré d'appréhension ? Comment passer le reste de mes jours sans la présence de l'être aimé ?

C'est bien qu'on nous conseille vivement de confier notre avenir à Dieu, de reconnaître qu'il est inutile de s'inquiéter, de cesser « d'être en manque ». C'est une question de foi élémentaire. De gros bon sens.

Mais, comme nous le savons, le bon sens n'est pas à ce point répandu. Et la foi peut avoir besoin d'appuis, de cadres de référence.

Quelqu'un a proposé que l'on essaie de vivre en « compartiments d'un jour à la fois », comme si un mur se dressait de chaque côté d'une période de 24 heures. Plutôt bien comme idée !

Je sais que l'inquiétude est inutile, que c'est une perte de temps. Aujourd'hui, je m'efforcerai de déposer un bouquet de soucis, de le laisser derrière moi, et de continuer ma route.

15 AVRIL

La souffrance détruit notre univers. Tel un arbre frappé par la foudre — fendu, ébranlé, dénudé —, notre univers est anéanti par la souffrance, et nous ne serons jamais plus les mêmes. Ce qu'il adviendra de nous est un mystère.

— NATHAN KOLLAR

Tout événement d'importance majeure affecte chaque aspect d'une vie, comme un caillou jeté dans un étang crée des ondulations qui se propagent jusqu'à la rive.

Et nous ignorons souvent ce qu'il y a « Au-delà » ou la façon dont nous serons affectés par ce changement en bout de ligne.

Même lorsque notre existence se déroule paisiblement, nous ne pouvons tout planifier : il y aura toujours des imprévus. Mais, lorsqu'un chagrin vient bouleverser notre vie, la façon dont nous allons survivre aux 24 prochaines heures est souvent un mystère, sans parler des adaptations que nous devrons effectuer pour les 5, 10 ou 20 prochaines années.

Il n'y a pas urgence. Et pas de raison de se précipiter. L'avenir viendra, que nous soyons prêts ou pas. Nous tenterons d'influencer le cours des événements de notre vie. Mais nous n'aurons aucun contrôle sur la plus grande partie de cet avenir, qui demeure lui aussi un mystère.

L'aventure de ma vie tient en partie au fait que je ne sais pas tout ce que je peux devenir.

16 AVRIL

Dans des circonstances comme celles-ci, chaque visage humain est d'une grande beauté.

— Commentateur de l'actualité

L'événement en question était le décès de Robert Kennedy ; le journaliste observait la longue file de gens qui passaient lentement devant la dépouille du politicien.

Je repense à cette citation au moment où une caméra filme une autre foule, cette fois-ci dans un congrès politique. L'oratrice parle de son expérience personnelle : elle explique comment elle a contracté le virus du sida à l'occasion d'une transfusion sanguine et comment, plus tard, est décédé le fils à qui elle avait donné naissance. La foule est silencieuse. Les gens écoutent, les larmes aux yeux ; il n'y a plus la moindre trace de la véhémence et de la compétitivité qui caractérisaient et caractériseront par la suite le congrès.

Ces deux scènes nous rappellent que, lorsque nous sommes confrontés à la mort, nous pouvons trouver dans la communauté humaine un réservoir d'amour et de compassion. Nous ne devons pas craindre de montrer notre vulnérabilité car les larmes que nous versons, après avoir subi une perte, ne sont pas un signe de faiblesse ; elles nous permettent plutôt d'entrer dans le cercle, où tous nos frères et sœurs peuvent nous prendre dans leurs bras et nous serrer bien fort, pour peu qu'on leur en donne la possibilité.

L'amour inhérent à la famille humaine m'est accessible.

17 AVRIL

Cause avec la terre, elle t'instruira...

— Job 12,8

Au printemps, quand toute la nature se réveille, la perte que nous avons subie peut parfois nous sembler insupportable. Partout, la vie nouvelle saute aux yeux, comme un grand frémissement sur la terre après le long et glacial hiver. Et nous ? La même pénible réalité du décès alourdit notre cœur, réalité d'autant plus lourde qu'elle contraste avec la beauté ambiante : les premiers crocus, les jonquilles, les bourgeons des gainiers rouges. L'hiver convient mieux à notre état d'âme !

Mais est-ce bien le cas ? Ne pouvons-nous essayer, juste un peu, de *croire* au printemps ? Croire qu'il témoigne de l'économie de la création, que rien n'est perdu, rien n'est gaspillé ? Et que l'être aimé s'est aussi transformé en une vie nouvelle ? Si nous pouvons croire cela, alors toute cette abondance que nous voyons autour de nous peut nous donner courage et espoir, et devenir également un festin pour nos sens, ici et maintenant.

Puisse chaque regard que je pose sur les fleurs printanières être comme une conversation avec l'être aimé.

18 AVRIL

En insérant la clé dans la serrure de la porte de l'appartement, j'ai eu un moment de panique et je suis restée sur le seuil, hésitante, jusqu'à ce que je sente émaner clairement de l'intérieur un « Bienvenue chez vous ». Le soleil brillait, et un voisin, qui m'avait entendue arriver, m'a interpellée pour m'offrir une tasse de thé. En dépit du vide et du sentiment de solitude, j'avais l'impression de revenir à la maison et de commencer une vie nouvelle.

— Lily Pincus

Comme il est difficile de réintégrer le monde ordinaire quand un de nos proches est parti. Le vide de l'espace est nettement plus évident, plus encore que si l'on se retrouvait en pays étranger. De retour de l'université, notre fils a eu le sentiment que la perte de sa sœur lui extirpait bien plus d'énergie à la maison que lorsqu'il était aux études, dans un environnement dont elle n'avait jamais fait partie. Mais c'est *ici* qu'il l'avait connue, qu'il avait vécu avec elle, jour après jour, année après année.

Il nous faut pourtant affronter nos démons et réintégrer les lieux habituels de notre vie quotidienne, sans quoi nous n'incorporerons jamais cet événement à notre vie.

En outre, le fait d'aller au fond des choses et d'affronter le pire nous donne le sentiment d'avoir accompli quelque chose. C'est là que nous avons vécu ensemble. C'est à cet endroit que notre adaptation à la vérité doit se faire. Nous pourrons ensuite commencer à reconstruire.

J'entrerai résolument et sans crainte dans les lieux sacrés de ma vie.

19 AVRIL

Qui eût cru que mon cœur desséché
Aurait pu retrouver sa verdeur?

— George Herbert

Le printemps qui succède au froid et à l'obscurité de l'hiver n'est pas plus surprenant que le retour de l'espoir et de la lumière dans le cœur de l'endeuillé.

Au début, quand le deuil nous a frappés, il nous était presque impossible de penser à l'avenir. Et, quand nous le faisions, nous n'apercevions rien d'autre qu'un paysage morne et le spectre persistant de l'absence. Peut-être nous avait-on dit que le pire de tout cela passerait, et, en un sens, nous savions que c'était vrai, car nous l'avions observé chez des gens ayant subi la même épreuve. Mais se l'entendre dire ou même l'observer à distance est une chose, et le croire en est une autre.

Puis, comme à l'arrivée de la première pousse d'un crocus ou d'une jonquille, et avec le bourgeonnement naissant des arbres, le tableau change! Le climat de notre existence se modifie. Notre chagrin est toujours là, de la même façon que subsistent au printemps des vestiges de l'hiver, mais un nouvel espoir a fait irruption, les heures ensoleillées s'allongent, et le goût de la vie nous revient. Il y aura encore des jours où le froid nous serrera le cœur, mais nous connaissons à nouveau des saisons de joie. Qui l'eût cru?

Qu'il me soit donné de goûter les premiers frémissements d'une vie nouvelle en moi, qui sont les bienvenus, tout comme les fleurs au printemps.

20 AVRIL

Le chagrin encombre la chambre de mon enfant absent,
S'allonge sur son lit, monte et descend l'escalier avec moi,
Adopte ses expressions charmantes, redit ses mots,
Me rappelle toutes ses affables réparties,
Se glisse dans ses vêtements et reprend sa forme[3].

— William Shakespeare

C'est vrai également pour un adulte, mais, lorsqu'il s'agit d'un enfant, le chagrin est encore plus profond. Quelle que soit la personne qui est sortie de notre vie, ses vêtements, ses objets préférés, les lieux qu'elle a habités, tout cela nous rappelle qu'elle n'est plus là.

Et il n'y a pas que les vêtements, bien sûr. Il y a les endroits où nous avions l'habitude d'aller ensemble. À l'âge adulte, j'ai passé une journée nostalgique en retournant dans une petite île où, quelques décennies plus tôt, mon grand-père possédait un chalet ; ma mère nous y emmenait, et là nous passions quelques semaines magiques pendant l'été. La nostalgie m'avait empêchée d'y aller pendant des années. Bien que cette figure chérie de mon enfance éveille encore ce sentiment en moi, la douleur s'est aujourd'hui transformée en une vénération et un amour intense envers cet être qui, pour moi, représente un personnage central de ma « communion des saints ».

La présence qui me rend triste peut un jour me rendre heureux.

3. N.d.T.: Traduction libre.

21 AVRIL

Nous ne pouvons nous permettre de négliger une seule expérience, pas même la plus douloureuse.

— DAG HAMMARSKJÖLD

Pourquoi pas ?

Songez-y. Le fait même de poser une telle question fait bien voir quelle vie appauvrie serait la nôtre si nous devions oublier nos expériences de souffrance.

Dans un conte populaire ancien, on raconte l'histoire selon laquelle chaque membre d'un groupe de personnes avait eu la chance de jeter un problème au milieu d'une pièce. Puis, on les avait invités à choisir un de ces problèmes dans le tas. Et chacun a fini par reprendre son propre problème.

Je suppose que si cela nous semble si juste, c'est que chacun de nous sait qu'il est la somme de ses expériences et qu'en niant l'une de ces expériences, même la plus douloureuse – surtout peut-être la plus douloureuse –, il nie non seulement ce que lui ont appris ces expériences, mais il se nie aussi lui-même.

J'accepterai ma vie dans son entièreté. Si je peux apporter des améliorations, j'essaierai. Là où ce ne sera pas possible, je l'accepterai, également. Mais, même si je le pouvais, je n'oublierai pas ma souffrance. Je la respecterai. Elle fait partie de ce que je suis.

22 AVRIL

La joie prend sa source dans des choses simples et naturelles : la brume flottant au-dessus des prés, la lumière du soleil sur les feuilles d'un arbre, le reflet de la lune sur l'eau. Même la pluie, le vent et les nuages orageux apportent la joie, tout comme la connaissance des fleurs, des bêtes et de leurs habitats.

— Sigurd F. Olson

Faisons abstraction de notre deuil pendant quelques instants et, comme si rien d'autre n'existait, observons le monde autour de nous.

Évidemment, c'est mieux si l'on se trouve dans un endroit ravissant. Mais il y a toujours autour de nous des choses simples qui peuvent nous faire plaisir si nous leur en donnons la chance. Les enfants se réjouissent sous le soleil ou sous la pluie, dans des flaques d'eau, en observant des reflets sur un fragment de verre coloré ou des brins d'herbe poussant dans les fissures d'un trottoir. Le monde immédiat est ce qui interpelle les enfants, leur apporte joie ou tristesse.

Notre tristesse nous accompagne pendant très longtemps. Mais ne la laissons pas décider de tout! Accordons-nous un peu de répit et observons le printemps : la façon dont les arbres, les fleurs et les bosquets semblent se déployer du jour au lendemain, les jours qui rallongent, l'air qui s'adoucit, les oiseaux qui reviennent, les lapins qui reparaissent dans les prés.

Me donner la permission de prendre plaisir à des joies simples me procurera un nouvel espoir, me redonnera du courage pour vivre.

23 AVRIL

Le soleil était chaud mais le vent frisquet.
Vous savez ce qu'est une journée d'avril
Quand il fait soleil et que le vent tombe,
Vous pourriez vous croire à la mi-mai.
Mais vous n'avez pas sitôt commencé à parler
Qu'un nuage vient cacher la voûte ensoleillée,
Un vent apporte l'air froid d'un sommet gelé,
Et vous avez l'impression de revenir à la mi-mars…

— Robert Frost

Il en va de même avec la météo du deuil. À un certain moment, nous nous sentons bien, absorbés dans une activité productive – ou improductive (il n'est pas toujours nécessaire d'être productif !) –, et puis quelque chose se produit et nous ramène dans le deuil, comme s'il venait de commencer. Ce peut être une mélodie, un extrait de livre, une scène de film. La beauté souveraine du monde peut parfois nous arracher des larmes, et ce moment est d'autant plus émouvant que l'absence de la personne avec qui nous aurions pu le partager se fait cruellement sentir.

Ces soudains retours à un chagrin intense s'espaceront de plus en plus. Nous les surmonterons plus rapidement. Mais nous n'en serons sans doute jamais libérés – et d'ailleurs le voudrions-nous ? Ces retours en arrière préservent notre lien avec l'être aimé.

Et que dire des bonds en avant vers des temps heureux ? Je me rappelle la joie que j'ai éprouvée en apprenant la naissance prochaine de mon premier petit-enfant !

Les hauts et les bas de la « météo de l'intériorité » font partie de ma guérison.

24 AVRIL

Le souvenir d'une blessure ne fait pas moins souffrir que la blessure elle-même. Une petite blessure s'en ira comme elle est venue ; une grande blessure pourra s'inviter à déjeuner ou à dîner ; mais aucune ne devrait s'installer à demeure... Se chagriner pour des événements passés irrémédiables ou se préoccuper de certains événements futurs inéluctables, voilà qui peut facilement me faire du mal et qui ne m'est d'aucune utilité. Je vais donc, dans les deux cas, m'en remettre à Dieu et jouir de l'instant présent.

— JOSEPH HALL

Nous avons presque tous des « choses à régler » avec un être cher décédé : des peines jamais résolues, des questions sans réponses, des paroles que nous aurions aimé prononcer et que nous n'avons jamais dites.

Il est facile de ressasser tout cela, de se torturer avec des regrets, des envies irrésistibles de corriger tout cela d'une façon ou d'une autre.

Deux choses peuvent contribuer à nous délivrer de ces ruminations. La première consiste à prendre conscience de l'inutilité d'une telle torture de soi-même et à décider de ne pas l'héberger. La deuxième consiste à envisager la possibilité que la forme de vie qui subsiste après la mort soit plus compatissante, plus compréhensive et plus magnanime que celle dont nous avons fait l'expérience sur le plan humain ; que l'être qui nous est cher a conscience de notre dilemme ; et que toutes nos questions non résolues se dissolvent dans la lumière d'une vérité supérieure.

Je rassemblerai toutes mes blessures non guéries et ma culpabilité, et je les déposerai aux pieds de l'Infiniment sage, de l'Omniscient.

25 AVRIL

La foi consiste à croire ce que la raison ne croit pas... Il ne suffit pas qu'une chose soit possible pour la croire.

— VOLTAIRE

À la différence de la proposition voulant que la foi consiste à «croire même si la raison s'y refuse», peut-être que la foi se résume à croire en une chose pour laquelle il n'y a aucune façon de savoir si elle est vraie ou fausse.

De croire que, par le mélange du rouge et du bleu, on obtient du violet, ou que 1 + 1 = 2, cela n'a rien à voir avec la foi.

Malgré notre vif désir de savoir *avec certitude* que l'être aimé nous a compris et pardonné, qu'il est heureux au ciel, qu'il veille sur nous, [...] (chacun peut choisir ici ses propres désirs), il nous est impossible de le savoir.

La vraie question, c'est de savoir si on peut avoir confiance en Dieu, en l'univers. C'est aussi une question de foi qui engendre plusieurs questions complémentaires.

Un homme bien au fait de la théologie et de la vie répond aux questions sur la vie après la mort en disant que, si merveilleux soit le scénario imaginé pour cette autre vie, les cadeaux de Dieu seront infiniment plus grands et étonnants. Ce n'est pas une mauvaise hypothèse pour une personne qui rumine ces questions sans arrêt.

Comme je ne puis savoir, je vais miser sur la confiance.

26 AVRIL

Il n'a pas dit : vous ne serez pas perturbés, vous ne serez pas roués de coups, vous ne serez pas inquiétés; mais il a dit : vous ne succomberez pas.

— JULIENNE DE NORWICH

Nous sentons parfois que nous allons vers une défaite. Nous sommes fatigués, l'avenir s'annonce sombre, de nombreux chagrins semblent déjà nous attendre, et nous avons la conviction que ce sera trop difficile. Nous ne pourrons plus supporter tout cela.

Mais les semaines s'écoulent, et nous ne nous sommes toujours pas effondrés. Nous avons été tristes, voire désespérés, nous avons continué d'anticiper un avenir sombre, mais nous n'avons pas été vaincus.

Et, après quelque temps, une solide confiance s'installe. Voyez comment nous avons traversé ces épreuves ! Voyez comment nous avons survécu ! Si nous avons tenu jusque-là, pourquoi pas demain, la semaine prochaine et le mois suivant ? Et pourquoi pas dans les situations futures qui ne manqueront pas de se présenter et dans lesquelles nous aurons à nouveau le sentiment que nous ne réussirons pas à passer au travers ?

Mais voyez !... Nous avons tenu ! Et nous le pouvons encore.

Je suis fort. Je suis attristé, parfois fatigué, découragé. Mais j'ai tenu jusque-là. Je ne succomberai pas.

27 AVRIL

Puis-je voir le malheur de l'autre,
Et ne pas en être affligé, moi aussi?
Puis-je voir le chagrin de l'autre,
Et ne pas quérir un doux secours?

— William Blake

Le deuil a ceci de bon qu'il nous sensibilise au chagrin des autres. Au départ, ce n'est pas du tout évident : nous sommes trop concentrés sur notre propre tristesse pour penser à celle des autres. Mais, plus tôt que nous ne le pensons, nous entendrons parler de gens aux prises avec un chagrin semblable au nôtre et nous leur tendrons la main.

Ce seront peut-être des personnes que nous connaissons déjà. Ou peut-être des étrangers. Mais, pour peu que nous ayons l'occasion de nous réunir et de parler ensemble, nous ne serons plus des étrangers. Nous comprendrons immédiatement nos souffrances respectives et, dans cette nouvelle relation, nous pourrons nous renforcer et nous encourager les uns les autres.

Mais ce n'est pas tout. Lorsque d'autres personnes au courant de notre histoire vivront aussi une tragédie, elles se tourneront vers nous pour obtenir de l'aide, et l'empathie que nous leur témoignerons leur procurera réconfort et espoir. Cela nous permettra aussi de prendre conscience de tout le chemin que nous avons parcouru et des composantes communes dans l'histoire de l'humanité, qui nous permettent de nous aimer et de nous soutenir les uns les autres.

Je fais partie de la famille humaine, et tous mes frères et sœurs ont besoin d'aide.

28 AVRIL

Et le temps remémoré est du chagrin oublié,
Et le gel s'en est allé et les fleurs ont poussé,
Et dans les verts sous-bois et les prairies
Tout s'épanouit peu à peu et vient le printemps.

— ALGERNON CHARLES SWINBURNE

Même s'il nous est difficile de le croire lorsque notre chagrin est tout récent, viendra un temps où ce dont nous nous souviendrons sera non plus le triste moment du décès, mais les périodes riches et heureuses de la vie de l'être cher.

Cela n'arrivera pas instantanément, pas plus que l'hiver ne se transforme subitement en une glorieuse journée ensoleillée qui élimine tout le froid et fait fondre toute la neige.

Mais un jour, tout comme les jonquilles et les crocus surgiront les uns après les autres, tels de solitaires signes avant-coureurs du printemps, nous nous surprendrons à sourire (et même à rire !) en songeant à l'être aimé. Ce souvenir plus léger nous éloigne, pour quelque temps du moins, de la tristesse qui nous submergeait complètement. « Fleur après fleur », souvenir après souvenir, le printemps revient.

La confiance que le printemps viendra se trouve au cœur même de mon chagrin.

29 AVRIL

Quand vous êtes accablé par la mélancolie, la meilleure chose à faire est de sortir et de témoigner de la gentillesse à quelqu'un.

— JOHN KEBLE

Au départ, quand nous sommes accablés par un vif chagrin, nous ne pouvons probablement pas nous occuper d'autre chose que de notre propre souffrance.

Mais la mélancolie est un état qui peut se maintenir longtemps – c'est une sorte de tristesse discrète. Elle est presque plus difficile à supporter qu'un chagrin récent parce qu'elle s'est installée à notre insu : nous avons du mal à nous souvenir d'une époque où nous n'étions pas dans cet état. De plus, nous ne voyons pas le bout du tunnel.

Si nous sommes aux prises avec une grave dépression, nous irons probablement chercher de l'aide. Mais la mélancolie ? Eh bien, peut-être pouvons-nous nous en extraire nous-mêmes. Cela vaut le coup d'essayer. Et l'une des meilleures tentatives à faire consiste à poser un geste en faveur d'une autre personne : un appel téléphonique à une personne seule, des fleurs ou du pain fait maison pour une personne confinée ; proposer ses services comme lecteur dans le cadre d'un programme pour handicapés visuels mis sur pied dans une bibliothèque. Cette activité nous permettra de sortir de nous-mêmes pour un temps. Et les interactions avec des gens nous permettront de retrouver un peu d'énergie.

Je serai attentif afin de découvrir ce que je peux faire pour d'autres personnes lorsque la mélancolie resserrera son étau autour de moi.

30 AVRIL

Oh, que n'eussé-je la voix et la poésie d'Orphée
Pour émouvoir la sinistre demoiselle et son seigneur.
Je te rappellerais, cher amour, du monde souterrain,
J'y descendrais pour te trouver. Charon ou le lugubre
Chien du roi ne pourrait m'empêcher alors
De te ramener dans les champs de lumière.

— EURIPIDE

C'est un désir qui nous habite, celui de reprendre ce qu'on nous a enlevé, de ramener nos chers amours à la vie. C'est un fantasme, un mythe, aussi ancien que les premiers contes répertoriés. Si seulement nous avions les bons mots… si seulement nous pouvions tromper la vigilance des gardiens de la morts…

Peut-être que ces désirs, ces fantasmes sont pour nous une façon de nous habituer, par essais et erreurs, à l'idée que cette séparation durera aussi longtemps que durera notre propre vie.

De différentes façons, notre vie sera encore bénie, nourrie par le souvenir et l'esprit de l'être cher ; mais, pour ce qui est de la présence physique dans cette vie-ci… c'est fini.

Mais ces fantasmes nous aident peut-être aussi à conserver l'espoir que, de l'autre côté de la mort, nous serons réunis, qu'il existe un lieu où l'être aimé est présent et nous attend.

Cette image récurrente de ma recherche de toi pourrait-elle étayer ma croyance en la possibilité qu'un jour je puisse te retrouver ?

1er MAI

Croyez que la vie vaut la peine d'être vécue, et votre conviction contribuera à transformer votre affirmation en réalité.

— William James

Au début, nous sommes tellement bouleversés par la perte de l'être cher que nous avons l'impression d'arriver tout juste à nous maintenir sur la mer agitée de notre chagrin et de notre détresse. Il est inutile d'essayer de diriger cette embarcation. Rester à flot est suffisant.

Mais, après un certain temps, nous commençons à entrevoir qu'il nous est possible, dans une certaine mesure, de choisir une direction.

Cette découverte est souvent mal accueillie. Dériver est plus facile : les gens comprennent notre situation et font preuve de beaucoup de compassion envers nous quand nous sommes tristes. Il est réconfortant, et moins ardu, de continuer à baigner dans cette compassion.

Mais notre vie est au point mort, et nous ne voulons pas voir cette situation se prolonger indéfiniment.

Nous avons maintenant des choix à faire, et qui dit choisir dit risquer. Un risque que nous pouvons prendre consiste à agir en présumant que la vie vaut, effectivement, la peine d'être vécue et que nous pouvons poser des gestes pour confirmer cette affirmation. Comment ? Toute la théorie de la modification comportementale tient dans l'idée qu'en changeant notre comportement, nous pouvons modifier notre attitude. Nous pouvons recommencer à poser des gestes. Nous pouvons faire l'effort de sourire. Nous pouvons tendre la main à une personne dans le besoin.

J'essaierai d'agir comme si la vie valait la peine d'être vécue, et j'observerai ce qui se produit !

2 MAI

Quiconque raconte une histoire fait naître un monde.

— MICHAEL WILLIAMS

Nous avons vu une coutume gagner en popularité durant les services commémoratifs : les amis et les proches du défunt racontent des anecdotes, ils décrivent des moments de tendresse et des plaisanteries qu'ils ont partagés avec lui. Comme ils contiennent leur propre joie, ces récits contribuent à alléger la tristesse de la perte de l'être cher.

Nous avons fait la même chose de façon moins formelle après le service funèbre lorsque des amis et des membres de la famille, réunis autour d'un petit buffet, ont évoqué des souvenirs très agréables, des histoires récentes ou plus anciennes.

Je me rappelle qu'après l'enterrement de mon père, la famille et les amis se sont réunis à la maison pour partager un repas et converser. Après un certain temps, quelqu'un a dit : « Georges aurait sûrement apprécié cette petite fête ! » Et un autre a enchaîné : « Il l'apprécie peut-être maintenant. » Je suis convaincue que toutes les personnes présentes ont senti que son esprit était parmi nous.

Les amis estiment peut-être que c'est un acte de délicatesse que de s'abstenir de parler du défunt, surtout si la mort s'est produite dans des circonstances particulièrement pénibles, comme lors du décès d'un enfant. Raison de plus pour « faire exister par la parole » une vie qui s'est arrêtée si rapidement. Le fait qu'une vie soit terminée ne signifie pas qu'elle cessera d'enrichir et d'apporter des bienfaits aux vivants.

Les histoires partagées sont des cadeaux, autant pour le conteur que pour l'auditeur.

3 MAI

Idéaliser le défunt n'est pas une bonne idée car ce n'est pas lui rendre justice... Si nous le faisons, nous devrons gaspiller beaucoup de bonnes énergies afin de conserver cette illusion; et nous ne rendrons pas hommage à la vitalité et à la vérité de la personne décédée... Le mythe de la perfection est difficile à soutenir. Nous n'en avons pas besoin. Nous pouvons l'abandonner — à Dieu, si vous voulez. Déchargez-vous de ce fardeau. Laissez-le sur place. Cette [personne] était l'enfant de Dieu, acceptable, aimée et très bien telle qu'elle était. Et il en va de même pour nous.

— MARTHA WHITMORE HICKMAN

Cette tendance à idéaliser le défunt peut découler de la soudaine constatation que l'être aimé ne peut absolument plus avoir d'interactions avec les humains ni améliorer sa réputation.

Cette tendance à idéaliser l'être aimé – et la relation que nous avons eue avec lui – provient peut-être de notre propre angoisse, car nous ne pouvons plus régler les problèmes inhérents à cette relation qui a connu des hauts et des bas.

Bien sûr, l'être cher avait certaines faiblesses. Bien sûr, notre relation a connu des hauts et des bas. Bienvenue dans l'espèce humaine! Il n'est pas nécessaire de fournir un effort angoissé, et vain, pour plaquer un vernis optimiste sur les échecs et les réussites qui font partie intégrante de la vie de tous les êtres humains.

S'adresser des reproches ou en adresser à l'être aimé, pour des gestes ou des actions qu'il est maintenant impossible de modifier, ne fait qu'approfondir les blessures. Dans l'amour et la confiance, je peux prendre acte de ce que nous avons été et sommes l'un pour l'autre, et poursuivre ensuite ma route.

4 MAI

Considérez chaque nouvelle journée comme un défi, comme un test de courage. La souffrance vient par vagues, certains jours étant pires que d'autres, sans raison apparente. Acceptez la souffrance. Ne la refoulez pas. N'essayez jamais de vous dissimuler à vous-même votre chagrin. Tout comme le sourd et l'aveugle, les handicapés qui développent peu à peu un sens supplémentaire pour contrebalancer leur handicap, de même l'endeuillé, le veuf ou la veuve, trouveront une force et une vision nouvelles, issues de la souffrance et de la solitude mêmes, lesquelles semblaient, au départ, impossibles à maîtriser.

— DAPHNÉ DU MAURIER

Quand les vagues de la souffrance atteignent un sommet, nous croyons que nous serons engloutis, que nous ne pourrons y arriver. Mais nous le pouvons. Notre tâche dès lors est d'accepter la souffrance et d'attendre. Nous pouvons faire autre chose durant cette attente : causer avec les gens, faire des emplettes, lire, travailler, jardiner. Même durant ces activités, nous avons conscience de la souffrance qui meurtrit notre cœur. Mais, si nous acceptons ces mauvais jours comme faisant partie intégrante de la guérison, alors de meilleurs jours viendront, et notre état d'esprit s'améliorera également. La douleur s'atténuera, et nous aurons confiance; nous serons même fiers de notre force nouvellement acquise.

Je n'essaierai pas de la dissimuler ou de la contourner. J'irai droit au centre de ma tristesse et j'en émergerai, fier et fort.

5 MAI

Si tu passes à travers les eaux, je serai avec toi,
À travers les fleuves, ils ne te submergeront pas.
Si tu marches au milieu du feu, tu ne seras pas brûlé,
Et la flamme ne te calcinera plus en plein milieu.

— ÉSAÏE 43,2

On ne nous a jamais promis l'absence d'inondations ou d'incendies, d'un quelconque désastre ou de la mort.

Ce que Dieu promet ici, c'est que nous ne serons pas seuls pour traverser ces situations terrifiantes et que celles-ci ne nous détruiront pas, si pénibles soient-elles.

Mais, pour tirer parti de cette promesse, il faut agir.

Pouvons-nous tendre la main dans les ténèbres et croire qu'un être divin va nous soutenir, nous aider à traverser cette période épouvantable ? Un adage dit que, pour chaque pas hésitant que nous faisons vers Dieu, celui-ci avance de centaines et de centaines de kilomètres dans une lumière ardente pour venir à notre rencontre.

Je tendrai la main dans les ténèbres, confiant de ne pas cheminer seul.

6 MAI

La brise chaude me fait rêver à ce qui fut, à ce qui serait si tu étais là. Je sais que ce rêve reflète simplement mon incapacité à vivre le moment présent. Je me laisse emporter par ce courant sans regarder ni trop loin, ni trop en profondeur. J'attends le moment où je retrouverai ma force. Il viendra.

— Anne Philipe

Il y a plusieurs éléments dans notre univers qui nous ramèneront dans le passé, qui nous rappelleront l'être aimé et ce que nous avons perdu à son décès. D'anciennes chansons. Des parfums. Les changements de température saisonniers. Les fêtes. Les anniversaires. La liste est longue.

Eh bien, laissons-les venir, ces rappels. Ils sont parfois empreints d'une douceur émouvante. Mais, parfois, nous avons l'impression qu'ils nous briseront le cœur, tellement le sentiment de la perte que nous avons subie est dévastateur lorsque ramené brutalement à notre conscience.

Le temps passant, ces assauts dureront moins longtemps; il deviendra plus facile de passer au travers de ce siège et de ressurgir de l'autre côté.

Il est préférable de ne pas combattre ces images d'un monde perdu, de les laisser passer en nous, de savourer leur douceur, si elle s'y trouve, et de supporter la souffrance, le temps qu'il faut, car nous savons que dans peu de temps nous pourrons ramener notre attention à nous-mêmes et à notre vie présente.

Les voyages dans le passé comprennent toujours un retour dans le présent, là où je vis.

7 MAI

N'oubliez jamais que vous n'êtes pas seul. Le Divin est avec vous, Il vous aide et vous guide. Il est le compagnon qui jamais ne vous trahit, l'ami dont l'amour réconforte et renforce. Ayez foi, et Il fera tout pour vous.

— Sri Aurobindo

La solitude est l'une des misères du deuil. Le défunt nous manque, mais il y a plus encore. Nous manquent aussi le monde tel qu'il était habituellement, sans cette perte qui assombrit chacun de nos pas, ainsi que la vision d'un avenir partagé avec l'être aimé.

Nous nous sentons seuls parce qu'une trop grande partie de notre vie se déroule actuellement à l'intérieur de nous : les interrogations déchirantes, les bouleversements. Qui peut partager cela avec nous ? Nous nous sentons séparés du reste du monde. Nous déambulons dans les rues, et les passants que nous croisons semblent insouciants et sans fardeau. Bien sûr, ce n'est pas le cas, mais quand nous sommes consumés par le chagrin, nous avons l'impression que les autres proviennent d'une autre planète.

Bien sûr, nos familles et nos amis sont proches, mais même eux ne peuvent mesurer la profondeur de notre chagrin.

Vers qui se tourner ? La pensée de la Présence divine, en nous et dans toute la création, peut nous apporter une aide inestimable. Elle nous permet de conserver notre équilibre, elle nous soutient avec compassion, régularise notre respiration, nous apporte la paix. Essayez. Fermez les yeux et apprenez à connaître cette présence en vous !

Il y a en moi une Présence Sacrée, digne de confiance, bonne et forte.

8 MAI

Je prie les oiseaux car je crois qu'ils porteront là-haut le message de mon cœur. Je les prie car je crois en leur existence, en leurs chants qui commencent et finissent chaque jour — ils sont les invocations et les bénédictions de la Terre. Je prie les oiseaux car ils me rappellent ce que j'aime et non pas ce que je crains. Et, lorsque j'ai terminé mes prières, ils m'apprennent à écouter.

— Terry Tempest Williams

Qui d'entre nous n'a pas senti son cœur vibrer à la vue des oiseaux volant dans le ciel ? Ce spectacle – cette liberté, cette façon de se mettre en formation, de tourner et de plonger avant de partir brusquement vers quelque endroit éloigné – nous élève. Ils symbolisent les tourbillons de la vie, les mystères des débuts et des fins.

Je me souviens d'avoir effectué une visite à la ferme d'un ami peu de temps après la mort de ma fille. Cet ami avait suspendu une balançoire à la branche d'un arbre. J'ai pris place sur la balançoire et j'ai poussé, agité les jambes puis, au sommet de ma trajectoire, je me suis demandé ce que j'éprouverais si je pouvais quitter la balançoire et m'envoler dans le ciel. Je crois que ce fut l'une des premières occasions où j'ai repris espoir, l'espoir de pouvoir traverser cette épreuve, de connaître bientôt des jours plus lumineux.

Dans un monde de beauté comme un vol d'oiseau, je peux sûrement finir par me sentir bien à nouveau, même après avoir perdu un être cher. Et si, en pensée, je me joins au groupe d'oiseaux, qui sait où cela peut m'amener ?

9 MAI

S'il nous était possible de voir au-delà des limites de notre connaissance, et même au-delà de nos hypothèses et suppositions, peut-être supporterions-nous la tristesse avec plus de confiance que nous ne supportons la joie. Car, lorsque nous sommes tristes, quelque chose de nouveau entre en nous, quelque chose d'inconnu ; timides et perplexes, nos sentiments se font muets, tout en nous se retire, le calme s'installe, et ce qui est nouveau et que personne ne connaît se tient au milieu, silencieux.

— Maria Rainer Rilke

Ces temps où nous pleurons la perte d'un être cher sont des temps de changement. C'est comme si nous quittions à jamais une pièce, dont nous avions apprécié le confort et l'aspect pratique, pour entrer dans une nouvelle pièce. Certaines personnes et certains meubles qui nous sont familiers sont là, mais la pièce est différente néanmoins, et nous devons nous y adapter — et il en va de même, probablement, pour les autres personnes présentes.

Nous avons le choix. Nous pouvons nous cacher dans un coin, nous recroqueviller en refusant de regarder autour de nous. Nous pouvons courir en tous sens stupidement pour trouver une issue, tout en sachant qu'il n'y en a pas. Ou alors, nous pouvons regarder autour de nous, repérer les fenêtres et les portes qui s'ouvrent sur l'avenir, car la porte par où nous sommes entrés s'est refermée. Nous pouvons chercher des gens susceptibles de nous aider, et commencer à prêter attention à cette vie, jour après jour.

Lentement, et avec une certaine ambivalence, je commencerai à expérimenter la nouveauté dans ma vie.

10 MAI

Chaque cause réelle de douleur a vingt ombres qui ressemblent au chagrin...

— WILLIAM SHAKESPEARE

Ils sont partout, les signes qui nous rappellent notre deuil. Ils ricochent les uns sur les autres, occupent les espaces vides de notre vie.

Ma petite-fille vient me rendre visite. Elle a deux ans et demi, l'âge de ma fille au moment où elle a accompagné les demoiselles d'honneur au mariage de ma sœur. J'ai conservé sa robe. Elle lui allait bien et s'harmonisait avec ses cheveux noirs, et elle va bien à ma petite-fille qui, elle aussi, a une chevelure noire. Ma petite-fille l'enfile, se tourne d'un côté et de l'autre devant le miroir. « Je l'aime », dit-elle. C'est sa robe maintenant.

Ma fille a vécu plus d'une dizaine d'années après avoir porté cette robe. Néanmoins... celle-ci me rappelle non seulement le plaisir que nous avons eu à ce mariage, mais aussi le décès, quelques années plus tard, de celle qui la portait.

Plus tard durant cette visite, j'ai lu à cette toute petite et merveilleuse enfant une histoire qui était l'une des préférées de ma fille. Derrière le son de ma voix, j'entends la voix de ma fille à deux ans et demi, anticipant les mots à chaque page que nous tournions. L'évocation est une ombre. C'est aussi un rayon de soleil, une merveilleuse et vivifiante lumière, que de voir cette chère enfant – que ma fille n'a jamais vue – prendre plaisir à porter sa robe et lire son livre d'histoires, ainsi que de savoir que je suis le lien entre les deux.

Il n'est aucune ombre sans lumière derrière elle.

11 MAI

> *Chaque crise donne la chance de renaître, de se concevoir à nouveau comme individu, de choisir le genre de changement qui nous aidera à grandir et à nous épanouir.*
>
> — Nena O'Neill

Nous savons que l'on ne sort pas indemne d'un deuil. Ce que nous ne reconnaissons pas pleinement, parfois, c'est le pouvoir qui est le nôtre, une fois le premier chagrin passé, de choisir comment nous allons orienter notre vie malgré la perte que nous avons subie.

Nous refusons d'une certaine manière de revendiquer ce pouvoir. Nous sommes fatigués. Nous ne voulons assumer aucune responsabilité. Nous avons mal. Nous voulons que l'on prenne soin de nous, tendrement, et non pas qu'on nous dise que l'on doit bâtir une nouvelle vie.

Nous connaissons tous des gens qui, après une perte dévastatrice, ont refaçonné leur vie de façon héroïque. Je pense à Elizabeth Gray Vining, dont le mari est décédé alors que le couple était encore très jeune, et qui est devenue l'éducatrice privée du prince héritier du Japon.

Nous avons des choix à faire et, comme survivant d'une crise, nous disposerons d'une force nouvelle, d'un pouvoir nouveau, pour peu que nous choisissions de les revendiquer.

« *Quand la vie vous tend un citron, faites de la limonade.* »

12 MAI

Son amour est partout. Il me suit lorsque je déambule dans la maison, il me rencontre au jardin, envoie des cygnes dans mes rêves. Étrangement, que je sois sous l'eau ou sur terre, je ne suis pas loin du bonheur.

— Sylvia Townsend Warner

D'une façon étrange, paradoxale, on dirait que le défunt nous accompagne, telle une ombre légèrement décalée par rapport à nous-mêmes. Je ne crois pas que cela se produise de manière soutenue instantanément. Nous devons peut-être attendre quelque temps, connaître la réalité de la séparation et nous accorder du temps, pour que les composantes de notre vie s'insèrent dans leurs nouveaux schémas et que nous puissions entrevoir que la relation avec l'être aimé n'est pas terminée. Elle est différente, mais elle continue. Elle n'est pas ce que nous aurions voulu, mais elle a sa propre réalité et sa propre façon de nous réconforter.

Le sentiment que l'être aimé est présent apparaît peut-être spontanément ; peut-être l'invoquons-nous par nos pensées. Il se présente à nous de différentes façons : sentiment que la personne est présente, sensation de chaleur et d'amour dans la pièce. Rêve qui répond directement à nos besoins.

Il y a longtemps, alors que mon deuil était encore récent, je me suis interrogée, en présence de mon fils, sur l'origine et la signification de l'une de ces expériences – était-elle réelle ? Pouvais-je m'y fier ? Et il a dit : « Pourquoi ne la prends-tu pas simplement comme un cadeau ? »

J'écouterai. J'accueillerai comme un cadeau le souvenir et la présence de l'amour.

13 MAI

Vivez en toute simplicité ; ne vous angoissez pas à l'idée d'acquérir un esprit plus calme et vous serez d'autant plus tranquille. N'examinez pas de trop près le progrès de votre âme. Ne cherchez pas trop à être parfait, mais laissez votre vie spirituelle se construire en accomplissant vos tâches et en posant les gestes que commandent les circonstances. Ne pensez pas trop au lendemain. Dieu, qui vous a guidé et vous a protégé jusqu'ici, vous conduira à bon port.

— FRANÇOIS DE SALES

Tant de pensées se bousculent dans notre tête pendant que nous nous remettons de notre chagrin : les souvenirs de l'être cher, les circonstances du décès, nos sentiments et comportements au moment du décès et dans les jours qui ont suivi. Nous voulons « bien faire notre deuil », ce qui peut vouloir dire laisser notre chagrin s'exprimer complètement afin qu'il ne pourrisse pas dans notre cœur. À d'autres moments, une sorte d'engourdissement nous envahit, et nous nous demandons : « Qu'est-ce qui m'arrive, pourquoi ne puis-je pas pleurer ? »

Cette évaluation de notre état émotionnel peut être épuisante ; si nous avons l'impression d'être trop introspectifs, nous pouvons tenter d'interrompre cette attitude pendant un certain temps, en allant faire une promenade, en regardant une émission de télévision divertissante, en faisant une activité qui requiert une concentration mentale de façon à éviter d'évaluer constamment notre état d'esprit.

Je suis bien, tel que je suis. Aujourd'hui, je n'y penserai pas pendant un certain temps.

14 MAI

L'échiquier est le monde ; les phénomènes de l'univers sont les pièces ; ce que nous appelons les Lois de l'univers constitue les règles du jeu. Le joueur en face de nous est dissimulé à nos yeux. Nous savons qu'il joue toujours de façon juste, loyale et avec patience.

— Thomas Huxley

Si nous pouvions nous positionner assez loin pour voir, à l'instar des astronautes, notre planète tourner avec ses tourbillons de bleu et de vert, saurions-nous mieux affronter les catastrophes ?

Si notre vision avait une longue portée, une portée suffisante pour nous observer depuis les espaces interstellaires ou les périodes géologiques anciennes, ne verrions-nous pas à quel point tout est intégré, les vivants et ceux qui ont franchi les portes de la mort faisant tous partie de la même création ? Et nous tous, construisant, enseignant, observant, soutenus par la Lumière invisible. Nous, qui sommes restés aux portes de la mort, voyant l'être aimé franchir ce portail, avons droit à toutes les créations de l'imagination tandis que nous contemplons l'inconnu.

Je peux me libérer des liens du connu et laisser s'élancer mon esprit.

15 MAI

Voici ce que nous devons à notre cher défunt, jeune ou vieux : effacer de nos souvenirs tous les moments où il n'était pas au mieux et conserver dans notre cœur les moments où il était le plus sage, le plus compatissant et le plus créatif. N'est-ce pas ce que nous espérons tous de ceux qui nous survivront?

— ELIZABETH WATSON

En fin de compte, nous leur devons cela – nous le faisons probablement avec joie – et nous espérons recevoir le même traitement. Mais ne nous pressons pas trop de reconstruire l'image du défunt. Nous devons nous rappeler l'être aimé dans sa totalité, sans quoi nous nous retrouverons avec des souvenirs dont une partie sera dans l'ombre, des souvenirs à demi éclairés. Les souvenirs que nous avons de l'être aimé sont sûrement assez vastes pour englober toute leur nature, y compris leurs faiblesses et leurs erreurs qui sont le propre de l'humanité. Les petites manies de l'être aimé peuvent alimenter les rires, la colère, les larmes, qui forment la trame du tissu familial.

Puis, tandis que tous ces souvenirs passent au tamis du temps et de l'amour fondamental que nous avons les uns pour les autres, il ne restera dans notre esprit que les qualités les plus attachantes et les plus sages; il y aura aussi suffisamment de petits défauts et de petites manies, dont nous nous souviendrons avec clémence et amour, pour nous humaniser.

Dans l'image de l'être aimé que l'on garde en mémoire, il y a de la place, et de l'affection, pour la personne tout entière.

16 MAI

... même mort, son visage familier le rassurait... comme si, en fait, elle lui disait : « Je suis morte, c'est tout. »

Des larmes jaillirent dans ses yeux, et ce fut tout. Il prit sa main.

C'est alors que, pour la première fois, je les ai vus comme ils avaient été vraiment. Elle, qui autrefois était l'incarnation de la douceur et de la chaleur pour moi, la seule qui me pardonnait tout, n'était plus qu'une fille dans son chemisier au col de dentelle dont le jeune homme ne pouvait deviner le nom, et lui, un beau garçon aux cheveux blonds ; et ils s'étaient rencontrés un après-midi à Coney Island.

— Joseph Pintauro

Quand les êtres que nous aimons nous quittent, une des façons de conserver leur présence vivante est de raconter plusieurs fois leurs histoires. Comment était-ce quand ils étaient jeunes ? Quelles étaient leurs anecdotes préférées à propos d'eux-mêmes ? À propos de nous ?

Maintenant qu'ils sont partis, notre imagination est libre, en quelque sorte, de les placer sur un plan plus vaste, de les voir de façon plus fantaisiste, mais tout de même vraie. Notre nostalgie est authentique. Elle est également bienveillante et pleine de tendresse. Nous les voyons dans leur fragilité, comme les personnages d'un drame figé dans le temps qui prennent place à côté des figures légendaires dont ils avaient l'habitude de nous entretenir. Nous les percevons peut-être avec plus de lucidité, et de charité, que lorsque nous étions engagés dans la dynamique des échanges quotidiens.

Ma vie continuera d'être bénie tandis que les histoires de l'être qui m'est cher s'installeront dans mon esprit.

17 MAI

Je vais souffrir de ne plus voir son visage, de ne plus entendre sa voix et de ne plus sentir sa présence constante auprès de moi. Elle a franchi un fleuve qui nous sépare actuellement, et je ne la reverrai que plus tard, lorsque je le franchirai à mon tour. Chaque fois que je verrai un fleuve, je penserai à elle.

— Terry Kay

Comme la compagnie de l'être aimé dans notre vie quotidienne nous manque : le visage de la personne attablée en face de nous, la présence dans le lit, la voix qui nous appelle !

C'est ainsi que persiste très longtemps la présence de l'être cher, jusqu'à ce que la blessure guérisse suffisamment pour nous permettre de reconnaître la séparation.

Alors l'image que nous conservons de cet être peut se préciser au lieu de se retrouver ici et là, dans tous les endroits où nous avions l'habitude de le voir. Il a effectivement « franchi un fleuve ».

Il est utile de rejouer ce fantasme dans sa tête. L'image est forte, et pertinente, comme en témoigne l'utilisation qui en est faite dans les mythes traitant du passage de vie à trépas. Je me rappelle avoir fait cet exercice avec l'aide d'un ami thérapeute : dans mon esprit, je m'approchais d'un fleuve, je lâchais la main de ma fille et la regardais franchir ce fleuve. Je me souviens du combat, des larmes et, finalement, de la sensation de soulagement que j'ai éprouvée en comprenant que la vérité avait été reconnue, que ma fille était en sécurité, que je traverserais le même fleuve, le moment venu.

À la vue d'un fleuve, je penserai à toi.

18 MAI

Le monde n'est pas divisé entre les forts qui soignent et les faibles qui se laissent soigner. Nous devons chacun notre tour soigner et être soignés, non seulement parce que c'est bon pour nous, mais parce que c'est dans l'ordre des choses.

— Sheila Cassidy

Nous, qui sommes aux prises avec un deuil, avons parfois beaucoup de mal à reconnaître que nous avons besoin d'être soignés. Est-ce de la faiblesse de notre part ? Cherchons-nous à attirer l'attention sur nous ? Nous sommes parfois mal à l'aise dans le rôle de la personne qui a besoin d'aide, particulièrement si nous avons l'habitude d'aider. Peut-être sommes-nous trop fiers pour laisser paraître notre souffrance. Et, compte tenu de toute la douleur et la souffrance présentes dans le monde – nations acculées à la famine, segments entiers de la société vivant dans des conditions d'extrême pauvreté –, comment pourrions-nous réclamer une partie des soins prodigués en ce monde pour atténuer notre souffrance personnelle ?

Dieu sait qu'il y a bien assez de souffrance sur cette planète pour tout le monde. Mais, pour la vie, chaque être humain compte, et, tandis que nous faisons tout ce que nous pouvons pour alléger le fardeau des autres, il arrive que notre propre fardeau s'alourdisse et que nous ayons besoin d'aide. Pendant un certain temps, il se peut que nous ayons besoin de plus que ce que nous considérons comme notre « part ». Peu importe. C'est notre besoin. C'est à notre tour. Nous y avons droit.

Je suis un être humain et je ne suis pas obligé de faire semblant d'être fort.

19 MAI

Elle pensait aux femmes présentes lors des funérailles de Chicken Little... Ce qu'elle avait considéré alors comme un comportement inapproprié lui semblait maintenant convenable ; elles criaient contre Dieu qui leur montrait l'arrière de sa tête, sa nuque géante, son dos immense qui s'était détourné devant la mort. Mais il lui semblait à présent que ce n'était pas un chagrin à faire brandir le poing qu'elles exprimaient dans leur mélopée funèbre, mais plutôt la simple obligation de dire quelque chose, faire quelque chose, sentir quelque chose en relation avec le défunt. Il fallait absolument qu'elles signalent, nomment cet événement crève-cœur.

— Toni Morrison

Plusieurs d'entre nous ont mis du temps avant de valoriser l'expression pleine et entière de l'angoisse et du désespoir. L'expression d'émotions fortes peut parfois nous paraître déplacée.

Le chagrin n'est pas un examen. Il n'y a pas de notation. Pas de réussite ou d'échec. Or, si nous sommes enclins à faire taire nos sentiments parce que nous pensons que c'est préférable pour nous ou qu'il vaut mieux ne pas déranger les autres, nous pourrions essayer de trouver un endroit où nous ne serions pas entendus, et laisser sortir ce chagrin. Crier. Hurler. Vociférer. Gémir. Marteler les murs.

Certains hôpitaux ont des « salles où crier » — des endroits où une personne aux prises avec un deuil récent peut hurler et se répandre en injures sans craindre de déranger les autres et/ou d'en éprouver de la gêne.

Ce n'est pas joli à entendre ou à voir ? C'est un son humain.

J'écouterai mes signaux intérieurs et je n'aurai pas peur.

20 MAI

Très souvent, nous croyons être arrivés en un lieu vide d'espoir et de possibilités ; puis nous découvrons finalement que c'est le désespoir lui-même qui nous permet de toucher le fond, d'abandonner l'illusion d'être en contrôle de la situation, de changer de perspective et de demander de l'aide. Et le feu de notre espoir renaît des cendres de notre désespoir.

— Anne Wilson Schaef

Quand on est très déprimé, que l'on a atteint le plus bas niveau du désespoir et de l'impuissance, la pensée de nous rendre dans un lieu ou un autre nous est totalement étrangère. Ce n'est pas que ce serait trop dur, c'est simplement que nous ne pouvons même pas envisager la possibilité de nous déplacer. Telle une mule qui refuse d'avancer, la vie semble s'être arrêtée net ; et ni les flatteries, ni les promesses, ni les cajoleries, ni les menaces ne peuvent rien y faire. Le futur ne suscite ni intérêt ni espérance.

À ce stade, il est possible de reprendre le chemin de l'intégrité et, finalement, du retour à la santé, en restant immobile et en admettant que le chagrin envahit toutes les sphères de notre vie. Mais après quelque temps, même la personne endeuillée éprouve le besoin de s'activer et se dit : *Ça ne va pas durer toujours.* Elle commence à regarder autour d'elle, elle sort peut-être de son cadre habituel en quelque sorte et, laissant derrière elle cette obscurité, elle s'éloigne ; puis elle remarque une fleur qui pousse le long de la route, une légère nuée dans le ciel bleu, un ami qui l'attendait pendant tout ce temps.

Du fond d'un puits, on peut lever les yeux et apercevoir le ciel.

21 MAI

Que cela ne soit pas la mort mais la plénitude.

Que l'amour se dissolve dans la mémoire, et la souffrance, dans les chansons.

Que l'envolée dans le ciel se termine par le repli des ailes au-dessus du nid.

Que le dernier toucher de vos mains soit délicat comme la fleur nocturne.

Restez immobile, ô Fin magnifique, pendant un moment, et prononcez vos derniers mots en silence.

Je m'incline vers vous et soulève ma lampe pour vous éclairer sur votre route.

— Rabindranath Tagore

Ainsi pouvons-nous faciliter l'accès à l'Au-delà aux êtres qui nous sont chers, en leur souhaitant une transition douce et sûre. Dans un silence sacré, nous tenons une lampe pour les guider sur leur route.

Croire que tout est bien constitue un acte de foi ; et c'est encore plus difficile d'imaginer que nous tenons une lampe pour guider nos êtres chers, car nous ne sommes probablement pas prêts à les laisser partir.

Mais il ne nous appartient pas de choisir s'ils partent ou s'ils restent. Nous choisissons seulement la façon dont nous réagissons à leur départ, la façon dont nous y pensons.

Si nous pouvons y penser en utilisant les images lyriques de Tagore, cette activité de l'esprit en elle-même nous permettra peut-être d'alléger notre souffrance.

Je ne peux savoir où tu vas, mais je tiens bien haut la lampe de mon amour pour t'accompagner sur ton chemin.

22 MAI

Ce soir, tous les tourments d'un chagrin récent se sont manifestés encore une fois ; les mots insensés, l'amer ressentiment, les papillons dans l'estomac, la réalité cauchemardesque, les larmes ravalées. Car, dans le deuil, rien « n'est figé ». On parvient à traverser une période difficile, mais celle-ci revient toujours. On tourne en rond. Tout se répète. Vais-je tourner en rond ou puis-je espérer me trouver dans une spirale ?

— C. S. Lewis

Elle vient sans prévenir, l'impression d'être plongé dans un deuil tout récent : le même ahurissement, notre esprit désorienté, notre vie désorganisée. Bien souvent, nous ne savons pas exactement ce qui a tout déclenché. Et dire que nous pensions que notre état s'améliorait !

L'être cher que nous avons perdu a peut-être vécu avec nous pendant très longtemps, voire toute notre vie – comme dans le cas d'un parent décédé. Nous aurons besoin de beaucoup de temps pour nous adapter à cette perte. Cette adaptation ne se fera pas en douceur non plus, comme dans une sorte d'ascension graduelle qui nous conduirait hors de la vallée du désespoir. Elle ressemble davantage à l'épierrage d'un champ de la Nouvelle-Angleterre. Il faut travailler très fort pour enlever les pierres ; puis la terre se modifie, les saisons passent et de nouvelles pierres remontent à la surface. Un jour, il ne restera plus de pierres dans le champ, mais cela peut prendre beaucoup de temps !

Je ferai preuve de bonté envers moi-même et j'accueillerai ces orages psychiques comme faisant partie de mon cheminement sur la route de la guérison.

23 MAI

Tout avance et se déploie, rien ne s'effondre,
Et mourir ne ressemble pas à ce que nous imaginons, et c'est une chance qu'il en soit ainsi.

— WALT WHITMAN

Pouvons-nous trouver, dans le mouvement de la vie, dans le retour des oiseaux chanteurs, des roses et des myrtilles, l'assurance que la vie n'a pas pour but de tout gaspiller, mais bien de préserver l'essence même de sa substance fondamentale ? Et si c'est vrai pour la plus petite et la moins complexe des œuvres de la création, ce doit sûrement l'être pour cette créature merveilleuse et très élaborée qu'est l'être humain.

La mort contribue à définir notre vie, à lui fournir un certain cadre et à nous insuffler le désir pressant d'être et de faire ce que nous pouvons car cette vie, telle que nous la connaissons, prendra fin.

Et qu'arrivera-t-il ensuite ? Nul ne le sait. Mais ce que nous savons du reste de la création nous donne quelques indices. Ces indices nous apportent l'espoir, tout comme les histoires de ces gens dont le visage reflète au moment de la mort la joie et l'émerveillement qui les habitent. Tous les mourants ne vivent pas une telle expérience. Mais nous n'avons pas besoin d'une confirmation « totalement valide », pas plus que nous n'avons besoin d'additionner toutes les colonnes de chiffres au monde pour savoir que 2 + 2 = 4 – en tout temps.

Devant l'inconnu, l'espoir est aussi raisonnable que le désespoir.

24 MAI

Vient le moment où les yeux s'ouvrent, où nous voyons et comprenons que la grâce est infinie. La grâce, mes amis, exige peu de nous : elle nous demande simplement de l'attendre avec confiance et de lui manifester notre gratitude... ce que nous avons choisi nous est donné et, du même coup, ce que nous avons refusé nous est aussi accordé... ce que nous avons rejeté nous revient en abondance.

— Isak Dinesen

Tous ces espoirs, tous ces projets d'avenir perdus, quand meurt l'être aimé... comment allons-nous accepter ces pertes ?

Dans le récit de Dinesen, « Le festin de Babette », le général Lowenhielm, revenu sur les lieux où il a connu un amour platonique et de courte durée, déclare à l'étonnement de tous que les années de privation sont rachetées par la grâce de ce moment.

Pouvons-nous espérer un tel moment de grâce ? Que pourrait-il être ?

Dans certains moments de solitude, nous sentons parfois, dans la pièce où nous nous trouvons, la présence presque palpable de l'être aimé participant à certains projets de notre vie.

Dans certaines rencontres familiales, alors que n'attendions rien d'autre que l'expression d'un vif chagrin, nous éprouvons peut-être de la tristesse, mais nous avons aussi le sentiment que l'être aimé fait son entrée en souriant et qu'il bénit cette rencontre.

Ou peut-être que déferle en nous le ferme et intense espoir de retrouver l'être aimé dans un autre niveau de réalité.

Au cœur de l'absence, une présence s'est fait connaître.

25 MAI

Il n'est pas question d'aller au-delà. La petite embarcation s'engage dans le golfe sombre et effrayant, et nous n'exprimons en hurlant qu'un seul désir : nous échapper — « ramenez-moi sur la terre ferme ». Mais en vain. Personne n'entend. La sombre silhouette continue de ramer. Il faut rester assis, immobile, et ne pas se couvrir les yeux.

— Katherine Mansfield

Peut-être essayons-nous de fuir.

En n'en parlant pas…

En buvant jusqu'à l'hébétude…

En nous immergeant dans le travail de sorte que nous n'avons pas le temps de creuser la question…

En dormant, pour oublier…

Mais notre silence est éloquent. Les drogues vont nous détruire. À la fin d'une journée de travail harassante, nous regardons dans le miroir et voyons notre désespoir. Et, quand nous fuyons dans le sommeil… il nous faut affronter la vérité encore une fois au réveil.

Il y a quelques années de cela, j'étais à la foire, avec ma fille, dans la grande roue ; effrayée par les hauteurs et imaginant toutes sortes d'accidents, j'ai mis la main sur mes yeux.

Ma fille n'était pas d'accord. « Ouvre les yeux, maman ! » m'a-t-elle lancé.

Je l'ai fait, et ce n'était pas si effrayant après tout.

Il vaut mieux ouvrir les yeux et affronter la perte. Ce sera moins onéreux à long terme.

26 MAI

Le refus d'aimer est la seule chose insupportable.

— Madeleine L'Engle

Il nous semble parfois que le deuil que nous traversons soit la seule chose insupportable.

Mais, à la réflexion, si nous n'aimions aucune personne avec assez d'intensité pour pleurer sa perte, comme notre existence serait terne et désolante !

Et cette personne particulière… qu'aurait été notre vie sans cet être que nous avons tant aimé ? Le fait d'avoir vécu auprès de cet être cher pendant un certain temps ne valait-il pas la peine, même si aujourd'hui nous souffrons ?

Oui, mais…

Bien sûr. Ce ne sont pas nos appels à la raison qui feront disparaître ce chagrin. Pas maintenant. Ni plus tard. Mais il peut être utile de temps à autre d'examiner les dessous de cette souffrance – comme une feuille que l'on soulève pour en observer le dessous argenté – et de prendre conscience que la vie de celui ou celle dont nous pleurons la perte nous a procuré de grandes richesses.

À un certain moment durant notre parcours – et le moment où ce changement se produit est différent pour chaque personne endeuillée –, le deuil sera sous-jacent tandis que les sentiments de plénitude et de gratitude deviendront la surface brillante, lumineuse et verte.

Parfois, lorsque la douleur me submerge, j'essaie de m'immerger dans le souvenir de l'amour.

27 MAI

Ça m'est égal de mourir jeune… j'ai déjà une vie bien remplie.

— Mary Hickman

Nous qui avons perdu un être cher à la suite d'un accident, voilà que nous fouillons nos souvenirs en quête de présages. Y a-t-il eu des indices, des signes à l'effet qu'un événement aussi terrible que celui-ci allait se produire ? Si nous pouvions les trouver, peut-être introduiraient-ils un peu de sens dans cette vie complètement bouleversée. De façon inconsciente, l'être aimé savait-il ?

Ma fille a lancé avec désinvolture cette affirmation, dans les mois précédant sa mort soudaine à l'âge de 16 ans, après une chute survenue lors d'une promenade à cheval. « Marie ! ai-je répondu. Un monde à la fois. »

Après son décès, ses mots me sont revenus en mémoire. Savait-elle plus de choses que moi ? Et d'où vient cette idée qu'on puisse avoir le vague pressentiment d'un événement de cette nature ?

Si cela est possible, y a-t-il d'autres mystères insondables dans cet univers dont nous ne connaissons qu'une infime partie, et quels sont-ils ?

Ces « signes et prodiges » n'atténuent pas la tristesse de la perte, mais ils nous permettent d'espérer qu'à un certain niveau, un Ordre transcendant est à l'œuvre et agit en connaissance de cause.

Je garderai l'esprit ouvert à toutes les possibilités qui me sont offertes de savoir et de croire.

28 MAI

Ô Dieu, vous m'avez permis de passer la journée en paix ; laissez-moi passer la nuit en paix, Ô Seigneur sans seigneur.

Il n'y a de force qu'en vous. Vous seul êtes soustrait aux obligations.

Je passe la nuit sous votre protection. Vous êtes ma Mère et mon Père. Amen.

— PRIÈRE BORANA TRADITIONNELLE (AFRIQUE)

C'est un exploit que d'avoir pu connaître une période de paix au cours d'un deuil. On ne peut prendre cela pour acquis : nous ferions bien de demander de l'aide pour une autre période de ce genre. Et demander l'aide de quelqu'un qui est entièrement disponible.

Il y a dans cette prière un élément de sagesse très touchant, car celui qui prie invoque un seigneur qui n'a pas d'engagements préalables : « Prêtez-moi attention, s'il vous plaît. »

La prière renvoie à notre première expérience de réconfort et de sécurité : une mère et un père. Toutefois – c'est un gentil rappel –, nous ne voulons pas d'une mère et d'un père distraits, de grâce, mais de parents capables d'être parfaitement présents. Ainsi, nous osons croire que cette mère et ce père veilleront sur nous durant toute la nuit.

Dans ma faiblesse, je peux me tourner en toute confiance vers Celui qui est fort.

29 MAI

Est-ce que quelqu'un a dit qu'il y aurait une fin,
Une fin, oh ! une fin à l'amour et au deuil ?

— MAY SARTON

Non, ni à l'un ni à l'autre. Et c'est une consolation, je suppose, car, même si nous « n'oublions » jamais une lourde perte, nous « n'oublions » jamais non plus l'amour que nous avons partagé avec cette personne ; et, comme nous le découvrirons, cet amour restera avec nous et continuera d'enrichir notre vie au fil des ans.

Mais, attention. Il ne faut pas confondre le deuil avec l'image de la personne aimée. Si nous laissons ces deux réalités se chevaucher un peu trop, nous ne pourrons mettre un terme à notre deuil car, ce faisant, nous perdrions en même temps l'être cher. Or, ils sont différents, et nous vivrons mieux si, dès que nous en sommes capables, nous séparons clairement la personne aimée et le chagrin généré par sa disparition. Chacune de ces réalités a sa place, mais il n'est pas toujours nécessaire de mêler les deux.

Bien que je sache que mon souvenir de l'être aimé comportera toujours une part de tristesse, je pourrai la reléguer à l'arrière-plan, si je le veux.

30 MAI

Le chagrin fond
Comme neige en mai,
Comme si pareille froidure n'existait pas.

— George Herbert

Nous pensions que cela n'arriverait jamais : le soulagement de ce deuil ni, encore moins, sa disparition.

Pourtant, le chagrin, comme la neige, se dissout lentement jusqu'au jour où, à notre grande surprise peut-être, nous constatons que le paysage a changé, que la neige est partie. L'herbe, les pierres et les plates-bandes de fleurs redeviennent visibles. De même, notre chagrin fond goutte à goutte et, un jour, nous nous sentons mieux : nous sommes presque redevenus nous-mêmes.

Pour prolonger la métaphore… la neige fondante, qui s'est transformée en eau, a continué d'abreuver cette terre ou une autre, selon la géographie du paysage et l'endroit où la terre a le plus soif. Ou l'humidité s'est peut-être intégrée aux nuages, qui ont dérivé dans le ciel, puis l'eau est tombée à nouveau pour arroser d'autres terres.

De même, notre chagrin se transforme en d'autres formes d'énergie et de vie. Il fera encore partie de notre vie et de celle des gens qui nous entourent, selon les circonstances et l'endroit où le besoin est le plus grand. Il ne sera pas perdu. Il sera transformé.

Je confierai à la vie ce chagrin qui pèse comme une chape de plomb sur mon cœur.

31 MAI

Celui qui donne la vie ne perd de vue aucune existence ; il n'y a pas une personne qui pèche au point d'être rejetée par Lui ; pas une qui ne soit si loin de Lui que, peu importe ce qui la touche, cela Le touche aussi dans la tristesse ou la joie.

— Phillips Brooks

Particulièrement si nous avons prodigué des soins à la personne aujourd'hui décédée, nous avons du mal à nous libérer de ces questions irrationnelles qui hantent notre esprit : Qui prend soin d'elle maintenant ? Qui s'est lié d'amitié avec elle ? Qui se tient à ses côtés pour la réconforter et la rassurer ? Qui montre à ce nouveau venu dans l'Au-delà ce qu'il faut faire, la façon dont tout cela fonctionne ?

Ces questions sont particulièrement tenaces et troublantes lorsque le défunt est un enfant ou une jeune personne, quelqu'un qui a eu besoin de nos soins et qui ne se sent probablement pas en sécurité dans des situations nouvelles.

En un sens, ces questions sont irrationnelles et inutiles. Mais la mort est souvent totalement irrationnelle, et les questions qui tournent autour déclenchent certainement en nous les angoisses et les espoirs les plus anciens et les plus insaisissables.

Nous cherchons des images pour calmer nos peurs. Chez Phillips Brooks, l'image du Créateur paraît juste, et c'est exactement ce dont nous avons besoin !

Entre tes mains – Toi, le pouvoir de vie et d'amour à jamais présent, à jamais bienveillant –, je confie l'être qui m'est si cher.

1er JUIN

Nous devons accepter d'être interrompus par Dieu.

— Dietrich Bonhoeffer

Qui est prêt à cela ? Nous avons des plans, il y a des événements que nous attendons avec impatience ; la vie suit son cours à son rythme, lequel est parfois désagréable, mais néanmoins prévisible.

Puis quelque chose se produit – un accident, un décès ou une maladie – qui vient tout changer, nous force à revoir nos priorités et, souvent, à rebâtir notre vie.

Les personnes, qui ont frôlé la catastrophe et qui ont pu l'éviter, apprécient de façon toute nouvelle les joies simples de l'existence, et chaque journée représente pour elles un cadeau ; elles ont aussi décidé de ne pas remettre à « un autre jour » les plaisirs ou les gestes de bonté, car cet « autre jour » pourrait ne jamais arriver.

Nous, qui avons perdu un être cher, avons aussi pris conscience de la valeur des cadeaux simples ; nous avons appris à ne pas remettre à plus tard des paroles ou des gestes de bonté, car nous ne savons jamais quand des événements viendront changer notre monde, de quelle façon notre vie évoluera et si les personnes à qui nous voulons adresser des paroles et des gestes gentils seront encore vivantes.

Le caractère précieux de cette journée est un cadeau en soi.

2 JUIN

Tels des rêves ailés, nos joies s'envolent;
Pourquoi, alors, la tristesse devrait-elle durer?
Puisque le chagrin ne fait qu'aggraver notre épreuve,
Ne pleure plus sur ce qui est passé.

— Thomas Percy

Le chagrin aggrave-t-il notre épreuve?

Un équilibre délicat est ici en jeu.

D'un côté, nous devons prêter attention à notre chagrin, vivre notre deuil pour traverser cette vallée de larmes, sans quoi nous ne pourrons jamais assimiler cette perte et redevenir une personne pleine et entière. Par ailleurs, nous ne devons pas nous attarder trop longtemps en chemin, car alors nous risquerions de nous immobiliser et de ne jamais surmonter cette épreuve.

Si nous en venons à nous attarder constamment à l'état lamentable dans lequel nous nous trouvons, nous pourrions essayer de penser plutôt à ces joies qui s'envolent « tels des rêves ailés », ces merveilleux moments que nous avons partagés avec l'être aimé. Ou à d'autres moments qui n'ont rien à voir avec lui, mais qui nous ont apporté de la joie.

Nous pouvons concentrer notre attention sur un sujet pendant quelque temps — nous avons un certain contrôle là-dessus. Alors, ne laissons pas s'envoler trop vite les souvenirs heureux. Nous en avons besoin!

J'entrerai de temps à autre dans mes espaces remplis de joyeux souvenirs, et je fermerai les portes!

3 JUIN

Rapidement, de façon inexplicable, la fatigue et la maladie m'ont accablé,
Jusqu'à ce que je me lève, sorte sans bruit et me promène, seul,
Dans l'air humide et mystique de la nuit et que, de temps à autre,
Je lève les yeux, dans un silence parfait, pour regarder les étoiles.

— WALT WHITMAN

Comme nous comprenons l'anxiété de Whitman !

Parfois nous avons l'impression que rien ne peut retenir notre attention, que rien ne mérite un engagement soutenu. La vie nous paraît monotone, sans étincelle, presque dépourvue de signification.

Et comme il peut être rassurant alors de sortir dans la nuit tranquille et de lever les yeux vers les étoiles ! Dans un monde d'une si grande beauté où l'ordre règne, où la profondeur de l'espace et du temps est insondable, il y a sûrement des significations qui échappent à notre compréhension.

On éprouve aussi dans la nuit un sentiment d'intimité. Cette étoile, si proche, qui scintille dans les cieux, est-ce un signe ?

Le mystère demeure. Mais, d'une façon ou d'une autre, cela nous réconforte.

Même dans ma solitude et ma tristesse, le monde me tient dans son étreinte.

4 JUIN

À la vérité, il est permis de pleurer. En pleurant, nous dissipons notre colère ; et les larmes irriguent le cœur, parfois même comme un torrent.

— Ovide

Nous le savons par expérience. Nous disons « pleurer un bon coup ». Ou quelqu'un dit : « Je me suis senti mieux après avoir pleuré. » Nous nous sentons mieux, en général, bien que nous puissions ressentir un peu de gêne également si nous avons fondu en larmes dans un lieu public.

Pourquoi ? Je n'ai jamais vu quiconque se détourner, par impatience ou dégoût, d'une personne qui verse des larmes sincères. Auquel cas, j'aurais certainement pensé que la personne perturbée était celle qui observait et non pas celle qui pleurait.

La libération de la pression qu'exerce sur nous le chagrin (et qui inclut, comme le décrit Ovide, la « colère » associée au chagrin) est ressentie un peu comme un phénomène physique, par lequel il y a libération d'une tension interne. On nous dit aussi que les larmes exercent un effet bénéfique, car elles éliminent de notre organisme les éléments indésirables.

Il y a des gens qui, en raison de la maladie ou de contraintes émotionnelles, sont incapables de pleurer. C'est d'une grande tristesse.

Laissez donc vos larmes couler. Si vos yeux rougissent et que vos joues enflent, qu'est-ce que ça peut faire ? Votre visage retrouvera rapidement son état normal, et vous vous sentirez beaucoup mieux entre-temps.

J'accueille avec gratitude ce don que j'ai de pouvoir pleurer.

5 JUIN

Éveillé, au point du jour, je me souviens d'eux;
Avec un amour qui confine à la joie, je me souviens d'eux :
Perdus et tout à moi, à moi entièrement et à jamais.

— John Hall Wheelock

C'est une joie aigre-douce, mais néanmoins réelle, de savoir que nos amours perdus résident à jamais dans nos cœurs et nos esprits. En fait, l'être aimé est toujours présent dans notre conscience, plus qu'il n'aurait pu l'être de son vivant, car alors nous dépendions de ses allées et venues — les hauts et les bas, les aléas de la présence et de la nécessité.

Mais, à présent, nous pouvons évoquer son souvenir à volonté, et, même quand nous n'y pensons pas consciemment, l'être aimé semble faire partie intégrante de nous, comme notre peau ou une robe confortable que nous enfilons à la fin d'une journée affairée et épuisante. Un être cher : un souvenir très présent, un compagnon tranquille.

Encore une fois, ce n'est pas ce que nous aurions choisi. Mais cette réalité a une grâce bien à elle.

Le souvenir et la présence spirituelle de l'être aimé me permettront de me détendre, et je me sentirai en paix.

6 JUIN

Apprendre à faire confiance nous permettra de renforcer le système racinaire qui nourrit l'arbre de vie.

— Elaine M. Prevallet

Durant tout l'hiver, dans diverses régions du pays, la terre est brune et aride, ou enfouie sous une couche de neige glacée.

Mais, sous cette terre en apparence sans vie, l'hibernation permet aux racines des plantes de se maintenir. Puis, arrive le printemps, année après année, et (avec un peu d'aide de notre part !) la terre revient à la vie dans toute sa beauté ; elle s'épanouit et redevient nourricière.

Ce réveil peut nous inciter à garder confiance durant ce début d'été où tout reverdit, à croire que la saison de la dépression et de la tristesse va laisser place, avec le temps, à un regain d'amour de la vie et à un sentiment de gratitude pour tous ses bienfaits, dont le cadeau de la vie et l'héritage de l'être aimé.

Tout comme j'ai appris à croire que les saisons reviendront, je veux croire que la vie me soutiendra durant ma traversée du deuil.

7 JUIN

Nous ne pouvons recréer ce monde... Nous ne pouvons même pas, à vrai dire, nous recréer nous-mêmes. Nous pouvons seulement modifier notre comportement ou en adopter un nouveau.

— Alice Walker

Comment pouvons-nous sortir de la vallée du découragement dans laquelle le deuil peut nous pousser ?

La perte que nous avons subie est inéluctable : nous ne pouvons changer cette réalité. Et nous savons bien qu'il est inutile d'espérer y parvenir. Ce n'est pas non plus la volonté qui, par un grand geste, nous permettra de modifier notre état d'esprit, de passer de la tristesse à l'acceptation et de stimuler notre appétit de vivre. Nous l'avons peut-être déjà essayé, mais sans succès : au mieux, nous parvenons à modifier temporairement notre attitude.

On trouve dans la spiritualité chrétienne un précepte classique selon lequel une bonne façon de mesurer la validité de la foi consiste à agir comme si c'était vrai, et voir ce que cela donne.

De la même façon, nous pouvons commencer à agir comme si nous avions investi dans l'avenir, comme si nous reprenions nos activités habituelles et retrouvions le goût de vivre – nos amis, nos jardins, notre musique préférée, notre travail –, et voir ce que cela donne.

Je vais réintégrer le cours de la vie... et voir ce que cela donne.

8 JUIN

Ne laisse pas l'hiver, de son doigt décharné,
Dessécher ton été, sans distiller ta sève[4].

— William Shakespeare

Le chagrin s'accroche et s'incruste et, certains jours, nous pensons que nous ne parviendrons jamais à nous débarrasser de son ombre.

Nous n'avons pas le choix, parfois. Il frappe comme un coup de poing, et nous mettons bien du temps à reprendre notre souffle.

Mais il arrive aussi que nous ayons le choix. C'est bien qu'on nous le rappelle, même si cette idée nous rebute et que nous nous disons : « Ce chagrin est sans pareil. Comment pourrais-je m'y soustraire ? »

Or, nous le pouvons peut-être. Cela vaut au moins la peine d'essayer de laisser de côté pendant un certain temps le voile sombre qui nous enveloppe depuis le décès de l'être aimé.

Visualisez-vous en train d'enlever un lourd voile recouvrant votre tête et vos épaules ; vous le pliez soigneusement, vous le rangez délicatement sur une tablette dans un placard, dont vous refermez la porte, puis vous vous éloignez.

Ensuite (si personne ne vous observe en se demandant ce que vous êtes en train de faire !), mimez cette scène en utilisant tout votre corps. Allez-y : soulevez la lourde toile, pliez-la, levez-vous, allez vers le placard et posez-la sur une tablette. Puis refermez la porte et appuyez-vous contre elle une minute. Et éloignez-vous.

Et, pendant au moins quelques instants, savourez cette journée bien réelle, cette journée d'été.

J'ai une certaine marge de manœuvre pour décider à quel moment le chagrin occupera une place prépondérante dans ma vie.

4. N.d.T.: Traduction de Charles Garnier.

9 JUIN

Surtout, ne perdez pas le désir de marcher. Tous les jours, j'entre dans un état de bien-être et je m'éloigne de toute maladie. J'ai entretenu les meilleures pensées qui soient, et je ne connais nulle pensée qui soit si pénible qu'on ne puisse s'en éloigner.

— SOREN KIERKEGAARD

Il n'est pas obligatoire que ce soit la marche, j'imagine, bien que cette activité soit accessible en général ; et c'est sûrement l'un des meilleurs exercices physiques qui existent. Cette activité physique vous renforce et vous amène ailleurs, car vous effectuez physiquement le mouvement de vous éloigner de la tristesse et de la dépression.

Il est parfois difficile de mobiliser son énergie pour se lever et partir, mais, si nous attendons « d'avoir envie de le faire », il se peut que nous ne quittions jamais notre fauteuil ou notre lit !

Mais les bienfaits que nous procure la marche sont inestimables. On la recommande instamment aux personnes dont l'équilibre émotionnel est fragile. La marche fait aussi partie du régime imposé aux convalescents ayant subi une chirurgie cardiaque. Quand elle se heurte à un passage difficile en rédigeant son manuscrit, une amie écrivaine va faire ce qu'elle appelle une « marche de réflexion », et elle revient invariablement avec de nouvelles idées.

Donc, si nous avons de la difficulté à nous libérer de la roue des regrets ou du désespoir qui tourne sans cesse dans notre tête, essayons la marche.

Comme il n'y a personne à la maison, je vais aller faire une promenade !

10 JUIN

... Il avait été catapulté dans un monde entièrement nouveau et s'y était égaré. Le ciel n'était plus le même. Le sandwich au jambon n'était plus le même. Ses propres chaussures alignées dans le placard avaient ce matin-là un air si insolite, selon ses propres mots, qu'il avait eu du mal à les prendre.

— JOSEPHINE HUMPHRIES

Nous sommes constamment étonnés de nous heurter à ce monde ordinaire auquel pourtant nous étions habitués. À présent, le prisme du chagrin et de la perte modifie complètement notre perception. Bien sûr, le monde paraît différent.

Serait-ce plus facile si nous pouvions nous transporter dans un cadre où nous ne serions pas toujours confrontés au souvenir de la personne qui manque à l'appel ? Cette personne qui était présente, la dernière fois, lorsque nous sommes entrés dans ce commerce ou lorsque nous avons roulé sur cette route de campagne.

Certaines personnes, hantées par cette pensée, s'éloignent de leur domicile le premier jour de Noël suivant le décès, ou elles prennent leurs vacances ailleurs qu'à l'endroit où elles avaient l'habitude de se rendre avec leur famille. Ainsi, elles évitent de se retrouver dans un contexte familier – avec son constant rappel – qui suscite toujours ce questionnement : « Qu'est-ce qui ne va pas avec cette photo ? »

Mais, finalement, c'est dans la vie quotidienne et ses routines que la plupart d'entre nous devrons nous battre pour construire un monde nouveau à l'intérieur d'un monde connu. Et, après un certain temps, à notre grand étonnement et pour notre plus grand plaisir, nous constaterons que nous nous sentons à l'aise à nouveau.

Dans le monde où j'habite, je trouve la stabilité et un endroit où être.

11 JUIN

Les âmes des justes, elles, sont dans la main de Dieu
Et nul tourment ne les atteindra plus.
Aux yeux des insensés, ils passèrent pour morts,
Et leur départ sembla un désastre,
Leur éloignement, une catastrophe.
Pourtant ils sont dans la paix.

— LE LIVRE DE LA SAGESSE 3,1-3

Ces mots, tirés de l'antique sagesse d'un livre deutérocanonique, semblent aussi contemporains aujourd'hui qu'ils ont pu le paraître au moment où ils ont été écrits la première fois. Nos angoisses, nos perceptions, nos espoirs se répercutent ici, comme ils trouvent un écho dans les écritures de différentes époques.

Il est réconfortant de voir avec quelle constance se sont perpétuées les questions et les réponses relatives à la mort et à l'Au-delà. Si tant de gens, pendant si longtemps, ont cru fermement qu'en mourant nous retournions vers Dieu et trouvions la paix, alors nous pouvons sûrement nous aussi choisir d'espérer – pour nos êtres chers et pour nous-mêmes.

Dans la sagesse des différentes époques, puissé-je trouver consolation et espoir.

12 JUIN

Et puis il y a l'idéalisation. Autre distorsion. Une idéalisation contraire à la nature de cette femme. Bella n'était absolument pas une noble madone, une énigmatique Marie, une mater dolorosa. Elle était une dame de chair et de sang qui n'avait pas peur de s'engager, et dont la vie comportait des douleurs et des souffrances. Un être humain avec des défauts humains. C'est une trahison que de se souvenir uniquement des bons côtés.

— TOBY TALBOT

Ce n'est pas uniquement une trahison. Il faut beaucoup d'énergie pour maintenir ces illusions erronées – une énergie dont nous avons besoin pour terminer notre deuil et nous occuper du reste de notre vie.

Nous pensons peut-être honorer le défunt en exagérant ses belles qualités et en taisant ses côtés moins admirables. On trouve un précédent à cela dans l'exhortation latine : *De mortuis nil nisi bonum*. Des morts on ne doit dire que du bien.

Mais cette approche ne tient pas la route bien longtemps lorsque nous essayons de nous souvenir, dans leur intégralité, des gens dont nous étions proches et que nous aimions.

Que souhaiterions-nous pour nous-mêmes ? Que l'on se souvienne de nous comme des modèles de vertu ? Ou que l'on se souvienne de nous dans notre intégralité, comme les personnes que nous sommes ?

Je célèbre la vie de l'être aimé – avec toutes ses qualités humaines.

13 JUIN

Il me faut apprendre à décapsuler les bouteilles, déplacer les meubles, ouvrir les fenêtres coincées, rentrer seule à la maison, identifier un bruit dans la nuit, manger seule, prendre seule des décisions, gérer seule l'argent, partir seule en voyage, affronter seule les entreprises de service, être malade seule, dormir seule, chanter seule.

— Sonja O'Sullivan

Nous sommes souvent mieux préparés pour affronter les grands événements, tels les anniversaires et les vacances, que nous ne le sommes pour certaines activités plus informelles que nous avions l'habitude de partager avec l'être aimé. Une femme dont l'époux est décédé me disait que, la première fois qu'elle a entendu à la radio une nouvelle importante, elle s'est tournée pour la transmettre à son mari, et c'est à ce moment qu'elle a compris qu'il était parti.

Avec le temps, notre cerveau finira par accepter cette réalité, mais cela ne se fera pas d'un seul coup ; et nous connaîtrons de nombreuses rechutes, des envies désespérées que l'être aimé reprenne sa place habituelle.

Mais, tôt ou tard, l'intense gratitude que nous éprouverons pour tous les moments où il était à nos côtés imprégnera les souvenirs des différentes expériences partagées avec lui. Et nous trouverons la force d'avancer seuls.

Tandis que j'apprends à vivre différemment, puissent les tendres souvenirs me rendre plus fort.

14 JUIN

Dieu ne dit jamais que tu aurais dû venir hier;
Il ne dit jamais que tu dois revenir demain,
Mais, si aujourd'hui tu entends sa voix,
Aujourd'hui il t'entendra...
Il a tiré la lumière des ténèbres,
Et non d'une faible lumière;
Il peut faire naître de l'hiver ton été,
Même si tu n'as pas de printemps.
Toutes les occasions sont bonnes pour sa clémence,
Et tous les moments sont ses saisons.

— John Donne

Que devons-nous faire, que devons-nous croire, pour nous libérer de la souffrance de ce deuil ?

Il n'y a pas d'examen à passer, pas de dogme à soutenir sans y croire. Il y a des gens qui incarnent l'amour à nos yeux. Pouvons-nous croire que nous sommes acceptés, qu'existe dans l'univers une Unicité, un Amour universel, un Dieu – quel que soit le mot, ou l'intuition, qui nous semble possible ? Si oui, confions un peu de notre chagrin à cet Autre, comme un enfant qui, dans l'obscurité, remet à un ami fiable un fardeau trop lourd à porter pour lui.

Nul fardeau n'est trop lourd, ni trop léger.

Nulle angoisse n'est sans importance, ni trop profonde.

J'espère ne jamais me cramponner à mon chagrin avec une force telle que je sois incapable de recevoir de l'aide quand elle m'est offerte.

15 JUIN

Nous nous sommes aperçus que notre cercle d'amis se modifiait... Nous avons eu la surprise et la déception de voir des gens que nous considérions comme de bons amis devenir distants, mal à l'aise et incapables de nous aider. D'autres personnes, qui n'étaient que de simples connaissances, se sont soudainement rapprochées et nous ont aidés à vivre. Le deuil change les règles et réarrange parfois les combinaisons.

— Martha Whitmore Hickman

On dit souvent que les personnes, qui ont le plus de difficultés à parler avec nous de la perte que nous avons subie, se protègent contre leur propre peur du deuil et de la mort.

La question n'est pas de savoir si leur attitude est « correcte » ou « erronée ». Ces personnes n'ont peut-être pas conscience de leur propre anxiété.

Mais il peut être déconcertant de voir que, contre toute attente, des gens sur qui nous pouvions compter par le passé ne semblent pas prêts à nous soutenir avec chaleur, à se montrer compréhensifs ou disposés à rester proches de nous. Ce n'est pas leur « faute ». Mais il est important de reconnaître que ce n'est pas non plus *notre* « faute ». Les circonstances changent. La vie nous offre différentes expériences. Par conséquent, il se peut que nous soyons attirés par des gens qui, auparavant, étaient presque des étrangers, mais qui ont connu des expériences semblables aux nôtres.

Au cours du voyage de ma vie, j'aurai de nombreux compagnons. J'éprouve de la gratitude envers mes amis, anciens et nouveaux, et pour la façon dont nos histoires respectives nous rapprochent.

16 JUIN

Je savais que... l'acceptation totale du caractère définitif de la perte et de toute la souffrance qui l'accompagne n'amoindrissait pas la vie, mais pouvait lui permettre de s'épanouir davantage. Je savais aussi que cela ne pouvait se faire sans passer par les affres du chagrin et du deuil.

— Lily Pincus

Dire que la traversée d'un deuil peut nous permettre de nous épanouir davantage est une affirmation courageuse et difficile à croire pendant un certain temps. Au départ, on ne pense qu'à vivre chaque jour et chaque nuit en conservant un tant soit peu son équilibre. L'idée que cette réalité ait « un côté lumineux » est incroyable, voire choquante.

Comme pour tant d'événements importants de la vie, la sagesse ne vient que plus tard lorsque nous repensons à tout cela, après avoir laissé retomber la poussière et évalué ce qu'il nous reste. Alors, il se peut en effet que nous reconnaissions avoir acquis une certaine sagesse, une solidité nouvelle pour supporter la douleur et l'incertitude.

Mais cela ne vient pas tout de suite et ne peut s'imposer. Et à moins de laisser les divers thèmes et exigences du deuil s'exprimer et suivre leur cours, poser leurs questions et respecter leur tourment, il se peut que nous ne trouvions jamais de solution au problème.

Je n'essaierai pas d'escamoter les étapes du deuil. Je prendrai ce qui se présente une journée à la fois.

17 JUIN

Un jour nouveau s'est levé pour moi, comme si un autre soleil s'était levé dans le ciel ; le firmament était lumineux au-delà de toute expression, et la terre, plus belle encore ; et ce jour n'a pas cessé de briller jusqu'à maintenant.

— Orville Dewey

Lorsque nous sommes enlisés dans un lourd chagrin, pouvons-nous croire qu'un jour comme celui-ci viendra ? Une personne qui se remettait d'une grave maladie disait : « Cela vaut presque la peine d'avoir été malade, car j'apprécie cette merveille que représente le fait de me sentir bien. »

Il faut un certain temps pour que cela se produise. Mais, si nous avons la chance d'avoir de bons amis et une foi qui nous aident dans les temps difficiles, alors viendra le jour où nous redécouvrirons la beauté de la vie autour de nous comme par un nouveau matin de juin – un monde d'une beauté incroyable et qui recèle d'incroyables promesses.

Si vous ne pouvez éprouver tout cela à présent, restez avec votre chagrin. Mais gardez en tête l'espérance qu'un jour, après avoir survécu au pire, vous connaîtrez ce qu'il y a de meilleur et l'apprécierez sans doute de façon nouvelle, compte tenu de ce que vous avez vécu.

Je conserverai en moi l'espérance d'une vie renouvelée et joyeuse.

18 JUIN

Rien ne pouvait vous arrêter. Ni le plus beau jour. Ni le silence. Ni le bercement de l'océan. Vous avez poursuivi votre chemin vers la mort.

— MARK STRAND

Ils étaient à leurs affaires, les mourants. Ils savaient que nous étions là. Ils nous aimaient et souhaitaient nous épargner la souffrance. Oui, ils allaient s'ennuyer de nous. Mais ils avaient déjà tourné les yeux vers un autre paysage, et nous les avons vus s'éloigner.

Maintenant qu'ils sont partis, nous sentons-nous abandonnés ?

Ce serait injustifié. Ils nous aiment encore. Ils ont atteint leur destination.

Avons-nous besoin de leur permission pour les laisser partir ? Ils nous l'ont certainement donnée en mourant.

Ils ont peut-être besoin de notre permission pour être parfaitement à l'aise avec leur départ. Un ami m'a raconté comment, immédiatement après la mort d'un oncle qu'il aimait beaucoup, il a senti que son oncle était là, dans le vestibule à ses côtés, et qu'il posait cette question : « Ça va si je m'en vais, Buddy [le nom de famille de mon ami] ? » Ce à quoi il a répondu : « Oui, ça va. » Alors il a senti l'atmosphère changer, et une sorte de paix et de calme s'est installée.

La mort est un mystère devant lequel les vivants sont spectateurs, mais c'est un mystère qui mérite notre confiance.

19 JUIN

Le fait même d'avoir vécu donne la mesure de l'immortalité ; pour un bébé qui vient au monde, devenir un homme, une femme, engendrer d'autres êtres à son image, est en soi un acte de foi, un geste de défi même. C'est comme si chaque être humain né en ce monde se consumait pendant un court instant, telle une étoile, et, parce que ces points de lumière minuscules brillent dans l'obscurité, la gloire est là, la vie est là.

— Daphné Du Maurier

Si nous réfléchissons aux processus naturels qui ont permis l'apparition de chacun d'entre nous – la sélection génétique, la combinaison d'un ovule et d'un spermatozoïde spécifiques, notre vie utérine et notre entrée en ce monde en tant qu'être autonome ayant la capacité de respirer –, le fait d'être en vie est en soi un miracle de survie et un motif d'émerveillement et de réjouissance. Et il en va de même pour l'apparition de l'être aimé sur terre, les affinités et l'amour qui nous ont réunis sur la même scène, dans la même pièce de théâtre. Nous pleurons le départ de cet être cher, mais imaginez à quel point notre vie aurait été pauvre si nous n'avions pas habité ensemble ce monde ! Tout en espérant poursuivre notre vie commune dans l'Au-delà, nous prenons conscience que le fait de nous être connus et aimés dans ce cadre spectaculaire qu'est la vie n'est vraiment pas négligeable.

Au plus profond de mon être, j'éprouve de la gratitude pour avoir pu partager cette existence avec l'être que j'aime.

20 JUIN

Je suis content que l'écriture [de ce livre] soit terminée. D'une étrange façon, il m'a permis d'éliminer certaines scories. Il m'a appris — bien que je n'en sois pas à ma première leçon — à accepter les joies et les vicissitudes de l'existence, et à tomber en amour encore une fois, avec son étrangeté, sa beauté et sa terreur.

— Alan Paton

Peu d'entre nous écriront un livre, à l'instar d'Alan Paton, pour nous aider à faire notre deuil. Mais bien des gens ont trouvé utile de tenir un journal, un simple carnet dans lequel nous pouvons noter nos pensées et nos questions, et exprimer notre souffrance, afin qu'elle n'envahisse pas constamment notre esprit.

Nous voudrons peut-être, de temps à autre, relire ce journal, pour nous rappeler les hauts et les bas que nous avons connus en suivant notre parcours, ou nous remettre en mémoire une séquence d'événements. Même si nous ne relisons jamais ces pages, elles nous auront quand même bien servi. Le simple fait de trouver les mots pour décrire notre tourment nous aide à le comprendre un peu mieux, à y évoluer en diminuant les risques de s'y enliser, de sorte que nous puissions parvenir à un point où nous pourrons « tomber à nouveau amoureux » de la vie.

Bien sûr, tout le monde n'aime pas nécessairement écrire ; pour certains, ce sera la peinture ou le piano. Toute activité qui nous permet d'ouvrir nos pores émotionnels et les vannes de notre chagrin, et de nous libérer en prévision d'une vie nouvelle, est valable.

Le chagrin est comme un feu purificateur. Il me laissera quelque chose de beau.

21 JUIN

Ce n'est pas au moment où le malheur frappe que vous avez besoin de courage, mais c'est durant la longue ascension qui vous ramène à la raison, à la foi et à la sécurité.

— ANNE MORROW LINDBERGH

Au début, quand le chagrin fait irruption, notre attention est monopolisée, presque malgré nous, par les exigences de la situation. Les formalités et les coutumes indiquant ce qu'il convient de faire, la façon de se comporter, sont assez bien définies ; nous n'avons qu'à mobiliser l'énergie et la volonté suffisantes pour suivre le rythme, faire ce que l'on attend de nous.

Puis les rituels prennent fin, et la vie reprend son cours sous une forme plus libre. Les décisions à prendre n'ont plus rien à voir avec les détails du service funèbre, ni avec l'endroit où dormiront les membres de la famille en visite, mais avec la façon de poursuivre notre route et de réagir dans les moments de silence. C'est alors que nous avons besoin de courage et de force d'âme.

Et nous aurons besoin de ces qualités longtemps, tandis que nous luttons pour reprendre pied sur un chemin qui a radicalement changé. Nous aurons besoin de courage pour cheminer au quotidien, et de confiance dans les objectifs que nous avons définis – ou redéfinis –, maintenant que l'un de nos compagnons n'est plus avec nous.

Donnez-moi du courage pour le long terme, et du courage pour le voyage de chaque jour.

22 JUIN

Le moment présent est significatif, non pas comme s'il était un pont jeté entre le passé et le futur, mais en raison de ce qu'il contient; et ce contenu peut remplir notre vide et devenir nôtre, si nous savons l'accueillir.

— DAG HAMMARSKJÖLD

Durant le deuil, notre esprit est constamment envahi par des souvenirs issus du passé. Certains de ces souvenirs nous ramènent à un monde plus heureux, plus insouciant (en tout cas, c'est ainsi que nous nous le rappelons!), qui existait avant que notre vie soit bousculée par la perte de l'être cher. D'autres souvenirs peuvent évoquer des incidents regrettables, désormais impossibles à « rattraper ». Et, quand nous ne sommes pas plongés dans nos souvenirs, nous nous projetons parfois dans un avenir dont l'espace est perpétuellement vide – des années où nous manquera l'être aimé.

Mais attendez. Il y a le moment présent. Il y a cette journée qui est nôtre.

Pour vous exercer à accueillir le contenu de cette journée, essayez cette visualisation. Restez debout là où vous êtes et imaginez que vous laissez s'en aller tous les résidus du passé, toutes les pensées en lien avec l'avenir; imaginez qu'ils s'éloignent doucement de vous jusqu'à ce qu'ils forment un cercle à vos pieds, comme des vêtements mis de côté. Puis passez par-dessus ces vêtements, entrez dans une autre pièce et regardez autour de vous.

J'essaierai d'être pleinement présent à cette journée, qui est précieuse en elle-même et différente de toutes celles que j'ai vécues ou vivrai.

23 JUIN

Il n'est pas de coutume plus ridicule que celle qui consiste à exprimer sa sympathie une fois pour toutes, une journée précise, à une personne dont la tristesse va durer jusqu'à la fin de ses jours. Un tel chagrin, ressenti aussi profondément, est toujours « présent », et il n'est jamais trop tard pour en parler, jamais répétitif d'y faire allusion à nouveau.

— Marcel Proust

Voilà une question délicate. Certaines personnes ont l'impression qu'en faisant allusion à un « vieux » chagrin, elles vont raviver une blessure qui a peut-être cessé de faire souffrir ou qui, tout au moins, ne fait plus autant souffrir.

Cela dépend peut-être de la gravité de la perte subie. Lorsque celle-ci semble inopportune et irréparable – comme le décès d'un enfant –, le deuil n'est jamais « terminé ». Il passe par différents stades, mais il est toujours là ; et, comme parents, nous apprécions parfois qu'« après tout ce temps », quelqu'un se souvienne d'une douleur qui, pour nous, ne s'en ira jamais.

Mon époux et moi avons éprouvé de la gratitude à plusieurs reprises quand, longtemps après la mort de notre fille, nous rencontrions des amis qui avaient entendu parler de la perte que nous avions subie et qui profitaient de l'occasion pour nous exprimer leur sympathie. Je présume que la plupart d'entre nous préfèrent que les gens prennent le risque d'en faire trop plutôt que d'adopter une attitude de fausse retenue, ce qui nous obligerait à nous demander s'ils sont au courant ou s'ils s'en soucient.

Oui, il se peut que je pleure quand vous m'en parlez, mais votre soutien me fait quand même plaisir.

24 JUIN

Le ciel est le pain quotidien des yeux.

— Ralph Waldo Emerson

La contemplation de l'océan est pour certains la façon idéale d'apaiser leur cœur et leur esprit.

Nous n'avons pas tous la chance de vivre près de l'océan.

Mais nous avons tous le ciel ! Et ses humeurs sont infiniment plus variées, plus fascinantes pour l'imagination, plus merveilleuses, que la mer la plus vaste.

« Quand je regarde ton firmament, écrit le Psalmiste, le travail de tes doigts, la lune et les étoiles que tu as créées ; que sont les êtres humains pour que tu t'en préoccupes, ces mortels pour que tu en prennes soin ? Et pourtant, tu les as créés inférieurs à Dieu et tu les as couronnés de gloire et d'honneur. »

Contempler la création en observant le ciel permet de remettre les choses en perspective, de voir l'œuvre de Dieu dans toute son étendue et de sentir, peut-être, qu'une création aussi complexe, compétente et mystérieuse, nous maintient, nous et l'être aimé, dans la sécurité du plus chaud giron.

Sous la vaste étendue du firmament, devant le spectacle des nuages et des étoiles, l'ordre du monde m'apparaît clairement, et je me sens en sûreté.

25 JUIN

L'avenir ne nous appartient pas encore; il ne sera peut-être jamais à nous. Et si cela devait être, il se peut qu'il se présente sous une forme bien différente de ce à quoi nous nous attendions. Alors, fermons les yeux, n'essayons pas d'apercevoir ce que Dieu nous cache et garde en réserve parmi les trésors de Ses profonds conseils. Rendons-Lui un culte sans voir; faisons silence; attendons en paix.

— François de Salignac de la Mothe Fénelon

Que de temps nous passons à songer avec angoisse à l'absence possible de l'être aimé dans l'avenir, à anticiper tous ces moments que nous avions espéré vivre en sa compagnie, partager avec lui.

Pourtant, l'avenir nous est inconnu. Nous ne serons peut-être pas là lorsque ces événements, accompagnés du chagrin que nous anticipons, se produiront. À quoi bon gaspiller l'énergie de notre vie à nous interroger sur un avenir inconnaissable alors que le monde est là, tout autour de nous, minute par minute, jour après jour? Il y a bien assez de chagrin ici. Mais nous ne sommes pas obligés d'aggraver ce chagrin en nous projetant dans une époque qui échappe à notre connaissance et à notre contrôle.

Je ressens une merveilleuse liberté dès lors que je cesse d'imaginer un avenir rempli de tristesse et que je vis uniquement dans le présent.

26 JUIN

Si tu m'aimes, laisse-moi partir.

— Source inconnue

Je ne sais pas à qui attribuer cette citation. C'est une variante d'une chanson populaire actuelle que j'ai entendue plusieurs mois après le décès de ma fille. Au fil des années, j'ai compris que les chansons qui me trottent dans la tête sont habituellement porteuses d'un message. Dans ce cas-ci, l'air correspondait à une chanson avec laquelle je n'étais pas très familière : « Si tu m'aimes, dis-le moi. » J'entendais plutôt : « Si tu m'aimes, laisse-moi partir. »

S'il est vrai, comme certains l'ont suggéré, que l'esprit du défunt reste près de nous jusqu'à ce qu'il soit sûr que tout ira bien pour nous et qu'il se sente libre de partir, peut-être que ma fille cherchait à me dire quelque chose au moyen de cette idée fugitive qui avait traversé mon esprit. C'est ainsi que j'ai perçu le message à l'époque.

Ce n'est qu'une hypothèse, bien sûr, et qui sait si nous ne projetons pas nos propres besoins dans ces représentations de « ce qui arrive par la suite », ou si nous n'appréhendons pas intuitivement une certaine vérité ?

Mais, quelle qu'en soit la source, quelle que soit la confirmation que nous puissions obtenir ou pas à ce sujet, c'était un bon message à entendre pour moi, à ce moment-là.

Sois bénie, chère disparue. J'espère te rejoindre un de ces jours.

27 JUIN

Depuis que son premier chagrin l'avait entièrement fait naître et éveillée à ce monde, une compassion sans bornes l'habitait, comme un courant tumultueux circulant dans les profondeurs de la terre, grâce à laquelle elle pouvait se connaître, connaître les autres et le monde.

— Wendell Berry

C'est une naissance difficile – cet éveil total que procure le chagrin –, et tous n'en sortent pas grandis. Mais, puisque que l'atteinte de cet éveil nous apporte des récompenses aussi nombreuses qu'il y a d'étoiles dans le ciel, nous avons intérêt à faire tout ce que nous pouvons pour y parvenir.

Qu'est-ce qui peut nous aider ? L'attention que nous portons à nos propres besoins et à notre état d'esprit. La lecture. Le repos. L'acceptation de notre vulnérabilité. Des conseils, peut-être. Une conversation avec des amis compréhensifs. Pour certains, la prière, la méditation, la participation à un groupe de guérison.

Ce qui est sûr, c'est que nous ne serons plus les mêmes. Serons-nous aigris et tristes ou compatissants et, au sens profond, heureux ? Nous n'avons pas entièrement le pouvoir de le décider. Mais le pouvoir que nous avons d'exercer une influence sur le résultat est plus grand que nous ne le croyons. Toute naissance comporte ses souffrances et ses dangers. Mais c'est une nouvelle vie qui est en jeu ici, une nouvelle vie !

J'utiliserai toute la sagesse et la force que j'ai pour bien traverser cette période difficile.

28 JUIN

Elle m'a appris que le deuil est une période qu'il faut traverser, qui doit être vécue pleinement et que, si je laisse libre cours à ma colère contre Dieu durant ce temps, le ciel ne va pas me tomber sur la tête.

— ELIZABETH WATSON

Nous avons parfois de la difficulté à reconnaître que la colère fait partie de notre deuil. Nous sommes peut-être en colère contre les médecins et les infirmières parce qu'ils n'ont pas guéri l'être aimé. Ou qu'ils n'ont pas pu alléger les souffrances. Ou qu'ils ne nous ont pas bien informés.

Peut-être sommes-nous en colère contre l'être aimé – du fait de ne pas avoir déployé tous les efforts nécessaires pour se rétablir ; de ne pas avoir pris soin de lui de façon adéquate ; ou simplement du fait de nous avoir quittés. Peut-être sommes-nous en colère contre nous-mêmes. Ou en colère contre Dieu.

Même si nous ne tenons personne en particulier, ni Dieu, responsable de la mort de l'être cher, nous sommes en colère. Notre vie a été bouleversée. On nous a enlevé quelque chose – ne serait-ce que la paix – que nous voulions conserver.

Comme pour d'autres aspects du deuil, nous devons identifier et exprimer cette colère. Nous devrons peut-être faire preuve de délicatesse avec nos parents et nos amis. Mais il est inutile de s'inquiéter pour Dieu : nous pouvons laisser sortir avec force notre colère.

Ma colère est légitime et se dissipera plus vite si je la reconnais et l'exprime.

29 JUIN

Le jour passe comme une ombre sur le cœur,
Avec tristesse, là où tout était joie.

— STEPHEN FOSTER

Il est parfois difficile de se rappeler à quoi ressemblait notre vie avant que ne survienne la perte de l'être aimé et que le sol ne se dérobe sous nos pieds, exactement comme lors d'un glissement de terrain ou un tremblement de terre.

Pendant un certain temps, nous marquons les événements en nous servant toujours de la même expression : « La première fois depuis que ce malheur est arrivé. » Au départ, ce sont des événements banals et quotidiens : la première fois que je suis allé à l'épicerie, la première fois que j'ai lavé la voiture, la première fois que j'ai fait une sortie au cinéma. Puis viennent les repères saisonniers : le premier 4 juillet, la première fête de l'Action de grâces, le premier anniversaire, et ainsi de suite. La perte de l'être cher jette une ombre qui assombrit tout ce que nous faisons, tout ce qui arrive.

Nous nous demandons s'il en sera toujours ainsi et, si oui, comment nous allons tenir le coup.

La perte de l'être aimé modifiera toute la constellation de notre existence. Cette réalité ne disparaîtra pas. Mais ses contours s'adouciront, et d'autres événements viendront enrichir notre vie, de sorte que ce deuil, qui semblait s'être installé à demeure « au centre de tout », glissera à l'arrière-plan, et que notre cœur éprouvera à nouveau et plus souvent une joie profonde.

Pendant un temps, la tristesse occupe tout le paysage, mais la joie reviendra.

30 JUIN

Il pouvait sentir une main sur son épaule. « Très bien », disait-il doucement. « Très bien. » Appuyé sur son déambulateur, il sentait les regards posés sur lui. « Au revoir », dit-il au cercueil. Puis il s'est retourné avec son déambulateur et s'est éloigné.

C'était une journée ensoleillée — chaude, lumineuse, avec une douce brise venant de l'ouest. La terre était verte. La chaleur du soleil sur son visage et sur ses mains lui faisait du bien.

— Terry Kay

Une étrange quiétude accompagne souvent les rituels funéraires, comme si la création elle-même s'immobilisait dans ce moment de vérité absolue.

Nous tenons notre rôle en donnant peut-être l'impression d'être hébétés, mais ce n'est pas le cas ; nous remplissons simplement notre rôle d'endeuillés. Les rituels sont anciens, mais pour nous l'expérience est nouvelle, pénible et rude.

Par conséquent, ces rituels et ces coutumes sont utiles, car ils nous servent de guides, et les services funèbres donnent un sens à ce qui s'est produit. En plus de nous fournir un contexte de foi dans lequel la perte que nous avons subie peut s'inscrire, les rituels et les coutumes nous aident à gérer l'énergie du chagrin et de la souffrance ; c'est une sécurité à laquelle nous pouvons nous raccrocher lorsque notre monde intérieur est bouleversé.

Et, pendant que le caractère sacré de ce moment se révèle, les bienfaits du soleil chaud, du vent doux et de la terre verte nous réconfortent.

Les moments les plus simples recèlent parfois les vérités les plus profondes.

1ER JUILLET

Je sais bien que rien ne peut consoler d'une aussi douloureuse séparation : la blessure reste toujours là, mais on apprend à supporter la souffrance et à remercier Dieu de ce qu'Il nous a donné, à Le remercier pour les merveilleux souvenirs du passé et l'espoir encore plus extraordinaire en l'avenir.

— MAX MÜLLER

Une femme qui avait connu de nombreuses difficultés au cours de sa vie disait : « Le chagrin que j'ai eu le plus de mal à supporter est cette séparation temporaire d'avec ma fille. » Le fait d'avoir pu, grâce à sa foi, considérer la mort de son adolescente comme une séparation temporaire, l'a beaucoup aidée assurément. Mais bien sûr la présence de sa fille lui manque encore terriblement aujourd'hui.

Croire que l'on puisse « se remettre » d'un deuil est une illusion. La douleur est toujours là, tout comme le fantasme de ce qui aurait pu être. Avec le temps, je suis sûre que la douleur de cette femme a fini par se mêler aux souvenirs heureux de l'enfance et de l'adolescence de sa fille ainsi qu'à l'espérance de leur ultime réunion.

La mosaïque de l'adaptation se précise. Certains jours, c'est le chagrin qui est prépondérant ; d'autres jours, ce sont les souvenirs heureux ; et d'autres jours encore, l'espoir d'être réunis brille de tout son éclat.

Pendant que je pense à la perte de l'être aimé, les fils du deuil, de la mémoire et de l'espoir s'entrelacent mystérieusement.

2 JUILLET

Tous peuvent maîtriser un chagrin sauf celui qui en est affligé.

— William Shakespeare

En général, nous sommes les mieux placés pour déterminer ce que nous devons faire pendant notre deuil. Pour en être sûrs, nous pouvons prêter attention aux petits signes envoyés par nos amis : si nous sommes trop renfermés et isolés, par exemple. Ou peut-être avons-nous besoin des conseils d'un professionnel si nous constatons que nous n'allons vraiment pas bien.

Mais nous ne sommes pas obligés de prendre au sérieux les commentaires de gens, sans doute bien intentionnés mais ignorants, qui laissent entendre que nous sommes trop indulgents envers nous-mêmes ou faibles, parce que nous « n'avons pas encore surmonté cette épreuve », que le mot « encore » fasse référence à une période de six mois ou de six ans après le décès de l'être cher. Chaque deuil a son propre échéancier que seule la personne endeuillée connaît. Et en général le voyage du deuil se déroule lentement et il est souvent retardé.

Quelqu'un a dit un jour qu'il faut sept ans pour s'adapter après avoir perdu un proche. Nous ne sommes pas obligés de nous excuser si le deuil est encore au centre de nos préoccupations après plusieurs mois. Et il n'y a aucune raison d'avoir honte dans des circonstances particulièrement émouvantes, si nous fondons en larmes longtemps après le décès de l'être aimé.

Que répondre à celui qui dit : « Il me semble que tu devrais passer à autre chose à présent ? »

Et la citation de Shakespeare ci-dessus ? C'est une réponse appropriée qui vous permettra aussi de paraître très cultivé !

3 JUILLET

Un soir que je feuilletais un livre, je suis tombée sur une sculpture que nous avions souvent regardée ensemble... Je restais là, hébétée, mais je n'ai pas tourné la page. Des images du passé ont refait surface, et j'ai assisté à une sorte de film sans fin et entendu un chant de victoire... J'ai eu l'impression de m'extirper de sables mouvants. J'étais seule dans ma chambre, mais je l'emplissais de toute ma présence ; j'ai eu l'impression de ne plus être comme les jours précédents. Je recommençais à vivre, d'une certaine façon. Je pouvais à nouveau contempler la beauté.

— ANNE PHILIPE

La beauté du monde nous semble parfois atrocement douloureuse parce que nous sommes très conscients du fait que l'être aimé n'y a plus accès. Comment jouir des parfums et des spectacles que la vie nous offre sans ressentir une vive douleur, alors que l'être cher ne peut plus connaître ces expériences, ni les partager avec nous ?

Aussi est-ce un véritable progrès – et le signe que nous sommes prêts à croire que l'être cher est désormais en de meilleures mains que les nôtres – que de revendiquer dans leur intégralité les sensations qui passent par nos yeux et nos oreilles, le toucher, le goût et l'odorat, sachant que c'est exactement ce que voudrait aussi pour nous l'être aimé.

Il m'appartient de revendiquer la beauté du monde dans son intégralité.

4 JUILLET

Les soirées constituaient le pire des supplices. Le rituel de la boisson chaude, les morceaux de sucre pour les deux chiens, la récitation des prières, l'habitude qu'il avait prise enfant et conservée durant notre mariage : le baiser avant d'aller au lit. J'ai poursuivi le rituel, car cela aussi atténuait la peine et devenait, par son intensité même, une consolation.

— Daphné du Maurier

Les rituels, formels ou informels, nous soutiennent dans les moments les plus difficiles. En premier lieu, ils nous aident à comprendre ce que nous devons dire ou faire. Ils nous procurent un cadre formel dans lequel nous pouvons laisser couler l'inachevé de notre énergie et de notre chagrin – le confort de l'habitude.

Si ce sont des rituels que nous avons partagés avec l'être cher, ils sont encore plus puissants, car ils nous rapprochent de lui en nous permettant de redire certaines paroles que nous avions déjà prononcées et de refaire certains gestes que nous avions faits ensemble.

Et si ces rituels, comme la récitation des prières, ont été historiquement partagés par des familles et des communautés spirituelles, c'est comme si une légion entière de gens se réunissait autour de nous, et nous soutenait dans notre solitude et notre tristesse. Mais, par-dessus tout, il y a la présence de celui ou celle avec qui nous avons partagé intimement ces rituels. Nous « posons simplement les gestes », mais ce sont des gestes sacrés.

En répétant certains rituels de notre vie commune, j'arrive presque à sentir la présence de l'être aimé.

5 JUILLET

Le chagrin que nous éprouvons après un décès est le seul chagrin que nous refusions d'abandonner. Nous cherchons à guérir toutes les autres blessures, nous voulons oublier toutes les autres afflictions, mais nous estimons qu'il est de notre devoir de laisser cette blessure ouverte; nous chérissons cette affliction et la ruminons dans la solitude.

— Washington Irving

Nous considérons peut-être cette idée comme une insulte, une sorte de défense qui consiste à blâmer la victime et laisse entendre que nous exploitons notre deuil, que nous nous y accrochons alors que nous devrions le considérer comme terminé.

Tirons-nous des bénéfices de ce deuil ? Examinons la question.

Nous obtenons beaucoup d'attention et de sympathie de la part de nos amis.

Face à nous-mêmes et aux autres, le deuil peut devenir un prétexte pour ne pas assumer des responsabilités que nous aimerions mieux éluder.

Le deuil – et c'est le plus difficile – peut nous donner le sentiment de rester proches de la personne aimée. Après tout, le décès de l'être cher a constitué notre dernier lien avec lui ; alors pourquoi ne voudrions-nous pas nous y accrocher ?

La sympathie prodiguée par les amis est merveilleuse, et nous en avons besoin. Mais essayez de participer à un groupe de soutien pour personnes endeuillées. Ces gens connaissent nos besoins et nous aident à découvrir si nous nous accrochons au deuil pour conserver l'attention d'autrui.

Oui, nous voulons rester proches de celui ou celle que nous avons perdu(e), mais c'est la *personne* qu'il nous faut retenir dans notre esprit. Revenir sans cesse sur la perte subie peut nous empêcher de le faire.

Je trouve l'espoir dans mon amour, non pas dans l'intensité de mon chagrin.

6 JUILLET

En partant du centre de nous-mêmes, nous découvrons quelque chose qu'il vaut la peine d'élargir jusqu'à la périphérie du cercle. Nous retrouvons un peu de joie dans l'instant présent, un peu de paix dans l'ici, un peu d'amour en moi et en toi, ce qui nous permettra de bâtir le paradis sur terre.

— G. F. SEAR

Nous pensons beaucoup à l'être qui s'en est allé. Nous ruminons nos souvenirs le concernant. Nous nous souvenons des moments où nous étions ensemble. Nous réfléchissons au sens de la mort. Supposons un instant que nous laissions tout cela de côté et que nous revenions vivre dans notre corps, en respirant profondément et en essayant de nous recentrer.

Cela nous ramène non seulement à nous-mêmes, mais nous aide aussi à voir plus clairement le contexte dans lequel nous vivons. Oui, il y a des pans de notre vie dans lesquels la solitude, le sentiment d'avoir subi une grande perte sont omniprésents. Mais, en observant la vie depuis notre centre même, nous découvrons d'autres aspects beaucoup moins affectés par le chagrin. L'air que nous respirons ne passe pas par le filtre de notre tristesse. Les enfants qui jouent dans le champ expriment une joie qui peut être contagieuse.

Cela requiert de l'autodiscipline. Nous sommes toujours tentés de nous laisser happer à nouveau par le chagrin, mais il peut être utile de faire un essai, « d'adopter » une vision du monde où le chagrin n'est qu'une partie et non la totalité du réel.

J'ai un certain contrôle sur la façon dont je laisse la tristesse gouverner ma vie.

7 JUILLET

Car nous avons partagé de nombreux chagrins qui se transforment aujourd'hui en véritable amour et en joie lorsque nous nous rencontrons.

— May Sarton

D'où vient que notre cœur se réjouisse quand nous rencontrons de nouveau des gens avec qui nous avons partagé un chagrin ?

Nous avons tous entendu parler de la culpabilité du survivant – une personne se demande pourquoi elle a été épargnée alors qu'une autre a péri.

Après avoir consacré un certain temps à la guérison de nos blessures, nous découvrons peut-être quelque chose qu'on pourrait appeler la joie du survivant, non pas dans le sens jubilatoire ou triomphateur, mais comme une simple reconnaissance du fait que, après avoir traversé de graves épreuves et connu l'angoisse, nous avons survécu et pu transformer notre deuil en une vie productive et joyeuse dans une large mesure. Nous avons traversé le feu sans avoir été détruits. Nous sommes bel et bien nés une deuxième fois. Car, au moment où l'être cher est décédé, quelque chose en nous est mort également : une certaine attente ou l'espoir d'un avenir commun. Et, des cendres de ce rêve détruit, une nouvelle vie a surgi pour nous.

Et lorsque nous rencontrons une personne qui a connu la même réalité – surtout si c'est quelqu'un avec qui nous avons partagé un chagrin dans le passé –, eh bien, il est tout naturel de déborder d'amour et de jubiler ! Comment faire autrement ?

Dans la confrérie de ceux qui ont su renaître après un deuil, nous sommes tous frères et sœurs.

8 JUILLET

Dans un ultime espoir, je pars à sa recherche et j'explore tous les recoins de ma maison. Je ne la trouve pas.

Ma maison est petite et, une fois qu'une chose en est sortie, on ne peut jamais la retrouver.

Mais infinie est ta demeure, Seigneur, et, en la cherchant, je suis parvenu à ta porte.

— Rabindranath Tagore

Au cours de notre vie, nous nous rendons dans certains lieux où nous avons été avec l'être aimé et, à chaque endroit, nous ressentons de nouveau un pincement au cœur, la douleur de la perte.

Je me rappelle qu'après le décès de ma fille, je mesurais souvent le niveau de mon courage ou de mon désespoir par le degré d'ouverture que j'accordais à la porte de sa chambre. Quand je gardais la porte presque complètement fermée, cela indiquait une très mauvaise journée – je ne pouvais pratiquement pas supporter la vue de son environnement habituel. Les mois passant, j'ai pu ouvrir la porte davantage et, finalement, la laisser ouverte et appuyée contre le mur. Je suis perplexe, aujourd'hui en y repensant, mais, à l'époque, cela ne m'étonnait pas du tout. Je livrais un combat désespéré pour ne pas succomber au chagrin.

Mais ces lieux, où nous nous retrouvons par hasard ou que nous évitons, ne sont plus les lieux de résidence de nos êtres chers. Partis à leur recherche, nous arrivons aux portes de l'Inconnu, que nous pouvons franchir seulement en imagination. Est-il possible de croire qu'en cet autre monde, Celui qui sait mieux que nous prenne soin d'eux ?

Dans l'univers que nous partageons, j'ai la certitude que l'être cher est en sécurité.

9 JUILLET

Le temps ne guérit pas le véritable chagrin… Il l'approfondit, si tant est qu'il fasse quelque chose. Plus longtemps nous vivons, plus nous prenons conscience de ce qu'elle représentait pour nous, et plus nous ressentons profondément ce que son amour signifiait pour nous. L'amour vrai et profond est, comme on le sait, très discret ; il semble facile et évident, et tellement présent que nous le prenons pour acquis. Par conséquent, ce n'est souvent qu'en y songeant plus tard — ou mieux encore grâce à notre mémoire — que nous prenons pleinement conscience de son pouvoir et de sa profondeur. Oui, de fait, l'amour se dévoile souvent à travers la souffrance.

— Henri Nouwen

Au départ, cette idée fait peur. Approfondir le chagrin ? Vais-je donc ne jamais me sentir mieux ?

Une grande partie du sens de l'existence de l'être aimé est distillée, passée au crible de la mémoire et de l'expérience faisant suite à sa mort. De nouveaux éclairs de compréhension surgissent, de nouvelles évaluations apparaissent, accompagnés du retour des pincements au cœur et du vif désir que l'être cher soit encore à nos côtés.

Mais ce processus continu est aussi la promesse que, d'une certaine façon, les êtres aimés ne nous quitteront jamais ; leurs vies continueront à nous alimenter et, oui, à nous changer ; et c'est ainsi qu'ils seront toujours avec nous, dans cette dépendance réciproque de l'amour.

L'être aimé sera avec moi dans ces moments doux-amers où s'approfondit notre relation.

10 JUILLET

Je découvre lentement, avec douleur, que mon refuge n'est pas chez ma mère, ma grand-mère ou même chez les oiseaux de la Bear River. Il est dans ma capacité d'aimer. Si je peux apprendre à aimer la mort, alors je pourrai commencer à trouver refuge dans le changement.

— TERRY TEMPEST WILLIAMS

La suggestion peut sembler grotesque au départ – « apprendre à aimer la mort » ? La mort qui représente l'Ennemi pour la plupart d'entre nous ?

Ce que l'on nous demande – à nous que le chagrin a rendus très sensibles –, c'est peut-être d'aimer La Vérité, d'aimer tout ce qui est. Ainsi, du fond du cœur, nous pouvons peut-être embrasser, avec tout notre amour, même ce qui nous a causé de grandes souffrances.

Si nous y arrivons, alors nous ne serons plus emprisonnés derrière les murailles du déni et de la colère ; nous arrêterons de nous cogner la tête et les mains contre l'inéluctable. Nous pourrons accepter ce qui s'est produit et apprécier cette vie qui est la nôtre.

J'essaierai d'ouvrir mes mains, et aussi mon cœur, à la vie telle qu'elle est aujourd'hui.

11 JUILLET

Les randonneurs parlent des « kilomètres du milieu ». Ce sont les kilomètres les plus épuisants et les plus difficiles sur le sentier, lorsque l'enthousiasme du début de la randonnée s'est transformé en corvée et que l'approche de la dernière étape n'a pas encore insufflé aux marcheurs une énergie nouvelle.

— Henry E. Woodruff

Le parcours du deuil est très différent de l'ascension héroïque d'une montagne. Il y a pourtant des étapes qui nous rappellent notre propre ascension pour sortir de la vallée du désespoir. Durant les premiers jours et les premières semaines du deuil, nous recevons généralement beaucoup d'aide : nos amis nous témoignent de la sollicitude ; il y a les réunions dans notre communauté religieuse, les mains tendues.

Puis nous entreprenons le long voyage, aussi tristes qu'avant, mais davantage isolés. Nous nous demandons si notre énergie et notre appétit de vivre reviendront. Nous remarquons que la plupart des gens qui vivaient un deuil se sentent mieux. On nous dit que nous connaîtrons aussi ce changement et, dans notre tête, nous y croyons peut-être. Mais les jours et les semaines s'éternisent, et nous ne sentons s'instiller en nous aucune lumière ni joie.

Comme les randonneurs parcourant les « kilomètres du milieu », nous devons poursuivre notre route en sachant qu'un jour nous atteindrons le sommet de notre vie à nouveau. Regardant derrière, nous nous émerveillerons alors en contemplant le chemin parcouru.

Je crois en l'existence du sommet de la montagne même quand je ne peux le voir.

12 JUILLET

Le deuil enseigne l'hésitation aux esprits les plus stables.

— Sophocle

À qui le dites-vous ! On dirait parfois que nous sommes incapables de prendre les décisions les plus simples. Ou alors nous décidons et puis nous nous tourmentons à propos de cette décision : était-ce bien sage ? Nous dressons la liste de toutes les autres possibilités, nous les examinons en détail, comme si la décision n'était pas déjà irrévocable.

Ce n'est pas étonnant. Notre univers est devenu soudainement chaotique en raison de la mort de l'être cher ; alors pourquoi ce désordre ne contaminerait-il pas tout le reste ? Ce qui est surprenant, ce n'est pas d'être désorientés à l'occasion, mais de pouvoir agir systématiquement en toute chose.

Cela passera, bien sûr. Nous nous sentirons ancrés dans le réel comme avant. Dans l'intervalle, nous pouvons accepter cette phase de fluctuation et essayer de remettre à plus tard les décisions importantes, ou consulter des amis au sujet de ces décisions. Aux premiers stades du deuil, ce n'est pas le moment de vendre sa maison ou de décider d'un changement professionnel majeur !

Bien sûr mon esprit me joue parfois des tours. Je retrouverai ma stabilité et mon bon sens dans quelque temps.

13 JUILLET

À présent, il se réveillait le matin avec autre chose dans le cœur que de l'appréhension. Pas exactement du bonheur, pas un enthousiasme devant le jour nouveau, mais une sorte d'envie d'être enthousiaste, le désir d'être heureux.

— Jon Hassler

Cela nous vient de façon tellement progressive que nous remarquons à peine le changement — ce passage de la vallée du désespoir, où le futur semble perpétuellement sombre, à une terre plus agréable. Puis, un jour, il se peut que nous nous disions intérieurement : « Attends. On dirait que c'est différent ! » Au lieu d'un paysage triste, traversé par quelques rares moments de joie, nous découvrons un espace où nous sommes contents la plupart du temps. Les périodes d'affliction sont maintenant l'exception et non la règle.

Sans le savoir, nous sommes entrés discrètement dans un pays nouveau. Cela nécessitera une certaine adaptation. Nous aurons bien sûr des rechutes, qui, à vrai dire, ne sont pas du tout des rechutes, mais une façon de continuer à approfondir les schémas cérébraux qui nous définissent depuis que l'être aimé s'en est allé. Mais ce changement peut susciter notre étonnement et notre gratitude ; il peut aussi nous inciter à attendre tranquillement pour voir quelle autre forme de sagesse et de connaissance de soi pourrait se manifester.

J'accueille, comme un bienfait de l'être aimé, le retour de la lumière et de la joie dans mon existence.

14 JUILLET

On ne guérit d'une souffrance qu'à condition de l'éprouver pleinement.

— MARCEL PROUST

Éviter la souffrance du deuil est impossible. Pour pouvoir intégrer cet événement à notre vie, nous devons aller au cœur de notre souffrance en gardant les yeux ouverts.

Nous serons peut-être tentés d'agir autrement, pour nous épargner cette douleur.

Cela ne fonctionne pas. Ce que nous essayons d'éviter restera et exigera son dû ; la souffrance augmentera comme les intérêts impayés d'une dette, et nous ajouterons au fardeau de la perte l'effort nécessaire pour tenir la souffrance à distance.

Il va de soi que nous pouvons prendre des « moments de répit » autant que possible, et nous en avons besoin si nous voulons garder intacte notre santé émotionnelle. C'est un subtil équilibre à maintenir que de savoir quand chercher une diversion et quand laisser la perte de l'être aimé prendre toute la place.

Nous y arrivons par essais et erreurs. Quand la pression augmente peu à peu, quand nous avons le sentiment d'être harcelés par une idée inexprimée, il est temps de relâcher cette pression en prêtant attention à notre tristesse. Il n'est pas nécessaire de faire cela seuls. Un ami peut parfois écouter, sans essayer de minimiser notre chagrin ou de nous accabler de conseils bien intentionnés. Un groupe de soutien pour les endeuillés est particulièrement utile – on y rencontre des gens qui comprennent notre besoin d'en parler –, encore et encore.

Je prêterai attention à mon chagrin ; c'est ma seule issue vers une vie nouvelle.

15 JUILLET

Quand je présente [mes] questions à Dieu, je ne reçois pour toute réponse qu'une sorte de « mutisme » assez particulier. Ce n'est pas une porte verrouillée. C'est plutôt comme un regard empreint de compassion lancé en silence. Comme s'Il hochait la tête, non pour refuser de répondre mais pour écarter la question. Quelque chose comme : « Du calme, mon enfant; tu ne comprends pas. »

— C. S. Lewis

Il semble parfois que nous espérons par-dessus tout ne *pas* comprendre. Car, lorsque nous sommes au plus bas, nous avons le sentiment que la prise de conscience de la futilité de la vie et que le caractère apparemment définitif de la mort pourraient presque nous submerger.

Il vaut mieux reconnaître les limites de notre compréhension, apprécier les récits de foi et d'intuition qui se présentent à nous, et attendre ! Nous sommes si près. Et si une personne, qui voudrait contempler « La création d'Adam », le magnifique tableau de Michel-Ange installé dans la chapelle Sixtine, s'approchait tellement qu'elle ne pourrait voir que deux doigts qui se touchent ? Une vue imprenable, mais seulement sur une toute petite partie de l'ensemble.

Il n'y a pas de réponses à nos questions. La vraie question en est une de confiance.

16 JUILLET

Si nous pouvons choisir un endroit propice pour pleurer, que ce soit à la maison ou avec quelques personnes très compréhensives, peut-être nous sentirons-nous plus à l'aise. Mais si c'est impossible — si nous sommes dans une église et qu'un hymne nous émeut à l'improviste ; ou si nous assistons à un match de football, dans un stade où nous sommes déjà venu en compagnie de notre fils ou de notre fille aujourd'hui décédé(e), et que ce souvenir nous revient en mémoire —, eh bien, la terre est notre demeure, et nous pouvons pleurer où nous voulons.

— MARTHA WHITMORE HICKMAN

Parmi les fardeaux qui viennent s'ajouter et dont nous n'avons pas besoin quand nous vivons un deuil, il y a celui qui consiste à attendre, conformément à un certain code, le bon moment et le bon endroit pour pleurer. Pour une raison ou une autre, nous sommes gênés si nous sommes submergés par un chagrin dans un lieu public.

Que cherchons-nous à prouver ?

Quand avez-vous vu une personne fondre en larmes et eu, pour cette raison, une mauvaise opinion à propos de celle-ci ?

Si vous voyez un étranger au bord des larmes, quelle est votre réaction ?

Voyez ! Nous sommes prêts à témoigner de l'empathie à une personne étrangère, mais nous acceptons plus difficilement de recevoir l'empathie des autres.

Voyez ! Nous sommes ensemble en ce monde, et nos cœurs se rapprochent de la personne qui est triste.

Ne pourrions-nous pas faire preuve de courtoisie aussi envers nous-mêmes ?

Je m'accorderai volontiers la permission de pleurer, même en public !

17 JUILLET

Même si les souvenirs du défunt sont moins nombreux durant les heures de veille, ils peuvent revenir en rêve. Ces réunions, dont l'imagerie est souvent saisissante, sont quelquefois réconfortantes.

— Mary Jane Moffat

Nous souhaitons parfois rêver à l'être aimé afin de rester en contact avec lui. Ces rêves peuvent être quelquefois effrayants. Mais on peut sans doute leur accorder un certain crédit.

Peu de temps après le décès de ma fille survenu à la suite d'une blessure à la tête subie lors d'une chute, j'ai rêvé que j'étais sur le pont supérieur d'un navire et que je voyais deux brancardiers portant une civière, qui montaient l'escalier et se dirigeaient vers moi. Sur ce brancard gisait une jeune femme. Elle était inconsciente, la tête penchée sur le côté. Les deux hommes l'ont amenée tout près de moi. Ils m'ont assurée que tout irait bien pour elle; puis ils ont attiré mon attention vers le pont inférieur, en bas de l'escalier, où étaient réunis des gens autour d'une table à pique-nique. J'ai regardé la scène. Ces gens étaient des membres de ma famille; ils levaient les yeux vers moi et attendaient que j'aille me joindre à eux, ce que j'ai fait.

L'ambiance du rêve était assez neutre, plutôt sereine. Cela m'a étonné en y repensant de voir à quel point la scène était précise et le message, clair : « Elle va bien. Retourne vers les vivants; ils ont besoin de toi. »

Mes rêves sont un moyen de comprendre et de grandir.

18 JUILLET

J'étais parfaitement en paix, à l'aise et au repos, si bien que rien sur terre n'aurait pu m'affecter.

Cela n'a duré qu'un temps, et puis j'ai changé… J'ai senti que seuls la foi, l'espoir et l'amour pouvaient me procurer un certain bien-être et me réconforter et, à la vérité, j'en avais très peu. Et puis, Dieu a redonné à mon âme soulagement et repos… Et puis, j'ai encore ressenti de la douleur, et ensuite de l'allégresse et de la joie, et ainsi de suite, encore et encore. Je dirais une vingtaine de fois.

— JULIENNE DE NORWICH

Juste au moment où nous croyons avoir retrouvé la maîtrise de nous-mêmes et être capables de gérer la situation, nous voilà soudainement plongés à nouveau dans le désespoir. Où sont passées cette assurance soigneusement cultivée et cette confiance, qui nous habitaient une dizaine de minutes plus tôt ?

La meilleure chose à faire est de prendre notre mal en patience, en sachant qu'un peu plus tard, notre situation connaîtra une évolution positive, du moins pour un certain temps. Il est réconfortant de savoir que même les saints ont connu des périodes où ils souffraient et se sentaient seuls.

Après quelque temps, ces changements d'humeur s'apaiseront ; ils seront moins prononcés et moins alarmants, bien qu'il soit normal pour un être humain sensible d'être affecté par les souffrances et les joies de l'existence. Il ne sert à rien de nous culpabiliser à propos de nos états dépressifs. Si nous pouvons faire quelque chose pour les changer, très bien. Sinon, attendons ; ils passeront.

J'accepte mes changements d'humeur comme faisant partie du processus de guérison.

19 JUILLET

Au-dessus de nulle part, ce qui est partout forme une voûte.

— MARIA RAINER RILKE

Je me souviens d'un jour très froid où je cherchais ma route dans un secteur de Minneapolis ne dépassant pas un demi-kilomètre carré. C'était une fin d'après-midi hivernale. Je pouvais apercevoir le sommet de l'édifice où je souhaitais me rendre mais, tandis que je marchais d'un pas pressé dans sa direction en contournant les immeubles qui faisaient obstacle sur ma route, je le perdais sans cesse de vue. Si seulement j'avais pu voir la ville d'en haut, j'aurais pu comprendre l'arrangement des rues et trouver mon chemin.

Quand nous sommes en deuil, nous avons parfois l'impression d'avancer (ou d'être poussés) dans la vie à l'aveuglette, totalement coupés d'une réalité ou d'une signification plus globale. C'est un peu le sentiment qu'on éprouve lorsque l'on perd la page d'un livre. Comment retrouver cette page et le fil de l'histoire ?

Pendant un certain temps, nous en serons probablement incapables. La perte que nous avons subie occupe toute notre attention, au point que nous n'arrivons plus à voir au-delà ni autour d'elle.

Nous allons devoir être patients avec nous-mêmes. Avec le temps, nous serons capables de trouver notre chemin dans le labyrinthe et prêter attention à nouveau aux autres chapitres du récit de notre vie. Mais il n'est pas nécessaire ni utile de se presser. Le « partout » qui flotte au-dessus du « nulle part » ne disparaîtra pas. Une fois prêts, nous le verrons.

Même quand je ne peux voir le soleil, je sais qu'il est là.

20 JUILLET

C'est comme si l'intensité du deuil faisait fondre la distance entre soi et le défunt. Ou peut-être est-ce une partie de soi qui meurt, en réalité. Comme Orphée, on essaie de suivre le défunt au début de son voyage. Mais on ne peut comme Orphée aller jusqu'au bout et, après avoir effectué un long périple, on revient. Et, si on a de la chance, on renaît.

— Anne Morrow Lindbergh

Quand nos compagnons de route quittent soudainement la scène, nous avons envie de les suivre. Alors nous nous mettons en route. S'ils sont partis dans l'Au-delà, eh bien, nous essaierons de les suivre jusque-là. Pas en nous suicidant, mais en imagination, la plupart du temps : nous allons les suivre « de l'autre côté du fleuve », nous franchirons « les portes du Ciel » pour entrer dans le monde lumineux de l'esprit.

Après un certain temps, nous prenons conscience de la futilité de cette recherche. Nous sommes perdus en forêt, nous les appelons, et ils ne sont pas là.

Abandonner cette recherche pour revenir dans ce monde constitue une transformation radicale extrêmement significative. Il n'est pas exagéré de parler de renaissance. Nous avons quitté un demi-monde qui ne mène nulle part et, une fois transformés, nous avons renouvelé notre engagement envers la vie.

Ma décision de vivre « un jour à la fois » signifie aussi « un monde à la fois ». Mais, là où se trouve l'être aimé, une part de mon esprit vit et attend.

21 JUILLET

... Tous ceux qui essaient de s'en sortir seuls,
Trop fiers pour être redevables de leur soulagement,
Sont absolument sûrs d'échouer.

— Robert Frost

Ceux-là qui, par orgueil ou pour toute autre raison, tentent de s'en sortir seuls, connaîtront des temps difficiles.

C'est particulièrement vrai lorsqu'il s'agit de composer avec la perte d'un être cher. Nous nous sentons déjà seuls, car l'être aimé nous manque. Il est évident que personne ne peut combler cet espace particulier, et nous ne le souhaitons pas non plus ; mais, à cause de ce vide, le besoin de relations d'amour et de soutien, dans les autres aspects de notre vie, se fait plus pressant.

Le travail du deuil est difficile, et nous avons besoin de gens pour nous aider : nous écouter, nous soutenir, évoquer avec nous la personne aimée, nous faire profiter de leur sagesse.

Il y a cette histoire d'une petite fille qui, après avoir rendu visite à son amie, est rentrée plus tard que prévu à la maison. À sa mère qui lui demande la raison de ce retard, l'enfant répond :

– J'ai aidé Jane. Sa poupée s'est brisée.

– Tu l'as aidée à la réparer ? lui demande sa mère.

– Non. Je l'ai aidée à pleurer, lui répond l'enfant.

Nous avons tous besoin que des gens nous aident à pleurer.

22 JUILLET

Il n'est pas facile de vivre en conservant un esprit religieux; le croyant est en permanence sur une mer qui a 70 000 brasses [128 000 mètres] de profondeur... Ce n'est pas un mince exploit que de flotter sur une mer dont la profondeur est de 70 000 brasses, loin de tout être humain qui pourrait nous aider à être heureux; mais ce n'est pas difficile et pas du tout religieux de nager en eau peu profonde avec une foule de personnes... Peu importe si l'homme religieux passe ou non un long moment sur cette vaste étendue, rien ne dit qu'il reviendra peu à peu vers la terre ferme. Il peut devenir plus calme, atteindre un sentiment de sécurité, aimer les plaisanteries et apprécier l'esprit joyeux. Mais, jusqu'au dernier moment, il n'en flotte pas moins sur une étendue d'eau dont la profondeur atteint 70 000 brasses.

— SOREN KIERKEGAARD

La perte d'un être cher nous rend particulièrement attentifs au monde de l'esprit. Et, en même temps, nous avons le sentiment d'avoir rompu nos amarres. Métaphoriquement parlant, nous sommes « en mer ».

Ces phrases de Kierkegaard peuvent peut-être nous aider. De fait, nous nous maintenons à flot sur une eau profonde, avec toutes nos questions sur le sens de la vie et la nature de la mort. Nous n'avons jamais maîtrisé la situation même si nous avons cru l'avoir fait.

Alors, après un certain temps, tandis qu'un grand nombre de questions tournent encore dans notre tête, nous apprenons à faire confiance à la mer : nous savons qu'elle nous permet de flotter et qu'elle supporte notre poids.

Je me reposerai sur l'océan de l'inconnu, confiant de pouvoir suivre sans danger le mouvement de cette masse d'eau qui se soulève et s'abaisse.

23 JUILLET

Les gens en deuil doivent s'attaquer au problème de la mort avant de pouvoir revivre. Le deuil peut s'étirer sur des années et des années. Il ne se termine pas au bout d'un an; c'est une idée sans fondement réel. Le deuil prend fin en général le jour où les gens se rendent compte qu'ils peuvent vivre à nouveau, qu'ils peuvent concentrer leurs énergies sur leur vie dans son ensemble et non pas sur leur blessure, leur culpabilité et leur souffrance.

— ELISABETH KÜBLER-ROSS

Personne ne nous demande d'oublier, de tourner le dos à tout ce que nous avons chéri et aimé chez la personne que nous avons perdue. Même si nous le voulions, nous en serions incapables.

La tâche qui nous attend – et cela peut prendre beaucoup de temps – consiste à intégrer ce chagrin et cette perte à notre vie, de sorte que celle-ci ne soit plus dominée par le deuil. Ce ne sera plus notre première pensée en nous réveillant le matin, ni notre dernière pensée au moment de nous endormir.

Un enfant disait à sa mère, à propos de la vague de sympathie à la suite du décès de son père : « Il y a tant de bonnes choses. Il n'y a qu'une mauvaise chose. »

La « mauvaise chose » sera toujours là, mais, dès lors qu'elle commence à prendre sa place parmi les bonnes choses que la vie nous offre, nous sommes sur la bonne voie.

Même dans ma tristesse, je serai prêt à connaître une nouvelle aventure.

24 JUILLET

Mon cœur se crispe dans ma poitrine...
Alors j'ai dit : « Ah, si j'avais des ailes de colombe !
Je m'envolerais pour trouver un abri. »

— Psaumes 55,5-7

Même dans notre « vie normale », il y a des moments où nous aimerions nous envoler, partir en un lieu où nous ne serions plus obligés de supporter la pression qui s'exerce sur nous. À présent, alors que les rappels de la perte que nous avons subie nous attendent à chaque tournant, l'envie de fuir peut nous sembler irrésistible.

Nous avons probablement connu des gens qui ont essayé de le faire. Durant mon enfance, j'ai entendu mon père dire à propos d'un ami de la famille devenu alcoolique : « Il n'avait jamais bu jusqu'à ce que son fil meure. » Une tentative de fuite.

Ou alors nous avons lu ce commentaire à propos d'une personne qui s'est suicidée : « Elle était déprimée depuis la mort de son époux. »

Comme nous vivons aussi un deuil, nous pouvons comprendre ce désespoir, même si le recours à de tels moyens ne résout rien et ne fait qu'augmenter l'angoisse de la famille et des amis.

Mais il se peut que nous ayons besoin d'un répit, d'un voyage, peut-être. Un changement dans notre routine. Un nouveau travail même. Quelques mois après la mort de ma fille, en plus de mon travail d'écriture comme pigiste, j'ai accepté un emploi à temps partiel en après-midi. Je l'ai conservé pendant cinq ans. Je me souviens du premier après-midi où je me suis rendue à mon travail en voiture ; j'ai tout de suite éprouvé un soulagement à l'idée de faire quelque chose de neuf, en compagnie de personnes amicales.

Je choisirai mes vols soigneusement, mais où puis-je aller ?

25 JUILLET

J'ai dû lutter seule ; tout ce que je savais, c'était que la mort de mon père m'incitait à poser des questions pour lesquelles je ne trouvais pas de réponse ; or je vivais dans un monde où l'on croyait qu'il y avait une réponse pour chaque question. Je crois, moi aussi, qu'il n'est pas de questions sans réponses, mais que ces réponses ne peuvent être formulées en termes scientifiques, ni illustrées par des faits démontrables.

— MADELEINE L'ENGLE

Nous serons comme des chats qui courent après leur queue si nous pensons répondre de façon rationnelle à toutes les questions que nous pose la mort.

Eh bien, où sont les réponses, si ce n'est dans la réalité ?

Peut-être dans un soudain sentiment de paix au cœur d'un après-midi agité.

Ou dans une visite inattendue et la chaleureuse étreinte d'un ami qui nous dit : « Je passais tout près et je voulais simplement savoir comment tu allais. »

Peut-être dans le bruissement des feuilles d'un arbre au cours d'un après-midi par ailleurs paisible.

Ou dans le récit d'une expérience de mort imminente qui a transformé la vie d'une personne.

Ou dans certains mots d'un livre qui semblent s'adresser directement à vous.

Mon esprit relève des indices que mon mental n'avait peut-être pas repérés.

26 JUILLET

La maladie est la face sombre de la vie, une citoyenneté plus pénible. Tous les vivants détiennent une double citoyenneté, l'une dans le royaume de la santé et l'autre dans celui de la maladie.

— SUSAN SONTAG

Une des raisons qui explique pourquoi la mort d'un proche nous bouleverse aussi profondément, c'est que cet événement dramatique nous tend un miroir et nous dit : « Toi, aussi. » Une telle perspective peut parfois sembler intéressante, notre désir de rejoindre l'être aimé étant si fort, et l'aversion que nous éprouvons à l'idée de vivre sans cette personne, si grande.

Pourtant, nous hésitons à faire face à notre propre vulnérabilité et à la perspective de notre propre mort. Nous entendons tous les jours parler de la mort, nous la côtoyons parfois de très près durant la maladie, la nôtre et celle de nos êtres chers ; mais, quand la mort s'introduit dans notre famille et chez nos proches, elle parle un langage différent et plus intime. Les mystères et les dilemmes de la mort posent leurs questions récurrentes : Y a-t-il une vie Au-delà ? Sommes-nous en contact l'un et l'autre d'une manière intime ? Nous connaissons-nous nous-mêmes ? Ou intégrons-nous une forme d'énergie cosmique gigantesque ?

Il n'y a pas de réponses assurées à ces questions. La meilleure réponse, comme le meilleur hommage que nous puissions rendre à l'être aimé, consiste à vivre pleinement notre vie, un jour à la fois.

Je suis un citoyen de cette journée-ci. Demain apportera ses propres exigences, ses propres présents.

27 JUILLET

L'enfer, madame, c'est de ne plus aimer.

— Georges Bernanos

Les manifestations d'amour de celui ou celle que nous avons perdu(e) nous manquent, bien sûr. Et notre amour pour cette personne continue, lui aussi. Où pourrions-nous le mettre ? Nous le dirigeons dans les airs, espérant qu'il trouve sa cible d'une manière ou d'une autre.

Ça pourrait être pire ! Imaginez ce que ce serait si, durant notre deuil, nous étions non seulement incapables d'aimer l'être disparu, mais incapables aussi d'exprimer toute notre affection aux êtres chers venus nous réconforter.

On dit de la musique qu'elle est un langage universel. L'amour en est un autre. Mais il a besoin d'un réapprovisionnement constant, et nous pouvons nous estimer chanceux si notre expérience nous permet de remplir à nouveau ce réservoir d'amour.

Tandis que la séparation physique d'avec l'être qui nous est cher provoque notre chagrin, nous pouvons peut-être imaginer cette personne et nous-mêmes entourés par un amour dans lequel toute la création réside, vit et évolue.

Je peux offrir aux autres mon amour, particulièrement lorsque j'ai du chagrin.

28 JUILLET

Dieu, bénis pour moi le jour nouveau,
Qui ne m'a jamais été accordé auparavant;
C'est pour honorer Ta propre présence
Que tu m'as donné ce temps, ô Dieu.

— Prière celtique

Quand nous sommes en deuil, nous avons de la difficulté à considérer le jour naissant comme une nouvelle occasion de vivre et de nous épanouir. Nous supportons le poids d'un tel chagrin. Ce chagrin alourdit toutes nos actions et toutes nos pensées. C'est donc uniquement par un acte de volonté que l'on peut tenter de percevoir cette journée comme un nouveau départ, une circonstance opportune.

Mais essayez. Une bonne façon de commencer consiste à nous concentrer, non pas sur nous-mêmes mais sur les heures à venir, comme si elles étaient des visiteuses inconnues, et aussi sur le nom, quel qu'il soit, que nous donnons à la source qui nous a donné la vie, l'amour, la beauté et de précieuses relations humaines.

Assoyez-vous dans un endroit tranquille et fermez les yeux; en respirant profondément, essayez d'entrer en contact avec ce qu'il y a de plus calme en vous : un lieu de tranquillité et de silence. Vous pouvez ensuite répéter lentement la prière celtique mentionnée en haut de cette page. Énumérez les heures de la journée. Si vous savez ce que vous allez faire à un moment précis, essayez de projeter un peu de cette paix dans cette activité, comme pour une bénédiction. Peut-être vous en souviendrez-vous quand cette heure viendra.

Puisse ce jour être un jour nouveau pour moi.

29 JUILLET

À ne me trouver point, d'emblée garde courage,
À me manquer en tel lieu, cherches-en un autre,
Je suis en arrêt quelque part, t'attendant toi[5].

— Walt Whitman

Où sont passés les défunts ? Où pouvons-nous les trouver ?

Nous nous épuisons à poser ces questions, et pourtant nous continuons. Nous cherchons au dernier endroit où nous les avons vus. Nous retournons sur leurs lieux de prédilection, espérant y retrouver la sensation de leur présence.

Il se peut que nous y trouvions ce que nous cherchons. Et, si c'est le cas, cela peut nous rendre tristes, ou heureux.

On ne peut rien prédire. Des gens disent avoir rencontré l'esprit de l'être aimé dans des lieux qu'ils avaient visités ensemble, ou en des endroits avec lesquels ils n'avaient créé aucun lien.

On dirait parfois qu'on ne remarque que leur absence. D'autres fois, on a l'impression de pouvoir les interpeller, ou presque. Et, de temps à autre, ils nous surprennent.

Un ami m'a raconté comment, alors qu'il jouait de l'orgue dans une église où il était seul, il a senti la présence d'une jeune femme décédée plusieurs mois auparavant, une présence si forte qu'au bout d'un certain temps il s'est arrêté de jouer et a dit : « D'accord, Mary Beth. » Et il a ajouté : « J'ai senti son sourire. »

Cher amour. Je t'attends. Et toi, m'attends-tu ?

5. N.d.T.: Traduction libre de Gilles Mourier.

30 JUILLET

Au centre de notre être, il est une oasis de tranquillité où nous entrons en contact avec un monde où tout est aussi tranquille. Alors, un arbre devient un mystère ; un nuage, une révélation ; chaque homme, un cosmos dont nous ne pouvons qu'entrevoir les richesses. Une vie reflétant la simplicité est simple, mais elle nous ouvre un livre dans lequel nous n'allons jamais au-delà de la première syllabe.

— DAG HAMMARSKJÖLD

Pour la plupart d'entre nous, la simplicité n'est pas un mode de vie. Nous courons çà et là, absorbés par le travail, la maison, la famille et les amis. Mais il y a des moments, particulièrement après avoir vécu une expérience capitale – comme la mort d'un être cher –, où nous prenons conscience de « l'oasis de tranquillité au centre de notre être ».

Qui rencontrons-nous là ? Dans la tradition chrétienne, on parle de « la communion des saints », expression désignant non seulement ceux qui ont mené une vie sans tache (un tout petit groupe !), mais aussi tous ceux qui ont vécu et sont décédés – ou vivent encore aujourd'hui –, et même les âmes de ceux et celles qui ne sont pas encore nés.

Chacun de nous s'est choisi une communauté d'amour qui lui est propre, et il se peut que nous trouvions une certaine forme de guérison et un peu de repos si, durant des intervalles de silence, nous pouvons nous positionner au « centre de notre être » et attirer vers nous les esprits des êtres que nous avons aimés.

Dans la communauté de l'amour, tous les êtres sont chez eux.

31 JUILLET

La souffrance comporte une part de vide;
Elle ne peut se rappeler
À quel moment elle a commencé, ni s'il y eut un temps
Où elle n'existait pas.

— Emily Dickinson

Lorsque nous sommes aux prises avec un intense chagrin, nous avons parfois du mal à nous souvenir de ce qu'on éprouve en étant heureux. Surtout quand la perte d'un être cher survient brusquement, c'est comme si nous avions été redirigés vers un univers différent où plus rien n'a la même signification qu'auparavant. En fait, nous sommes étonnés, presque offensés, de voir que les gens continuent de vaquer à leurs affaires comme à l'accoutumée.

Je me souviens d'être allée chez le dentiste peu de temps après le décès de ma fille et d'avoir entendu, dans un état de quasi-incrédulité, le bavardage insignifiant des gens dans la salle d'attente. Comment pouvaient-ils ? Ne savaient-ils pas ?

Bien sûr, nous n'éprouverons pas toujours cette sensation de réalité altérée. Avec le temps, nous incorporerons cette perte à notre existence, de sorte qu'elle s'intégrera à l'arrière-plan de notre vie quotidienne. Même si elle est empreinte de tristesse, cette perte cessera de nous bouleverser et de nous surprendre à chaque nouvelle journée.

Et peut-être que notre incapacité initiale à nous rappeler ce qu'on éprouve en étant heureux aura été, somme toute, un mal pour un bien — le contraste aurait été trop douloureux. En outre, nous devions accorder notre attention à ce qui se passait là où nous étions.

Je serai présent à chaque moment de chaque jour qui passe.

1ER AOÛT

La foi est une façon d'attendre — on ne sait jamais très bien, on n'entend ni ne voit jamais parfaitement, car dans les ténèbres nous sommes complètement perdus. Dans le sillage de chaque croyance, il y a le doute ; dans celui de chaque espoir, la peur.

— FREDERICK BUECHNER

Nous nous reconnaissons ici dans l'expression « complètement perdus ». Car nous ne pouvons jamais être sûrs bien longtemps que ce qui suscite notre foi et notre espoir correspond bien à ce que nous voulons croire. Mais nous ne sommes pas égarés tout à fait, non plus. Car, de même que le soleil succède à la pluie et la pluie au soleil, de même la foi, durant l'attente, passe de la confiance au doute et du doute à la confiance. Donc, dans une réconfortante solidarité avec les croyants en attente, nous formulons nos hypothèses, espérons nos espoirs.

Et, de temps à autre, un petit miracle d'intuition et de confiance, un heureux hasard qui ne s'explique que par la grâce, nous régénère ; et nous voilà disposés à renoncer au besoin que nous avions de connaître tous les détails. Nous choisissons plutôt de croire que tout ira bien.

J'attendrai dans la foi, avec la certitude que Celui que je ne peux connaître me connaît et veille sur moi.

2 AOÛT

On ne peut pas tout faire d'un seul coup, mais on peut poser un geste immédiatement.

— Calvin Coolidge

Durant le deuil, nous sommes souvent envahis par une sorte de lassitude. Nous nous sentons abattus, dépourvus d'énergie. Nous parvenons tout juste à passer la journée et à nous mettre au lit en espérant trouver l'oubli dans le sommeil.

C'est très bien de prendre le temps de se reposer et de laisser nos réservoirs d'énergie et de détermination se remplir à nouveau. Mais que faire si, plusieurs mois plus tard, nous sommes léthargiques et nous nous traînons encore?

Il importe de savoir ce qui se passe. Si la maladie n'est pas en cause (ce que nous devrions toujours vérifier, car les gens endeuillés risquent davantage de développer une maladie), notre léthargie constitue peut-être une forme de déni : si je ne *bouge* pas, je constaterai peut-être que c'est un mauvais rêve.

Il est difficile de se délivrer d'une telle impression. Mais c'est possible, en commençant par des choses simples. Acheter des semences pour faire un jardin. Faire du pain. Rendre visite à un voisin. Tout ce qui peut nous sortir de cette impasse. Ce geste peut sembler aussi décisif que le premier «pas de géant», dans l'espace et hors de la capsule.

Je ne peux envisager les longues années à venir sans la présence de l'être aimé. Mais je n'ai pas à le faire. Aujourd'hui s'offre à moi. Et, en ce jour, je poserai un nouveau geste.

3 AOÛT

N'y a-t-il point de pitié, planant dans les nuages,
Qui voie au fond de ma douleur?

— William Shakespeare

Le deuil est l'une des grandes expériences communes à tous les êtres humains ; et pourtant, nous nous sentons parfois bien seuls dans notre chagrin. Même quand les membres d'une famille partagent le même malheur, le deuil est vécu différemment par chaque personne. L'histoire de notre relation avec la personne défunte est unique. La place que nous occupons dans la constellation familiale est unique. Nous n'avons pas le même tempérament. La proximité même entre nous rend les différences dans notre façon d'exprimer notre chagrin difficiles à comprendre. Néanmoins, nous souhaitons ardemment nous comprendre.

Mais est-ce vraiment le cas ? Nous pleurons tous le même être cher, mais notre chagrin a aussi un côté très personnel. La perte que nous avons subie est unique ; nous la vivons dans notre jardin secret. Personne ne peut ressentir exactement ce que nous ressentons.

Alors, y a-t-il une autre force, une « pitié planant dans les nuages » ? Un dieu ? Une force de la nature ? Encore une fois, nous désirons vivement être reconnus, acceptés et réconfortés.

Avec le temps, notre douleur s'apaisera tandis que nous faisons le tour de ce chagrin, allons jusqu'en son centre et l'examinons sous tous les angles. Mais nous ne pouvons le faire que si nous savons que nos amis et nos êtres chers sont là, tout près, qu'ils nous aiment et veulent notre bien. Tout comme nous.

J'ai ce dont j'ai besoin pour traverser cette épreuve, si vous, mes amis, êtes avec moi.

4 AOÛT

Rien ne peut combler le vide quand nous sommes loin de ceux que nous aimons, et ce serait faire fausse route que d'essayer de trouver un substitut. Nous devons simplement tenir bon et traverser cette épreuve. Cela semble difficile au départ, mais c'est aussi une grande consolation, car ce vide non comblé préserve le lien entre nous. Il est absurde de dire que Dieu remplit ce vide ; il ne le remplit pas, mais le garde ainsi afin que notre communion avec l'autre puisse demeurer vivante, même au prix d'une grande douleur.

— Dietrich Bonhoeffer

Étrangement, cette idée à l'effet que la souffrance, provoquée par l'absence, ne nous quittera jamais nous rassure. Car, tout en voulant nous sentir mieux, nous ne voulons pas oublier. Jamais.

Nous trouverons, bien sûr, de nouveaux lieux où investir l'affection, l'amour et le temps, que nous avions l'habitude de prodiguer et de consacrer à l'être aimé. Ce serait se replier sur soi et refuser sa vulnérabilité que de ne pas le faire – un piètre hommage à l'absent et une mauvaise gestion des années qui nous restent à vivre.

Mais notre capacité d'aimer et de prendre soin des autres n'est pas limitée, et le fait d'accepter un nouvel amour dans notre vie ne signifie pas qu'il remplace un amour plus ancien. Le temps ne connaît pas l'expansion, mais l'amour, oui, comme pour ces parents qui ont déjà trois enfants et se préparent à en avoir un quatrième.

Ce que l'on a chéri et aimé autrefois est irremplaçable.

Cher [...], il y a dans mon cœur un espace qui t'appartiendra toujours.

5 AOÛT

Mon épouse, âgée de 57 ans, a été enterrée aujourd'hui à côté de notre fils, lequel est décédé en 1941 après avoir été impliqué dans un accident de la route, alors qu'il faisait de l'auto-stop pour se rendre à une entrevue d'emploi. Elle s'est ennuyée de lui durant toutes ces années et, aujourd'hui, elle est avec lui. Je sais qu'ils nagent dans le bonheur.

— TERRY KAY

Avez-vous pensé à ceci : qui pourrait être là pour accueillir chaleureusement la personne défunte que vous aimiez ? Elisabeth Kübler-Ross, la psychiatre suisse qui a étudié en profondeur la mort et tout ce qui l'entoure, croit que personne parmi nous ne meurt seul, que les êtres que nous avons aimés viennent nous accueillir et nous souhaiter la bienvenue dans l'Au-delà.

Lors du décès de ma fille, je me rappelle avoir pensé qu'elle et mon père, lequel était décédé un peu plus d'un an auparavant, allaient se réjouir en se retrouvant. J'avais le cœur déchiré et, parfois, je désirais presque me retrouver auprès d'eux. C'était il y a longtemps et, aujourd'hui, je ne ressens plus un tel empressement. Mais un jour… Lorsque ma foi me semble inébranlable et que je me souviens des êtres chers que j'ai perdus, je me dis qu'un jour, moi aussi, je participerai à cette joyeuse réunion.

C'est un espoir que je chéris, de retrouver ceux et celles que j'aime.

6 AOÛT

Les personnes endeuillées trouvent un réconfort en pleurant et en exprimant leur peine jusqu'à ce que, trop fatigué pour supporter leurs profondes émotions, leur corps se détende.

— MAIMONIDE

L'une des raisons pour lesquelles l'expression sans retenue du chagrin – les gémissements, les lamentations et les hurlements – est valable, c'est qu'elle nous épuise complètement et nous procure ainsi une sorte d'anesthésie temporaire.

Il y aurait beaucoup à dire sur cette expression allant au-delà du « flegme » jugé approprié dans certaines circonstances, où de telles effusions pourraient être considérées comme bizarres et assimilées à de l'apitoiement sur son sort.

Cette expression peut sembler étrange au départ, si nous n'en avons pas l'habitude (nous serons peut-être surpris par le son de notre voix) ; mais il peut être salutaire d'élever la voix en nous adressant à l'ennemi sans visage, même si nous savons que personne ne nous répondra ni ne nous redonnera notre être cher.

Cela vaut peut-être le coup d'essayer. Si vous aimez mieux gémir en privé, libre à vous. Trouvez simplement un espace à l'écart, où vous ne serez pas entendus, et « laissez sortir » tout le chagrin et la colère refoulés.

Vous vous sentez coupable de fulminer contre Dieu ? Ne vous en faites pas : Dieu peut le supporter.

7 AOÛT

La découverte de mon intériorité me permet de communier avec tous les humains et avec la nature, avec la bonté et la beauté de tout ce qui existe.

— Maria Boulding

Dans le deuil, nous nous sentons parfois si seuls, comme si le destin nous avait choisis pour ce malheur ; et nous n'avons aucun compagnon, personne dont l'expérience en ce monde puisse se comparer à la nôtre.

Notre situation est en quelque sorte unique – aussi unique que la personne que nous avons perdue –, mais nous pouvons peut-être trouver un réconfort en comprenant à quel point nous faisons partie intégrante de la grande histoire humaine. Et pas seulement l'histoire humaine. Car la vie sous toutes ses formes est un cycle de naissance, de vie, de mort et de renaissance. Les montagnes elles-mêmes se dressent, s'érodent et se dressent à nouveau.

Dans la contemplation silencieuse, nous sommes en communion avec tous les êtres humains, avec les arbres, les fleurs, le vent et le ciel. Je me rappelle que, dans les mois d'angoisse qui ont suivi le décès de ma fille, je sortais dans mon arrière-cour et me sentais unie sur le plan spirituel avec les arbres, en posant mes mains sur leur écorce. Quelquefois (quand j'étais sûre que personne ne me voyait !), j'étreignais mon arbre préféré et je restais appuyée contre lui, comme si la source de vie commune qui nous alimentait tous les deux allait m'apporter force et stabilité.

Je fais partie de tout ce qui existe. Je suis au cœur du grand mystère de la création, tout comme l'être aimé. En cela, nous sommes ensemble.

8 AOÛT

Elle se dit qu'elle n'avait jamais eu la chance de bien saisir la puissance, la rigueur et la tendresse de Dieu. Elle réalisa qu'aujourd'hui, pour la première fois, elle commençait à se comprendre et elle trouva dans ce début de connaissance un espoir extraordinaire.

— James Agee

Si nous ne nous sommes jamais posé de questions sur les limites de notre force et de notre résilience, nous découvrirons que notre expérience du deuil est très instructive. Notre vie est secouée jusque dans ses fondations. Mais nous survivons. Et de cette terrible et très rare connaissance de soi naît, si nous sommes chanceux, une sorte d'empathie pour toute la création, un sentiment d'étonnement devant la souffrance et la beauté du monde. Nous savons que nous sommes en ce monde, que nous en sommes un élément constituant et que nous n'avons aucun pouvoir sur lui. Nous ne pouvons rien diriger, mais nous sommes entre les mains de Quelqu'un qui le peut.

Dans cette sagesse terrible et purifiante, puissé-je ressentir la présence régénératrice de Dieu, et y trouver consolation et espoir.

9 AOÛT

Je vous le dis, le deuil désespéré est sans passion.

— Elizabeth Barrett Browning

Parmi les multiples états d'esprit associés au deuil, on trouve une sorte d'engourdissement, un désespoir si profond et si envahissant que rien ne semble pouvoir entamer sa surface. C'est sans doute une forme salutaire d'anesthésie qui donne à nos sens un petit répit avant que nous ne réintégrions le tourbillon de notre vie tourmentée, de nos rêves anéantis et de nos larmes angoissées.

Comme tous les autres états d'esprit associés au deuil, celui-ci disparaîtra. Il sera remplacé par autre chose, qui sera plus facile peut-être, ou plus difficile à supporter.

Ce savoir est plus qu'une simple acceptation stoïque de ce qui est. Il nous rappelle qu'il existe des saisons dans le deuil – et, telle l'apparition soudaine du gel après la douceur de quelques journées printanières ou un jour d'été indien, ces mini-saisons sont imprévisibles. Mais elles passeront et suivront leur propre logique. Le mieux que nous puissions faire parfois, c'est de dire : « Très bien. C'est comme ça aujourd'hui. Que puis-je faire qui serait vraiment en accord avec cette ambiance ? » Et ensuite m'occuper des obligations de la journée, s'il y en a. Quant à demain, qui sait ?

À moins que je ne m'y accroche, le désespoir ne dure pas éternellement.

10 AOÛT

J'en suis venue à croire au « sacrement du moment présent », ce qui présuppose la confiance en la suprême bonté de mon Créateur.

— RUTH CASEY

Quand nous sommes en deuil, nous revenons constamment sur le passé, le passé immédiat : tout ce qui entoure le décès lui-même, puis les jours plus heureux, quand l'être aimé en bonne santé était auprès de nous.

Et nous songeons souvent à l'avenir, à la perte que représentent toutes ces années à venir sans l'être aimé.

Mais le moment présent est tout ce que nous avons, même ce moment-ci, où vous êtes en train de lire ces lignes.

De la même façon que vous avez choisi ce moment pour lire ces mots, choisissez un autre moment et vivez-le dans toute son intensité, sans dévier vers le passé ni vers l'avenir. Vous serez peut-être étonné en constatant que vous vous sentez beaucoup plus léger, plus libre d'apprécier la vie qui se déroule autour de vous.

Effectuer ce choix, c'est reconnaître votre incapacité à revivre le passé ou à maîtriser l'avenir. C'est aussi un geste de confiance envers un Créateur qui tient dans ses mains tout le temps et tout l'espace.

Ce moment est unique dans toute ma vie, et je l'apprécierai pour ce qu'il est.

11 AOÛT

Les relations de notre vie forment un système, un réseau dont les éléments sont étroitement liés; il suffit que l'un d'entre eux soit affecté pour que tous les autres le soient. Le décès d'un [être aimé] déséquilibre tout l'ensemble... C'est un bon moment pour prêter attention et améliorer autant que possible ces relations. Si nous sommes soutenus et nourris par des relations satisfaisantes, nous serons moins influencés par une forme d'énergie ambiante qui cherche à nous lier de façon irréaliste à l'être disparu.

— MARTHA WHITMORE HICKMAN

Il est bien connu qu'après avoir perdu un être aimé, une personne voie souvent sa résistance à la maladie diminuer. Il est vrai également qu'une pareille perte puisse faire apparaître des faiblesses sur le plan émotionnel dans les relations familiales. Dans un cas extrême comme la mort d'un enfant, un expert estime que 75 % des gens mariés ayant perdu un enfant connaissent de graves problèmes dans l'année qui suit.

Il serait donc judicieux de prêter attention aux indicateurs de danger et, en cas de sérieuses difficultés, de demander l'aide d'un professionnel. La perte subie est déjà suffisamment grande – et si nous pouvons éviter les écueils et franchir les rapides associés à cette expérience, non seulement notre relation survivra, mais elle sera plus solide et plus riche, car nous aurons traversé cette épreuve ensemble.

En traversant cette période difficile, j'examinerai les autres tensions, qui se révèlent dans la trame de mon existence, et j'envisagerai la possibilité de demander de l'aide, si besoin est.

12 AOÛT

Ô Grand Esprit,
Dont j'entends la voix portée par le vent
Et dont le souffle donne vie à tout l'univers,
Écoute-moi ! Je suis petit et faible, j'ai besoin
De ta force et de ta sagesse.

— Prière amérindienne

Vers qui allons-nous nous tourner dans notre chagrin ?

Les choix sont nombreux, et nous avons besoin de différentes formes de consolation et de réconfort selon les moments.

Nous avons parfois besoin des autres.

Nous avons parfois besoin d'être seuls.

Et, parfois, le monde de la nature nous transmet une parole de guérison. Les saisons se succèdent et reviennent, avec de nouvelles feuilles, de nouvelles floraisons. L'eau se condense dans le ciel, devient nuages puis nous revient sous forme de pluie et de neige pour remplir les lacs et les rivières. Dispersées dans le ciel, les étoiles forment pourtant des motifs reconnaissables, bien qu'elles soient à des années-lumière.

Il se passe ici quelque chose qui exprime une sagesse allant au-delà de notre compréhension. Le souffle du Créateur est tout autour de nous et nous enveloppe dans sa chaleur et sa vie.

Tout change ; rien ne se perd.

13 AOÛT

... vous ne serez pas guéri, mais... un jour — une idée qui peut vous horrifier à présent — cet intolérable malheur deviendra le souvenir béni d'un être qui ne vous quittera plus. Mais, au stade du chagrin où vous vous trouvez présentement, vous ne pouvez croire ces paroles rassurantes.

— MARCEL PROUST

Lorsque nous sommes envahis par un profond chagrin, nous avons du mal à croire que le moindre bienfait puisse en émerger. Il se peut même qu'une pareille idée nous indigne, comme si quelqu'un s'efforçait de nous offrir un palliatif trop rapidement, de présenter « le bon côté des choses » alors que le monde entier s'obscurcit.

Il est vrai que nous ne serons jamais « guéris » : nous ne redeviendrons jamais la personne que nous étions auparavant. Mais nous n'éprouverons pas toujours ce sentiment d'être dépossédés. Un monde plus vaste se présentera naturellement, un tableau dont le cadre s'élargira soudainement et qui nous présentera un portrait plus vaste que celui que nous avons présentement. Et, tandis que nous aurons le sentiment que notre propre univers prend de l'expansion, il y aura la présence – et l'absence – de l'être cher. Un monde qui contiendra plus d'ombres peut-être, mais qui sera aussi plus lumineux.

Si je suis incapable de le croire maintenant, je peux au moins conserver l'espoir qu'avec le temps, l'être aimé que j'ai perdu deviendra une présence bénie et permanente dans ma vie.

14 AOÛT

Il n'y a pas d'autre solution, il faut aller de l'avant.

— Michael Hollings

« Peut-on mettre un baume sur cette blessure ? » nous demandons-nous. « Est-ce possible de rebrousser chemin, de m'échapper ? »

Ce que nous aimerions faire bien souvent, ce serait de revenir en arrière. Revenir à l'époque d'avant l'accident. D'avant la maladie.

Mais ce monde n'existe plus désormais. Telle une ligne de partage des eaux, notre expérience du deuil nous a coupés à jamais de ce monde qui nous paraît aujourd'hui si simple, presque idyllique (même si nous savons que ce n'était pas le cas), de la vie que nous avons connue avec l'être aimé, avant que ne survienne ce grand malheur.

Nous persistons quand même à essayer, à nous rappeler et souhaiter… jusqu'à ce qu'un schéma de pensée se mette en place dans notre cerveau : « C'est ton monde à présent ; c'est ta vie. »

Convaincus, nous avançons petit à petit : nous avons une nouvelle compréhension du temps et des relations humaines, une nouvelle relation avec la personne décédée, entre autres, et une nouvelle relation avec nous-mêmes.

L'autre choix consiste à rester immobiles, et il se peut que nous options pour cette possibilité pendant quelque temps. Mais nous savons que, si nous conservons cette position, nous allons nous pétrifier. Non, il faut continuer de bouger et dans la seule direction qui s'ouvre à nous, c'est-à-dire vers l'avant. En avant vers une terre nouvelle, vers une aventure nouvelle ; nous entrons en territoire inconnu.

Je suis sur le seuil d'une nouvelle vie. Que ferai-je ? Je peux rester immobile. Ou je peux aller de l'avant. Tels sont mes choix.

15 AOÛT

Je me rappelle que ce que j'adore, admire et puise chez ma mère est inhérent à la Terre. Je peux évoquer l'esprit de ma mère en posant simplement les mains sur l'humus noir des montagnes ou sur le sable fin du désert. Son amour, sa chaleur, son souffle, et même ses bras autour de mes épaules... sont les vagues, le vent, la lumière du soleil et l'eau.

— TERRY TEMPEST WILLIAMS

Ce que nous avons perdu est irremplaçable – il ne peut être supplanté par les autres manifestations de vie autour de nous, si belles soient-elles –, pas plus que la perte d'un enfant n'est compensée par la naissance d'un autre enfant. Et pourtant, le fait de songer à l'unité de la création peut probablement nous réconforter. Sur une affiche que notre fille avait accrochée au mur de sa chambre peu de temps avant son décès, on pouvait lire ces mots : « Le même soleil nous réchauffe... et nous partageons nos vies, subsistant dans l'ombre des uns et des autres. » Mon époux et moi avons encadré l'affiche, et je l'ai installée sur un mur de la salle où j'écrivais. Je l'ai conservée pendant plusieurs années et elle s'avéra pour moi une grande source de réconfort.

Pouvons-nous, dans l'air qui nous entoure, dans le soleil qui nous inonde de sa chaleur et de sa lumière, dans la vie qui déferle dans notre être même, imaginer la présence constante de l'être aimé ?

16 AOÛT

Telle une fourmi sur une brindille dont les deux extrémités sont en feu,
Je vais et viens sans savoir que faire,
Et dans ma grande détresse...
Pose miséricordieusement Tes yeux sur moi.
Ton amour est mon refuge. Amen.

— PRIÈRE TRADITIONNELLE, INDE

On disait autrefois de quelqu'un ceci : « Il a perdu le sens de sa vie et, par conséquent, il va deux fois plus vite. »

Parfois, nous agissons ainsi : constamment occupés, nous nous activons comme des forcenés dans l'espoir vain de parvenir à nous anesthésier, en quelque sorte, et à moins souffrir.

Il y a un certain avantage à être très occupés : nous nous épuisons et nous parvenons à dormir. Et qui sait si, en posant des gestes dans l'intérêt des autres, nous n'oublierons pas notre douleur pendant un certain temps ?

Mais nous nous agitons parfois sans but précis, l'activité n'étant alors qu'un moyen de rester occupés, comme si tout allait s'arranger ainsi.

Mais l'agitation n'arrange rien, de sorte que le désespoir ainsi que la fatigue physique et émotionnelle prélèvent un lourd tribut et aggravent notre situation.

Ce n'est pas cette course effrénée qui est à l'origine de la guérison, mais bien l'intime et sereine conviction que l'amour est au cœur de la vie, qu'il est à la fois notre refuge et la source où nous puisons la force de poursuivre notre route.

Je vais cesser de courir çà et là, et je vais me reconnecter à la source de ma force.

17 AOÛT

Après la crémation à laquelle assistèrent uniquement mes enfants et quelques amis, j'ai répandu les cendres de mon époux au bout du jardin où nous avions l'habitude de nous rendre ensemble, puis les enfants sont retournés chez eux; c'est alors que j'ai vraiment pris conscience du caractère irrévocable de la mort... Ce qui devait être enduré devait l'être maintenant, sur-le-champ, dans la solitude.

— Daphné du Maurier

Le moment propice pour affronter la solitude dans laquelle nous laisse la mort de l'être aimé peut différer d'une personne à l'autre. Le meilleur moment n'est peut-être pas dans l'immédiat. Et certaines personnes ne peuvent rester seules physiquement bien longtemps; c'est le cas d'une mère et d'un père endeuillés qui doivent répondre aux besoins de jeunes enfants. Mais, dans les moments paisibles précédant le sommeil – ou en s'éveillant au milieu de la nuit, quand les souvenirs affluent –, chacun de nous est confronté à la solitude inéluctable du deuil.

Et pourquoi pas? Nous pouvons converser avec certaines personnes, mais il existe un territoire de la perte subie où nous sommes les seuls à pouvoir entrer. Cependant, il y a dans notre solitude une étrange ambiguïté. C'est souvent au moment où nous sommes confrontés à notre solitude que nous ressentons le plus fortement le lien qui nous unit à l'être aimé. La personne s'en est allée, et nous sommes désespérément seuls. Mais quelle est donc cette vitalité que nous ressentons?

J'entrerai dans les ténèbres inconnues avec la conviction de pouvoir y être en sécurité.

18 AOÛT

Si Dieu existe, Il est présent partout. Il n'est pas un visiteur occasionnel, ni jamais davantage présent véritablement qu'en cet instant précis. Il est toujours prêt à entrer dans notre cœur; en fait, Il y est maintenant — c'est nous qui sommes absents.

— ARTHUR FOOTE

Pouvons-nous croire que Dieu est là véritablement pour nous lorsque nous sommes envahis par le chagrin? Qu'Il est avec nous, tel un ami intime? Qu'Il veut se manifester, qu'Il veut que nous trouvions la paix? Et qu'il prend soin tendrement de l'être aimé?

Une telle odyssée dans la foi est un peu comme une marche vers notre maison dans l'obscurité. Aucune lumière ne permet de voir, mais nous avançons à l'aveuglette dans ce monde familier et néanmoins différent, tournant là où nous savons que la route tourne, marchant vers ce que nous savons devoir être là. Bien que nous ne puissions pas voir devant nous, nous reconnaissons le sol sous nos pieds et, au moment où nous approchons d'une porte qui se trouve sûrement là, quelqu'un à l'intérieur, quelqu'un que nous aimons, allume la lumière pour nous accueillir.

Si je me sens seul et coupé de toute source de soutien, « j'essaierai simplement » d'envisager la possibilité que Dieu soit avec moi et voie clair en moi.

19 AOÛT

Le temps s'écoule différemment pour la personne endeuillée. Il avance lentement. Chaque minute a été si angoissante, si remplie d'émotions, d'événements et de drames que chaque journée m'a paru une semaine.

— Richard Meryman

Cette lenteur dans l'écoulement du temps explique en partie pourquoi l'avenir s'annonce si sombre lorsque nous vivons un deuil. Nous sommes comme des enfants pour qui le prochain anniversaire semble bien loin : pour eux, la vie est tout sauf routinière ; il y a tant d'expériences nouvelles à vivre.

Mais, à l'opposé des enfants pour qui la vie est remplie de merveilles et de surprises potentielles, nous voyons se profiler à l'horizon une succession de jours teintés par le chagrin. Nous n'avons pas oublié que les premiers jours du deuil nous ont semblé une éternité. Nous regardons vers l'avenir et nous nous demandons : « Est-ce que ce sera toujours ainsi ? » Nous préférons ne pas penser à la semaine suivante. Alors, un mois ? Un an ? Une décennie, même ?

Dieu merci, ce genre de dilatation temporelle ne durera pas. Le temps recommencera à s'écouler comme avant le départ de l'être aimé. Le chagrin dans sa forme la plus vive va s'adoucir, et les sentiments qui nous frappaient autrefois comme des coups de poing vont s'espacer. Nous allons reprendre notre route. Le temps ne sera plus notre ennemi ; il redeviendra notre ami.

Aujourd'hui est un temps en soi. Demain sera un autre temps, et je n'essaierai pas de l'anticiper.

20 AOÛT

Eleonora [Duse] m'a dit : « Parle-moi de Deirdre et de Patrick. » Elle m'a demandé de répéter tous leurs petits mots d'enfants et de lui décrire leurs faits et gestes ; puis elle a voulu voir des photographies des enfants, et elle a embrassé ces photos en pleurant. Jamais elle ne m'a dit : « Mets fin à ton deuil. » Mais elle a vécu ce deuil avec moi et, pour la première fois depuis leur décès, j'ai senti que je n'étais pas seule.

— Isadora Duncan

Nous avons tellement besoin de parler de la personne que nous venons de perdre. Cela nous permet non seulement d'évacuer l'énergie du chagrin, mais aussi de perpétuer la mémoire et l'esprit d'une personne ayant occupé une très grande place dans notre vie.

Tout particulièrement lorsque de jeunes vies se sont arrêtées – comme dans le cas d'Isadora Duncan dont les deux jeunes enfants se sont noyés –, le fait de parler d'eux et de leurs manières d'être prolonge en quelque sorte ces vies interrompues trop rapidement, affirme la réalité de leur existence passée en ce monde : « Voyez, je vais parler d'eux. Ils étaient importants. Ils étaient ici. »

Parler librement des défunts, c'est aussi commencer à nous habituer à la nouvelle relation que nous avons avec eux aujourd'hui. Cette relation se poursuit. En parler constitue une façon de la mettre à l'essai, de nous y habituer. Ils nous manquent. Pouvons-nous franchir cette ligne de démarcation entre la vie et la mort, et les atteindre… pour les ramener là où ils étaient ? Notre mémoire va-t-elle nous être utile ? Oui. Qui sont-ils pour nous à présent ? Tout cela est si nouveau. Nous prononçons leurs noms, et les échos d'un nouveau monde se répercutent dans nos esprits.

Je parlerai de mon amour perdu – une façon d'apprendre à vivre différemment.

21 AOÛT

La mort est le voile que les vivants appellent la vie :
Ils dorment, et le voile est levé.

— PERCY BYSSHE SHELLEY

Au départ, cela peut donner l'impression de dévaloriser la splendide expérience d'un être vivant. Qui pourrait concevoir des merveilles surpassant celles que nous connaissons : le ciel étoilé, le parfum des lys, le miracle de l'amour humain ? Nous embrassons le monde dans la plénitude de sa beauté et de son enchantement (et de sa souffrance aussi, car elle fait partie de la condition humaine) ; et, quand nous perdons un être cher, nous pleurons non seulement pour nous, mais également pour l'être aimé qui a perdu tout cela.

Les gens qui ont relaté des expériences de mort imminente nous disent pourtant avoir perdu toute crainte de la mort. Certains d'entre eux n'avaient pas vraiment envie de revenir, car l'aperçu qu'ils ont eu de la vie dans l'Au-delà les a convaincus que cette dernière était beaucoup plus éblouissante que tout ce que nous connaissons.

Qui peut savoir ? Pas nous qui sommes attachés aux bienfaits et aux problèmes liés au fait de vivre. Mais… supposons qu'ils aient raison ? Et, indépendamment de ce que nous pensons de ces récits, nous avons le témoignage de nombreuses religions qui promettent une vie après la mort merveilleuse au-delà de toute imagination.

La vie est une aventure dont je connais les termes. La mort est une aventure, elle aussi.

22 AOÛT

« Se pardonner ? » Non, cela ne fonctionne pas ainsi : nous devons être pardonnés. Mais nous pouvons croire que cela est possible uniquement si nous pouvons nous-mêmes pardonner.

— DAG HAMMARSKJÖLD

Tout est étroitement lié : la capacité de pardonner et la capacité de se sentir pardonné. La dureté avec laquelle nous traitons les autres constitue en quelque sorte une projection de la dureté avec laquelle nous nous traitons nous-mêmes : si je dois me plier à certaines règles, alors vous devez en faire autant. Si j'exige de moi l'excellence, pourquoi ne devrais-je pas l'exiger de vous ?

En étant tyranniques envers nous-mêmes lorsque nous avons perdu un être cher, nous allons au-devant de sérieux ennuis. Bien sûr, nous avons commis des erreurs : des paroles dures, une promesse que nous ne pouvions tenir, une visite prévue que nous avons annulée.

La question qui se pose à présent – si question il y a – n'est pas de savoir à qui revient la « faute », qui a raison de se plaindre ou de se sentir blessé. La question aujourd'hui est : « Puis-je lâcher prise ? » Car, si nous y parvenons, nous pouvons être sûrs que l'être aimé l'a déjà fait.

Requiescat in pace. Puissions-nous tous « reposer en paix ».

23 AOÛT

Même si je marche dans un ravin d'ombre et de mort, je ne crains aucun mal, car tu es avec moi ; ton bâton, ton appui, voilà qui me rassure. Devant moi tu dresses une table, face à mes adversaires. Tu parfumes d'huile ma tête, ma coupe est enivrante. Oui, bonheur et fidélité me poursuivent tous les jours de ma vie, et je reviendrai à la maison du SEIGNEUR, pour de longs jours.

PSAUMES 23,4-6

Ce psaume, tiré des Écritures hébraïques, réconforte des hommes et des femmes depuis des siècles. C'est peut-être pour réconforter des gens confrontés à la mort qu'il est le plus souvent employé. Mais nous qui avons survécu à la mort de nos êtres chers, nous savons que ces derniers ne traversent pas cette vallée dans la solitude. C'est nous qui les avons accompagnés bien souvent – qui nous sommes assis à leur chevet, qui leur avons tenu la main et qui avons partagé leurs angoisses et leurs peurs, parfois exprimées, parfois tues. Et souvent, nous avons eu le privilège de les entendre aussi exprimer leur foi et leur confiance.

Et puis ils sont partis, et nous sommes restés. Aujourd'hui, c'est nous qui avons besoin d'être réconfortés et rassurés. Ces versets du psaume 23 auront peut-être le même effet sur nous si nous les répétons à plusieurs reprises jusqu'à ce que la lumière recommence à briller et que notre cœur s'apaise.

J'apprécie beaucoup les paroles qui guérissent.

24 AOÛT

Par la prière, vous rencontrez Dieu dans la douce brise, dans la détresse et la joie de votre voisin, et dans la solitude de votre propre cœur.

— Henri Nouwen

Que signifie prier ? Nous croyons parfois que la prière consiste à adresser à Dieu des pensées élaborées consciemment, des suppliques et des remerciements. Nous parlons ou pensons, puis nous attendons que Dieu nous réponde. Et si, parfois, la prière n'était rien de plus qu'un état d'esprit qui nous incite à prêter attention à ce qui se passe ? Joan Baez a décrit la prière comme une présence attentive.

Cette attitude attentive nous permet d'accueillir Dieu dans notre vie – dans nos joies et nos chagrins –, un Dieu lui aussi attentif et qui, avec cette qualité d'attention, comprend et partage notre chagrin, alors même que Son amour nous enveloppe dans Son mystère et nous donne le sentiment que nous allons rentrer à la maison.

Dieu est présent dans ma joie et dans mon chagrin.

25 AOÛT

Elle s'est assise et elle a commencé à pratiquer la patience, les yeux fixés sur le plancher où des chaussures lourdes et racornies avaient laissé des traces de pas poussiéreuses, depuis la porte du salon jusqu'à celle de la chambre vide[6].

— COLETTE

L'auteure décrit l'attitude de sa mère à la suite de la mort de son époux. Le service funèbre est terminé, l'excitation, passée. Le long apprentissage de la vie sans la présence de l'être aimé commence maintenant.

Cette tâche requiert une patience extrême ; il faut aussi accepter de regarder, encore et encore, ces lieux et ces chemins où l'être aimé a marché, s'est assis, a vécu, dormi et où il ne le fera plus jamais.

Après le décès de mon grand-père, alors que j'avais 11 ans, l'un des événements les plus déchirants dont je me souvienne est d'avoir vu ses chaussures soigneusement rangées à côté de la porte du placard : des chaussures de marche lacées en cuir noir, avec des crevasses et des bosses qui évoquaient la forme de ses pieds et sa façon de marcher. J'avais l'habitude de voir ces chaussures à ses pieds, et, à présent, elles étaient là, vides.

Tout comme les humeurs du jour ou de l'année, les états d'esprit qui sont les nôtres, lorsque nous sommes en deuil, doivent être respectés, et ils se transformeront.

6. N.d.T.: Traduction libre.

26 AOÛT

Vivez dans ce monde comme si vous étiez un étranger ou un voyageur : quand vient le soir, n'attendez pas le matin; et, quand vient le matin, n'attendez pas le soir; alors que vous êtes en santé, préparez-vous à la maladie et, pendant que vous êtes en vie, préparez-vous à la mort.

— AN-NAWAWI [EXTRAIT D'UN TEXTE SACRÉ MUSULMAN]

Il serait difficile de supporter le deuil si son intensité initiale devait se maintenir en permanence, année après année. Mais tel n'est pas le cas. Nous commençons effectivement à nous sentir mieux. Cela peut nous étonner. Il se peut même que nous nous interrogions sur notre loyauté envers l'être aimé. C'est insensé ! L'être aimé ne demande pas mieux que de voir notre chagrin s'atténuer, n'est-ce pas ? Et, de fait, nous pouvons beaucoup mieux comprendre la véritable nature de l'être aimé lorsque notre chagrin a diminué. Durant les premiers stades du deuil, nous sommes préoccupés par notre propre souffrance, et non par le souvenir de l'être aimé.

Évitons de nous projeter dans un avenir que nous ne pouvons connaître, tout particulièrement durant les premiers stades du deuil. Quel qu'il puisse être, il ne ressemblera certainement pas à ce que notre imagination effrénée nous incite à penser.

Un adage quaker me revient en tête, qui dit ceci : « Soyez présent là où vous êtes. » C'est un bon conseil quelles que soient les circonstances, mais particulièrement aujourd'hui.

J'essaierai d'être présent à cette journée.

27 AOÛT

Au retour d'une contrée sauvage, [un homme] se fait restaurateur de l'ordre, préservateur. Il voit la vérité, reconnaît son véritable héritier, honore ses ancêtres et son héritage, et bénit ses descendants. Il incarne le passage du temps pour les êtres humains ; vivre et mourir dans les limites du chagrin et de la joie.

— Wendell Berry

Lorsque nous sommes plongés dans le deuil, nous ne voulons absolument pas nous reconnaître dans ces mots de Wendell Berry. Nous reconnaissons la contrée sauvage, et c'est tout.

Mais, après quelque temps – peut-être après un très long moment et presque malgré nous –, nous admettons qu'une partie de sa description correspond à notre situation. Bien que nous n'éprouvions aucune gratitude pour l'expérience que nous avons vécue en perdant un être cher, il se peut qu'avec le temps nous éprouvions de la gratitude pour la sagesse qu'elle nous a permis d'acquérir – nous sommes, en fait, plus forts, plus sages, mieux outillés pour affronter la vie, plus aidants envers les autres, et plus confiants quant à notre place et celle de l'être aimé dans l'histoire humaine.

Mais c'est une contrée sauvage. Et elle trouvera toujours le moyen de nous lancer cet appel : « Reviens. As-tu oublié comme tu étais triste ? »

Et nous reviendrons. Mais nous reviendrons plus forts. Et nous ne resterons pas aussi longtemps.

Si une part de l'héritage que nous lègue le chagrin consiste en une force nouvelle, alors je l'accueillerai. Je ne le rejetterai pas.

28 AOÛT

Si la mort nous sépare, mon ami et moi,
Ne me réprimande pas, Seigneur, pour mon chagrin,
Ou ne fronce pas les sourcils à la vue de mes larmes ;
Sans que je ne cède aux excès de la passion,
Permet-moi de pleurer, dans une calme affliction,
Ceux qui reposent en Toi.

— Charles Wesley

Nous adhérons parfois à cette idée fausse voulant que les croyants ne connaissent pas le chagrin. Convaincus que l'essence de l'être aimé a survécu et qu'ils se rencontreront à nouveau, ceux-ci accepteraient sereinement cette séparation temporaire, sans larmes et sans émoi.

Or, ce n'est pas le cas. N'accablons pas davantage notre cœur déjà lourd en nous culpabilisant du fait que nous « laissons sortir » trop facilement notre chagrin. S'il déménageait à l'autre bout du monde, l'être aimé ne nous manquerait-il pas ? Les mystères de la mort sont encore plus impénétrables que le déménagement de l'être aimé dans un pays étranger !

Les personnes, dont la foi reste forte devant la perte, ont de la chance. Elles sont chanceuses également si elles peuvent pleurer librement sans se le reprocher et sans subir les récriminations d'autrui. Être humain, c'est ressentir la souffrance de la perte. Guérir de cette douleur est merveilleux, mais il n'existe pour cela aucun raccourci. Il faut vivre son deuil.

Je traiterai ma souffrance avec honnêteté ; nous nous connaissons bien l'un et l'autre.

29 AOÛT

Dans un jardin du musée Rodin, j'étais resté seul quelques minutes, assis sur un banc de pierre entre deux longues haies de rosiers. Des roses de couleur rose. Tout à coup, j'ai ressenti un immense sentiment de paix, et il m'est venu cette idée : si mourir signifiait intégrer une réalité semblable à celle qui se trouvait devant moi, alors la mort n'était peut-être pas un problème.

— Irving Howe

D'où jaillissent ces éclairs de compréhension profonde comme celui qu'a décrit l'éminent critique littéraire Irving Howe ?

Le sociologue Peter Berger avance l'hypothèse selon laquelle les dieux ne sont pas, comme certains le prétendent, des projections conçues par des humains qui prennent leurs désirs pour des réalités ; il soutient plutôt que l'humanité et ses œuvres – les anges, les gratte-ciels, les symphonies – sont les projections de Dieu dans le monde. Il parle d'une « altérité dissimulée derrière les fragiles structures de la vie quotidienne ».

Nous lisons ces affirmations et ces hypothèses, et nos cœurs se réjouissent. Alors que nous connaissons des moments d'obscurité et de lumière après avoir subi une grande perte, ces énoncés et ces intuitions sont semblables à des aliments pour celui qui meurt de faim, à de l'eau pour celui qui a très soif.

Je prêterai attention à mes propres éclairs de compréhension dans le jardin.

30 AOÛT

Exprimez votre tristesse; le chagrin inexprimé
Parle à voix basse au cœur trop tendu et provoque sa rupture[7].

— William Shakespeare

La pression générée par un chagrin refoulé est semblable à celle qui se trouve à l'intérieur d'un autocuiseur : elle monte et monte encore jusqu'à ce que le sujet ait le sentiment qu'une toute petite hausse de sa peine suffirait à le rendre fou.

Parlez. Confiez-vous à un ou une amie. Exprimez votre chagrin à une autre personne, ou parlez-en encore une fois à votre ami. Un ami avisé comprendra que vous devez raconter plusieurs fois votre histoire.

Une façon de commencer – particulièrement si le décès s'est produit soudainement et que vous avez eu du mal à le croire – consiste à raconter à cet ami compréhensif, avec tous les détails qui vous reviennent en mémoire et tout simplement, ce qui s'est passé ce jour fatidique. « Je me suis levé ce matin-là. J'ai pris mon petit déjeuner habituel : des céréales, du jus et du café. J'ai lu le journal. »

Ce genre de récit, raconté à plusieurs reprises, permet d'ancrer l'événement dans le monde réel et nous aide à regarder en face la terrible vérité de cette journée. Ce qui est arrivé n'est pas un fantasme, ni une chose que l'on peut mettre dans une bulle et tenir à l'écart du reste de notre vie. Cela a bien eu lieu en temps réel, durant une vraie journée, et cette histoire, bien qu'elle soit terriblement triste à raconter, contribuera à soulager la pression intérieure et à activer l'énergie de guérison – dans le contexte d'une relation amicale.

Aussi souvent qu'il le faudra, je raconterai mon histoire.

7. N.d.T.: Traduction libre.

31 AOÛT

Je crois que Dieu est en moi comme le soleil est dans la couleur et le parfum d'une fleur — la Lumière, dans mes ténèbres; la Voix, dans mon silence.

— HELEN KELLER

Privée de la vue et de l'ouïe depuis la naissance, cette femme parle assurément d'une perte plus profonde que tout ce que l'on pourrait imaginer. Et pourtant, grâce aux soins patients et constants, voire insistants, de son professeur et mentor, Anne Sullivan, Helen Keller a pu sortir de cette obscurité, faire le lien entre la présence de Dieu en elle et les merveilles qu'elle pouvait connaître par son odorat, par la chaleur sur sa peau et les vibrations aux bouts de ses doigts.

Cette obscurité est extrêmement différente de l'obscurité du deuil, mais les deux ont peut-être des éléments en commun : le sentiment d'isolement, le découragement, l'incertitude par rapport à l'avenir.

Qu'est-ce qui peut nous soutenir durant les longues périodes de deuil? Qu'est-ce qui nous permet de ne pas être totalement broyés?

En plus de l'aide que nous procurent, sous diverses formes, nos amis et les membres de notre communauté spirituelle, c'est souvent le sentiment de la présence de Dieu à l'intérieur de nous qui nous aide à dissiper les ténèbres. Une présence, aussi subtile et soutenue que le parfum des fleurs, une source de chaleur aussi vivifiante que la lumière.

J'ai en moi une force qui parfois me surprend.

1ER SEPTEMBRE

Nous pouvons résister davantage aux demandes de services, même si les responsabilités peuvent elles aussi nous aider à avancer. Mais, si nous avons tendance à être très ou trop consciencieux, nous devrions nous détendre un peu... Lorsque nous nous joignons à des groupes sociaux, nous ne sommes pas obligés d'effectuer une performance, de briller ou d'avoir la conversation facile.

— MARTHA WHITMORE HICKMAN

Nous suggérons ici de nous traiter avec bonté, de comprendre que nous avons subi une grave blessure et que, pour guérir, nous avons besoin de temps, et peut-être même d'un peu d'indulgence envers nous-mêmes.

Si, jusqu'à un certain point, nous nous sentons responsables de ce qui est arrivé (même s'il ne s'agit que de la «culpabilité du survivant»), nous ressentirons peut-être le besoin de travailler avec acharnement pour prouver que nous méritons encore notre place dans l'existence.

Erreur! Comme le proclamait un macaron fort populaire il y a quelques années : «Je suis un enfant de l'univers. J'ai le droit d'être ici.»

Ou pour citer le prêtre agonisant dans le livre *Journal d'un curé de campagne* : «Tout est grâce.» La vie est un cadeau qu'aucun de nous ne mérite. Nous devons prendre soin de nous afin d'avoir suffisamment de force pour passer la journée. Laissons à une autre personne le soin d'assumer pendant un certain temps les autres tâches de la vie. Nous prendrons le relais quand nous nous sentirons mieux.

Je n'ai besoin de présenter des excuses à personne – ni même à moi-même –, si je prends le temps de laisser mes réservoirs d'énergie se remplir à nouveau.

2 SEPTEMBRE

Quelle contrainte ou restriction peut-il y avoir lorsqu'on pleure la mort d'un être si cher?

— Horace

Il n'existe pas de calendrier universel pour le deuil. Il y a autant de modèles qu'il y a d'endeuillés. Cela dépend beaucoup du réseau qui nous soutient et de la capacité que nous avons – avec l'aide de nos amis bien souvent – d'affronter et d'exprimer notre chagrin.

Mais nous ne devons pas nous laisser intimider par les avis implicites ou explicites de moniteurs autoproclamés, qui estiment que notre deuil dure depuis « trop longtemps » ou que nous faisons « trop d'histoires », ni par tout autre avertissement qu'ils nous adressent verbalement ou par leur simple présence.

Bien sûr, si nous constatons que nous sommes complètement dysfonctionnels après plusieurs mois, il se peut que nous ayons besoin de consulter un professionnel. Mais nous pouvons avoir la certitude qu'un aidant compréhensif ne nous dira pas que notre deuil dure trop longtemps ou qu'il est trop intense. Au contraire. Si nous sommes enlisés sur le chemin de la guérison, il est beaucoup plus probable que ce soit parce que nous ne nous accordons pas la permission de pleurer ouvertement et sincèrement.

Alors, si quelqu'un laisse entendre par ses propos ou ses gestes que nous devrions « être rendus ailleurs à présent », nous pouvons nous rappeler les mots du Talmud : « Ne juge personne avant d'avoir été à sa place. »

Ce n'est qu'à l'intérieur de moi que je peux découvrir le calendrier de mon deuil.

3 SEPTEMBRE

J'ai donc été pardonné il y a bien longtemps. J'ai entendu ma mère sur son lit de mort dire au médecin que son fils « avait toujours été un bon garçon » ; elle m'avait pardonné du fond de son cœur, si bien que j'ai cru que sa mémoire en avait été amoindrie. Mais c'était plus que cela, c'était plus profond.

— William Gibson

Qu'allons-nous faire de tous ces sempiternels « si seulement » qui s'incrustent ? Si seulement j'avais (ou n'avais pas) dit cela. Si seulement je lui avais rendu visite plus souvent ou que je n'avais pas représenté un tel fardeau dans sa vie.

Nous ont-ils pardonné, ceux qui sont partis avant nous ? Nous en sommes réduits à des hypothèses. Mais, si la mort est une expérience de la conscience, c'est sûrement l'expérience d'une conscience élargie, d'une vision plus globale que celle que nous connaissons ici. « Tout savoir, c'est tout pardonner », dit l'adage.

Peut-être est-ce en anticipant cette conscience élargie, laquelle attire déjà vers elle les mourants, que les êtres aimés nous pardonnent avec grâce et compassion. Et, s'ils ne le font pas, si l'occasion ne se présente pas, nous pouvons nous accorder ce pardon en leur nom, convaincus qu'ils l'auraient fait s'ils avaient pu.

Tout est pardonné. Tout est pardonné. Tout est pardonné.

4 SEPTEMBRE

Il y a la terre des vivants et la terre des morts; et l'amour est la passerelle entre les deux; c'est tout ce qui survit, tout ce qui a un sens.

— Thornton Wilder

Nous savons sans qu'on nous l'ait enseigné que la passerelle est l'amour. Nous savons aussi que nous n'avons pas cessé d'aimer et que, peu importe où est allé l'être aimé, notre amour l'a suivi.

Et cet amour est, sans conteste, réciproque. On a parfois l'impression qu'il est dans la pièce avec nous et qu'on pourrait presque le toucher. Certaines personnes ont eu des visions d'un être cher qui se tenait tout près d'eux; ils ont entendu le son de sa voix et même senti qu'il était intervenu dans un moment critique.

Un homme qui a beaucoup écrit sur le deuil a fait ce récit : alors qu'il s'apprêtait à monter dans un avion, il a eu l'impression qu'un champ d'une grande force l'empêchait de franchir la porte de l'appareil. Après plusieurs tentatives, il a redescendu l'escalier et pris un autre avion. Par la suite, le premier avion s'est écrasé au sol. Plus tard, lui est revenue en tête l'image de son fils décédé qui disait : « Te souviens-tu du jour où je t'ai empêché de prendre cet avion ? »

Nous ignorons ce qui est en œuvre ici. En revanche, nous savons que l'amour nous rattache au défunt et réciproquement, par des liens extensibles mais indestructibles.

Je sais que l'amour continue d'exister après la mort.

5 SEPTEMBRE

J'estime parfois que c'est un peu un péché
De mettre des mots sur le chagrin que je ressens;
Car les mots, comme la nature, révèlent autant
Qu'ils dissimulent l'Âme en soi.

— Alfred Tennyson

Il est très difficile d'expliquer ce que nous ressentons. Aux amis qui nous le demandent autrement que par simple politesse, nous souhaitons le dire. Mais leur dire quoi?

La même angoisse assaille ceux qui tentent d'exprimer leurs condoléances. Combien de fois avons-nous entendu des gens dire avec regret, après avoir rendu visite à un ami endeuillé : « J'ignore si j'ai pu l'aider un peu. Je ne savais pas quoi dire. »

Depuis que nous recevons des témoignages de sympathie, nous savons que les paroles n'ont pas autant d'importance que la présence d'une personne à nos côtés, bien qu'elle puisse commettre une « maladresse ». Nous avons tous nos candidats pour le prix de la « maladresse ». Deux des miens ont eu ces réflexions : « C'est providentiel » et « Je suis tellement désolé de voir que ta fille est passée à un niveau de conscience supérieure » !

Mais, à quelques exceptions près, ce qui compte, c'est l'expression de l'amour et de la sollicitude, et non pas les mots employés. De la même façon, nous qui cherchons à exprimer notre chagrin n'avons pas à nous soucier de l'exactitude de nos propos ou de la perfection dans notre façon de nous exprimer.

Je peux compter sur mes sentiments pour m'exprimer en toute franchise.

6 SEPTEMBRE

Qui Me voit en toute chose,
Et voit toute chose en Moi,
Pour lui, Je ne suis pas perdu,
Et il n'est pas perdu pour Moi.

— Bhagavad Gita

Ce qui nous chagrine et parfois nous terrifie est la perte même que nous avons subie. La perte de la présence de l'être aimé, de son amour, de son Être. Comment pourrions-nous apprécier ce monde que l'être aimé a quitté pour toujours ?

Mais la sagesse contenue dans cet extrait de la Bhagavad Gita, ainsi que dans des extraits d'autres Écritures sacrées, transmet l'idée que la Création nous embrasse toujours, nous et tous ceux que nous aimons. Nous sommes toujours, d'une manière ou d'une autre, liés les uns aux autres dans une gigantesque conspiration d'amour, de soins réciproques et de vie sans fin. Nous ne sommes pas perdus pour la création et nous ne le sommes pas non plus l'un pour l'autre.

Il ne s'agit pas de nier la douleur de la séparation, ni l'incertitude créée par le fait de ne pas savoir. « La foi, nous dit l'apôtre Paul, est une manière de posséder déjà ce que l'on espère, un moyen de connaître des réalités que l'on ne voit pas[8]. » Ce dont nous pouvons être pratiquement assurés, sur la base de notre expérience et de celles d'autrui, c'est qu'il se passe plus de choses dans l'univers que ce que peuvent détecter nos cinq sens. « … alors je verrai face à face ce que je ne connais maintenant que partiellement », dit aussi l'apôtre Paul [dans le chapitre 13 de la 1ère épître aux Corinthiens].

La Création nous embrasse, un à la fois et tous ensemble.

8. N.d.T.: TOB (traduction œcuménique de la Bible), Hébreux 11,1.

7 SEPTEMBRE

Escargot, escargot, scintille devant moi,
Oiseau, soupire doucement pour me ramener à la maison,
Lombric, accompagne-moi.
Voici venue pour moi l'heure difficile[9].

— THEODORE ROETHKE

Parfois, quand nous sommes tristes, nous perdons tout intérêt pour les grandes questions métaphysiques ou les vastes panoramas. Nous avons davantage d'affinités avec le petit et l'intime : les oiseaux qui voltigent entre les arbres, les escargots et les lombrics qui vivent et s'activent dans le sol.

Je ne sais pas pourquoi ces minuscules créatures sont pour nous une source de réconfort, mais c'est ainsi. Peut-être est-ce leur vulnérabilité, le fait qu'elles vivent au milieu de dangers provoqués par des éléments à une échelle plus vaste : les caprices du vent et de l'eau, le choc d'une pelle ou d'un pied. À l'instar de ces créatures, nous savons ce que c'est que de nous sentir petit et en difficulté. Si elles avancent avec détermination malgré le fait que leurs chances de survie soient faibles, eh bien, nous pouvons peut-être en faire autant.

Pour une raison ou une autre, ces vers de Roethke m'ont accompagnée pendant les heures les plus sombres de mon deuil ; et, encore aujourd'hui, j'accueille ces créatures – escargot, oiseau, ver de terre – comme des compagnons dans la lutte constante et la joie de la vie.

Nous sommes des créatures et nous avons besoin les uns des autres.

9. N.d.T.: Traduction libre.

8 SEPTEMBRE

Je sais que nous faisons partie intégrante de la vie des personnes avec lesquelles nous avons établi un véritable contact. J'ai senti en moi la vivante présence de plusieurs personnes que j'ai aimées et qui m'ont aimée. Je perçois la présence de ma fille à mes côtés chaque jour. Et je sais que cela ne se limite pas à ceux ou celles que nous connaissons physiquement, car de nombreux invités dans ma vie n'ont partagé avec moi ni le temps ni l'espace.

— Elizabeth Watson

Nous avons tous fait l'expérience d'une forme de communion spirituelle avec des amis qui ne sont pas nécessairement présents physiquement à nos côtés. Quand nous nous retrouvons après de longues absences, on dirait que « c'est comme si nous nous étions quittés la veille ». Est-ce possiblement en partie parce que l'autre habite notre esprit au niveau inconscient même lorsque nous sommes séparés ?

Si c'est le cas avec les vivants, serait-ce possible avec les morts ? Et ce sentiment que nous avons de connaître les personnes dont nous lisons les mots ou dont nous entendons parler, à tel point que nous pourrions les reconnaître s'ils entraient dans la pièce, est-ce aussi une preuve de l'existence d'une forme de communion des esprits ?

Le monde de l'esprit est un monde dépourvu de murs : ceux du temps, de l'espace ou de la réalité physique. Nous pouvons fermer les yeux, nous retirer en nous-mêmes, et nous sentir bien avec une multitude de gens que nous connaissons et aimons. Cela s'apparente sûrement en quelque sorte à la « communion des saints » dont parlent les mystiques dans leurs écrits.

Quand je suis seul, je peux choisir les personnes qui me tiendront compagnie.

9 SEPTEMBRE

Sur les ailes du Temps la tristesse s'envole...

— Jean de La Fontaine [extrait de La Jeune Veuve]

Il existe de nombreuses variations sur ce thème, à savoir que le temps est le grand guérisseur, qu'il guérit tout.

Oui, et non. Si on peut vivre son deuil d'une façon saine et ouverte, alors oui, le temps apaisera certainement la douleur. Si l'on tente de contourner le chagrin ou si l'on est incapable d'accepter les couches multiples qui le forment, le temps masquera peut-être le chagrin de sorte que ce dernier n'aura jamais la chance de guérir. Alors, des problèmes apparaîtront : dépression, peur des relations humaines, hyperactivité, et Dieu sait quoi encore.

Et, même si l'on gère le deuil avec la plus grande sagesse, l'image de la tristesse qui *s'envole* ne correspond vraiment pas à la réalité. Il se traîne, peut-être ? Ou il avance d'un pas lourd ?

Le temps nécessaire pour qu'on en vienne à se sentir vraiment mieux dépend de la nature de la perte subie : l'âge de la personne, le degré d'intimité dans la relation, les circonstances du décès. Les groupes de soutien pour les personnes endeuillées, formés de gens qui ont tous vécu la même expérience, sont parfois d'une grande utilité. Ils procurent un endroit sûr où pleurer librement et aident à évaluer, dans un climat d'acceptation et un environnement non menaçant, si les membres évoluent ou s'ils sont enlisés d'une façon ou d'une autre, et s'ils ont besoin d'aide supplémentaire.

Dans quelques années, il se peut que je sois d'accord avec l'idée que le chagrin s'envole sur les ailes du temps. Mais ne me poussez pas.

10 SEPTEMBRE

Ces mots, sous ma plume, semblent plutôt durs et négatifs, mais telle n'est pas mon intention. Le bonheur enraciné dans la réalité est beaucoup plus profond que celui qui est construit sur un fantasme ; et la souffrance nous enseigne qu'au cœur du chagrin et du sentiment de perte, le bonheur peut nous surprendre. Une certaine forme de renoncement au superflu nous rend plus sensible à la joie comme à la tristesse.

— Sheila Cassidy

Une femme médecin a écrit ces paroles en songeant à son arrestation et aux tortures qu'elle avait subies au Chili parce qu'elle avait soigné un révolutionnaire blessé. Les circonstances sont différentes, mais son expérience de la souffrance comme « renoncement au superflu » s'apparente à la nôtre.

Alors, les petits cadeaux qui nous sont offerts nous semblent tout à fait charmants : la lumière du soleil sur une petite surface de plancher froid, un geste amical inattendu, la buée parfumée du thé chaud.

La poétesse Mary Jane Irion se rappelle avoir pleuré la perte d'un être cher toute une nuit, et ensuite :

« … dans l'atroce matinée, un voisin a apporté des beignets si délicieux que jamais je ne les oublierai. »

Le chagrin ne fait qu'amplifier ce sens du goût et de la texture, et cette gratitude pour l'amitié.

Au cœur des ténèbres, il y a la lumière ; au cœur de la tristesse, la joie.

11 SEPTEMBRE

Reste tranquille et écoute la quiétude en toi.

— DARLENE LARSON JENKS

Il ne suffit pas de rester tranquille.

Dans les moments de quiétude, notre esprit scrute souvent l'horizon, non seulement l'horizon physique, mais aussi l'horizon émotionnel. Et non seulement le présent, mais aussi le passé. Il nous fait revoir les événements à l'époque où l'être aimé était présent. Nous repensons aux circonstances entourant son décès — quelle tristesse ! Comme il nous manque ! Nous ressentons peut-être un grand vide intérieur, maintenant que la personne s'en est allée.

Mais il y a, en nous, un autre lieu paisible qui n'est absolument pas vide, car nous y sommes. Nous sommes notre propre demeure, le premier occupant, et nous sommes encore là.

Mais en étant tranquilles et à l'écoute de notre quiétude, comment empêcher tous ces autres éléments d'entrer précipitamment en nous ? Nous ne le pouvons pas toujours. Et c'est très bien ainsi. Nous avons également besoin parfois de prêter attention à ces associations et ces tristes souvenirs.

Mais il est bon parfois d'éloigner ces pensées pendant un certain temps et de prêter attention à notre *être*. Une façon classique de le faire est de respirer posément et avec une grande attention, et de ne faire que cela durant un moment. Nous découvririons peut-être que c'est une bonne façon de « pénétrer doucement » dans notre propre quiétude, de retrouver le sentiment de notre corps, de notre esprit, de notre intellect, seuls dans cet espace.

J'ai en moi un lieu de paix. Je peux le trouver.

12 SEPTEMBRE

En me comprenant moi-même, je veux comprendre les autres. Je veux être tout ce que je peux devenir... Tout cela semble très ardu et très sérieux. Mais, comme je me suis débattue avec cette réalité, ce ne l'est plus. Je me sens heureuse, au plus profond de moi. Tout est bien.

— KATHERINE MANSFIELD

C'est un passage difficile, cette traversée du deuil. Une période d'introspection attentive. Nous sommes portés à nous examiner et à regarder ce que nous avons perdu. Que nous reste-t-il de l'être aimé ? Comment voulons-nous employer les années qu'il nous reste ?

C'est aussi une période de croissance sur le plan de la compréhension – de nous-mêmes et des autres. C'est un travail difficile qui se fait dans la tristesse, car nous sommes tristes.

Mais une fois la poussière retombée, lorsque la douleur sera moins vive, nous serons plus sage et plus compatissant. Nous aurons davantage confiance en nous du fait d'avoir traversé une période difficile. Il se peut que nous nous sentions en sécurité comme jamais auparavant. Nous avons contemplé la mort en face, et nous savons qu'il y a plus que la terreur et la confusion. En apprenant à confier l'être aimé aux soins bienveillants d'un Créateur, nous sentirons la paix entrer dans notre vie, nous ferons confiance à l'ordre des choses et nous serons prêts à apprécier chaque journée, un jour à la fois.

Cette expérience me permettra de trouver en moi une force et une sagesse nouvelles, peut-être même une joie nouvelle.

13 SEPTEMBRE

Ah ! Si cette chair trop solide pouvait se fondre
Se dissoudre et se perdre en rosée ;
Si l'Éternel n'avait pas dirigé
Ses canons contre le suicide ! Ô Dieu ! Ô Dieu !
Combien pesantes, usées, plates et stériles
Me semblent toutes les jouissances de ce monde[10].

— William Shakespeare

Voilà un état dépressif avec lequel nous sommes probablement tous familiers. Nous voudrions être coupés de toute conscience. Nous pensons peut-être au suicide. Rien ne nous semble bon. Rien ne goûte bon. Rien ne nous plaît. Rien du tout.

Lorsque cette humeur apparaît, tel un nuage sombre, il est utile de se rappeler que nous avons déjà été dans cet état auparavant, que d'autres l'ont connu, et qu'il se modifiera.

Nous pouvons contribuer à ce changement, même s'il peut être difficile de mobiliser notre énergie pour le faire, en nous adonnant à une activité physiquement exigeante, comme une marche épuisante ou la natation. Ou encore par le soin des plantes. Ou par la conversation avec un ami. Ou par la cuisine. Tout ce qui est susceptible de modifier notre état d'esprit.

Une amie disait qu'en de tels moments, il lui était utile de répéter cette phrase : « Le pire est passé. » Cela vaut peut-être le coup d'essayer.

Cette humeur sombre est compréhensible étant donné ce que j'ai vécu. Mais elle va s'en aller.

10. N.d.T.: Traduction de François-Victor Hugo.

14 SEPTEMBRE

Surveillez votre route comme un voyageur prudent; ne regardez pas fixement cette montagne ou cette rivière au loin en vous disant : « Comment pourrai-je jamais les franchir ? » Mais concentrez-vous sur le petit espace là devant vous, et accomplissez cela dans le bref instant qui l'accompagne. C'est uniquement de cette façon que vous pourrez franchir la montagne et la rivière ; et, en les atteignant, vous atteindrez la lumière et la force qui leur appartiennent.

— M. A. Kelty

Une femme âgée disait n'avoir regretté qu'une seule chose dans toute sa vie, et c'était le temps passé à s'inquiéter.

Évidemment nous regardons en avant avec inquiétude et regret. Comment allons-nous survivre aux anniversaires et aux vacances en famille alors que l'être aimé nous manque déjà si cruellement ?

Ce seront des temps difficiles, et il y en aura d'autres que nous n'anticipons pas. Mais nous n'avons aucun moyen de savoir ce qui nous arrivera, ou ce qui nous serait arrivé – à nous et à l'être aimé –, si ce dernier avait vécu. Il existe de nombreux chemins que nous n'avons pas empruntés au cours de notre vie et, tandis que nous pleurons la perte de l'être cher avec lequel nous espérions cheminer longtemps, nous pouvons nous rappeler que nous n'avions aucune assurance à ce sujet non plus. Quittons donc la route de « l'inquiétude face à l'avenir » et apprécions la signification de *cette* journée.

Je considérerai ce jour comme un cadeau à ne pas gaspiller.

15 SEPTEMBRE

Le ciel va régler nos problèmes mais, selon moi, ce ne sera pas en nous laissant voir de subtils rapprochements entre toutes nos opinions en apparence contradictoires. Toutes nos certitudes seront plutôt ébranlées. Nous découvrirons qu'il n'y a jamais eu de problème. Et, plus d'une fois, nous aurons cette impression, que je ne peux décrire autrement qu'en la comparant au son d'un petit rire dans l'obscurité. Le sentiment que la vraie réponse est d'une simplicité troublante et désarmante.

— C. S. Lewis

Je soupçonne qu'une grande partie de l'énergie, que nous consacrons à évaluer les différents scénarios possibles de vie après la mort, n'est que l'énergie du chagrin en quête d'un endroit où aller. Mais, puisque nous en sommes réduits à conjecturer – et que l'on trouve dans plusieurs religions la conviction qu'il existe une vie après la mort pour les êtres humains –, peut-être devrions-nous parier sur l'espoir et présumer que, même si nous ne savons pas ce que Dieu fait dans la création, Dieu, Lui, le sait, et Il nous aidera.

Présent aux mystères de la vie et de la mort, je prêterai l'oreille au petit rire dans l'obscurité.

16 SEPTEMBRE

Mais je ne suis plus moi,
Et ma maison n'est plus ma maison.

— Federico Garcia Lorca

La mort de l'être aimé bouleverse notre vie de fond en comble. Rien n'est plus pareil. Curieusement, même ce qui nous était le plus familier prend un aspect insolite. C'est comme si nous devions apprendre une nouvelle langue, une nouvelle façon de voir. Même notre visage dans le miroir nous semble parfois être celui d'un étranger.

Que faire dans ces circonstances ? Reconnaître simplement que nous avons pénétré, en quelque sorte, sur un nouveau territoire. Même si le relief est semblable et que la plupart des gens n'ont pas changé, tout se présente sous un jour différent.

Vous rappelez-vous, lorsque vous avez déménagé dans une nouvelle maison ou une nouvelle ville, le temps qu'il vous a fallu pour vous sentir vraiment chez vous ? Il en va de même avec tout changement majeur dans la vie. Nous allons nous habituer à ce nouveau monde, à ce nouvel ensemble de personnes et de relations. Mais il va falloir du temps : le temps de regarder autour, d'être étonnés, interloqués, encore et encore. Nous aurons un dernier sursaut d'indignation avant de reconnaître : « Ah, oui, c'est différent à présent. »

Je suis entré dans un monde nouveau. Bien sûr, j'éprouve un sentiment étrange.

17 SEPTEMBRE

Reposez-vous. Le champ qu'on a laissé reposer donne une magnifique récolte.

— OVIDE

L'une des premières choses que l'on apprend sur le deuil, c'est qu'il est épuisant. Au départ, nous avons parfois l'impression d'être trop énergiques. Nous sommes « tendus », l'énergie nous rend fébriles, et nous sommes souvent incapables de dormir.

Et puis, des vagues d'intense énergie alternent parfois avec des vagues de grande lassitude, et nous découvrons que l'équilibre entre nos activités et nos périodes de repos se détériore. Parfois, nous débordons de vitalité pendant une semaine. Et, à d'autres moments, nous tombons presque endormis dès que nous en avons la chance, y compris à des moments qu'on ne saurait qualifier d'opportuns ! Et pourtant, nous sommes fatigués.

Nous devons comprendre que tout notre système a subi un choc important et qu'il faudra un certain temps à notre psyché et notre corps pour s'adapter aux nouveaux alignements que la vie leur impose. Ce travail de l'âme et du corps est épuisant.

Nous ferions bien de prendre soin de nous et de nous accorder, entre autres, davantage de périodes de repos.

Ce n'est peut-être qu'en « nous reposant » que nous pourrons redécouvrir la beauté du monde et nous souvenir avec gratitude de l'héritage laissé par la personne que nous avons perdue.

Je prendrai soin de moi en l'honneur de ma vie et de toutes les personnes qui ont partagé cette vie avec moi.

18 SEPTEMBRE

Il s'est ajouté une difficulté en lien avec la longue maladie de Fritz… j'ai été pendant deux ou trois ans incapable de me souvenir de lui tel qu'il était avant sa maladie. Je me revois encore, éveillée dans mon lit au milieu de la nuit, m'efforçant en vain de retrouver son image… Je n'ai compris pleinement à quel point j'avais souffert de ce blocage que le jour où, avec une joie et un soulagement frôlant l'extase, j'ai enfin pu me souvenir de Fritz, plus jeune et en santé.

— Lily Pincus

Quand un être cher décède après une longue maladie – ou affaibli par l'âge ou défiguré à la suite d'un accident –, il est souvent difficile de retrouver tout l'éventail des images représentant cette personne. Nous *savons* qu'elle n'a pas toujours eu cette apparence, mais la maladie ou un corps défiguré empêchent souvent de retrouver les images reflétant cette vitalité, qui a caractérisé l'être aimé durant la plus grande partie de sa vie passée à nos côtés.

Le temps nous aidera à rétablir l'équilibre. Il peut aussi être utile de regarder des photos d'une époque plus heureuse ou plus saine et de se remémorer la qualité de vie dans ces occasions. Ces souvenirs de jeunesse ne se sont pas perdus. Ils ont été voilés pendant quelque temps, mais ils émergeront un peu plus tard pour revendiquer la place qui est la leur.

Les images de l'être aimé surgiront d'elles-mêmes au moment opportun.

19 SEPTEMBRE

Un individu séparé des autres n'existe pas ; une telle créature n'aurait pas plus de vie propre qu'une cellule unique prélevée à la surface de la peau.

— Lewis Thomas

Instinctivement, nous savons cela. Et nous le savons avec une acuité particulière et beaucoup d'émotions quand un proche – une personne si près de nous qu'elle semble faire partie de notre propre corps – nous est enlevé. Bien sûr que cela fait mal !

Mais l'idée, selon laquelle nous faisons partie l'un de l'autre, nous réconforte aussi d'une certaine façon. Nous ne sommes pas seuls en ce monde. Nous sommes reliés au reste de la création de la même façon que sont reliées entre elles les cellules du corps.

Et nous ne sommes pas en lien uniquement avec les vivants, mais aussi avec les personnes décédées. Nous avons le sentiment que ce lien existe, même si nous ne comprenons pas comment tout cela se produit.

Bon, mais qu'y a-t-il de neuf là-dedans ? Peut-être devons-nous accepter notre ignorance, savourer ce que nous partageons avec tout ce qui vit, soutenus par la certitude de n'être vraiment pas seuls.

Je suis biologiquement connecté à tout ce qui vit. Je ne suis pas seul !

20 SEPTEMBRE

> *L'impact majeur est la perte, l'incroyable perte. Mes espérances se sont envolées. La vieillesse ne correspond plus à mes attentes. Il ne m'était jamais venu à l'esprit qu'elle pourrait ne pas être assise à mes côtés, dans la berceuse… À l'école catholique que j'ai fréquentée, la devise était hic et nunc, expression latine signifiant «ici et maintenant». Cela voulait dire que l'on fait ce qui est nécessaire — ici et maintenant.*
>
> — Cokie Roberts

C'est par ces mots que Cokie Roberts commentait le décès de sa sœur.

Nous tous, qui avons souffert de la mort prématurée d'un être cher, comprenons bien ces paroles. Nous devons examiner à nouveau ce que signifie vieillir pour nous.

Mais la vraie leçon à tirer d'un décès prématuré – ou de tout autre décès – est de prêter attention au moment présent. «Fais le nécessaire, ici et maintenant.» Le compliment que vous vous proposez de faire, les moments que vous projetez de passer ensemble mais que vous reportez constamment, la résolution d'un vieux problème douloureux dont vous aimeriez parler tout en évitant de le faire, voilà les choses auxquelles il faut prêter attention avant qu'il ne soit trop tard.

S'il est trop tard pour parler à une personne décédée, imaginez cette conversation que vous n'avez jamais eue en interprétant les rôles des deux interlocuteurs. Vous serez surpris de constater à quel point cet exercice peut avoir un effet thérapeutique. Identifiez ensuite les personnes encore vivantes, avec lesquelles vous pourriez avoir ce genre de conversation, et dites-leur ce que vous souhaitez qu'elles sachent.

Aujourd'hui est la seule journée que je suis absolument sûr de vivre. Puissé-je en faire bon usage.

21 SEPTEMBRE

Je ne crois pas à ta mort. Comment pourrais-tu être morte puisque je sens encore ta présence ? Comme Dieu, tu as peut-être pris une autre forme, et je devrais m'adresser à toi d'une autre façon, mais tu n'es pas morte pour moi, Nettie. Et tu ne le seras jamais. Quand je suis fatiguée de me parler, je te parle parfois.

— Alice Walker

Il *est* difficile de croire qu'un être cher est décédé.

Et, pendant un certain temps, nous ressentons vraiment sa présence. C'est peut-être plus qu'une projection de notre part. Des gens disent avoir eu conscience du moment précis où l'esprit du défunt a quitté la pièce, d'échanges silencieux, de visites ayant eu lieu peu après le décès d'un être aimé.

Que ces témoignages soient réels ou imaginaires, nous continuons certainement de *penser* au défunt, de poursuivre avec lui des conversations imaginaires. Un endeuillé a confié à quel point cela l'apaisait d'aller souvent au cimetière afin de s'entretenir avec sa chère défunte.

Cette forme de thérapie est aussi utilisée régulièrement pour guérir certaines blessures ou éliminer des malentendus. « Que lui diriez-vous ? » « Que pourrait-elle vous répondre ? »

Le voile entre les vivants et les morts semble parfois mince, et plus léger que l'air.

22 SEPTEMBRE

Cueille le moment présent. Il mourra bientôt.
Et, qu'il s'agisse de pacotille ou d'or, il ne reviendra pas
Sous le même déguisement.

— Gwendolyn Brooks

Pendant un certain temps, le deuil à propos de l'être aimé occupe toute la place, et nous n'arrivons plus à penser à autre chose. Tout ce qui n'est pas lié au deuil semble une intrusion. Si les gens abordent avec nous d'autres sujets, nous pensons : « Vous ne savez donc pas qu'il n'y a pas, dans ma vie actuelle, de place pour cela ? »

Mais le deuil peut devenir une accoutumance et, au bout de quelque temps, nous avons besoin de bouger. Nous retirer dans la douloureuse sécurité de notre petit univers ne nous protégera pas contre de nouveaux dangers. Cette retraite peut par ailleurs nous empêcher de prendre plaisir au monde, à ses beautés et à ses relations humaines, qui sont également éphémères, mais que l'être aimé voudrait nous voir apprécier pleinement.

Debout, dans l'embrasure de la porte de ma chambre où, fait inhabituel, j'étais encore au lit, mon petit garçon m'a attendrie un jour en me disant : « Comment je peux m'amuser en bas en sachant que tu es là-haut et que tu as la grippe ? » Cela faisait plaisir à entendre, mais je n'aurais pas aimé le voir se morfondre toute la matinée – et je suis sûre qu'il ne l'a pas fait !

Dès que possible, je réintégrerai le monde qui m'entoure avec courage et espérance.

23 SEPTEMBRE

On trouve une grande paix dans les petites occupations.

— Chaucer

Il s'est produit un événement d'une telle ampleur. Nous y avons réagi de façon tellement entière; cela nous a porté un coup terrible.

Confrontés à ce tsunami de sentiments et de changements, que pouvons-nous faire?

Rien de grand. Rien de monumental.

Au départ, nous allons faire ce qui s'impose : organiser les funérailles, le service funèbre, accueillir les amis, penser à nourrir et loger les personnes venues de l'extérieur de la ville.

Mais, une fois tout cela terminé, que fait-on?

D'abord, on se repose. Et ensuite, on trouve des choses à faire.

Le problème ne sera pas tant de savoir quoi faire, mais de s'efforcer de le faire. Ces activités peuvent sembler futiles : pourquoi coudre un bouton quand tout mon univers vient de s'écrouler? Pourquoi ratisser les feuilles mortes alors que l'avenir s'annonce si morne et que la pelouse est le dernier de mes soucis?

Mais, en nous activant, en accomplissant de petites tâches utiles, nous allons découvrir que la tâche elle-même absorbe, comme une éponge absorbe l'eau, la confusion et la tristesse qui nous submergeaient. Nous allons commencer à penser à ce que nous voudrions faire ensuite; peut-être même dresserons-nous des plans nouveaux pour l'avenir. Notre cœur s'allégera, nos pas seront plus rapides. C'est un « oui à la vie », somme toute.

Aujourd'hui, je vais faire une chose « facultative ».

24 SEPTEMBRE

Parvenu à un âge avancé, mon père m'a étonné en me disant qu'il avait compris à l'époque l'impact qu'avait eu la mort de ma mère sur moi, mais qu'il ne savait pas du tout quoi faire. S'il s'était exprimé ainsi, je crois que ça aurait été vraiment bien.

— William Maxwell

L'un des problèmes délicats, au sein d'une famille ayant perdu un être cher, est de savoir quoi dire et comment le dire.

Parler du processus comme tel pourrait être utile. « As-tu envie de parler maintenant, ou préfères-tu rester seul ? » « J'aimerais parler de [...], mais, si tu préfères qu'on en parle à un autre moment, ou jamais, ça va. » Nous devons clarifier le plus possible la question afin de nous assurer que les signaux que nous nous envoyons mutuellement ne sont pas mal interprétés ; et, bien souvent, le seul moyen de le vérifier est de poser des questions.

Il se peut que nous nous empêchions de reconnaître tout particulièrement le chagrin des enfants, et le nôtre, sous prétexte de les protéger. Ils ont besoin que nous partagions avec eux nos sentiments, non pas notre silence. Le non-dit est souvent plus effrayant que la douleur partagée. Les larmes et la confusion ne sont pas étrangères aux enfants. Ils ont besoin de nous, comme nous avons besoin d'eux.

Il vaut sans doute mieux risquer de trop en dire que de refouler nos sentiments sous l'effet de la peur.

25 SEPTEMBRE

John commençait à comprendre que le décès de personnes ayant occupé une place importante dans notre vie nous force à devenir davantage nous-même. Nous n'avons d'autre choix que de grandir.

— MAY SARTON

Une jeune femme qui pleurait la mort de son père disait qu'à partir du moment où elle a accepté l'idée que la mort était dans l'ordre des choses, elle a trouvé en elle une toute nouvelle source d'énergie pour faire évoluer sa vie.

Il se peut que nous résistions à une telle idée. Attribuer des « bienfaits » à la perte que nous avons subie pourrait impliquer que l'on déprécie non seulement le sentiment de cette perte, mais aussi l'importance que nous accordons à la personne que nous aimons. Si nous nous débrouillons bien sans elle, cela signifie-t-il que cette personne n'avait pas autant d'importance dans notre vie que ce que nous pensions ?

Il n'en est rien. C'est la richesse de notre relation avec cet être qui a rendu disponible et alimentée cette nouvelle énergie. La personne que nous sommes portera toujours l'empreinte de l'être aimé. Nous ne l'avons pas abandonné, pas plus qu'il ne nous a abandonnés. Cette nouvelle maturité que nous découvrons en nous-mêmes fait partie de l'héritage qu'il nous a légué, et il aimerait nous souhaiter bon vent. Mais nous devons être disposés à l'accepter.

Je porterai toujours en moi la force que l'être aimé m'a transmise.

26 SEPTEMBRE

Le modèle a changé... Je ne suis plus l'enfant de personne. Je suis devenue la Grand-mère...

Le rythme de la fugue se modifie; les thèmes se croisent et se recroisent. La mélodie me semble inconnue, mais je vais l'apprendre.

— MADELEINE L'ENGLE

Tout le système de notre vie est bouleversé par la perte que nous avons subie. Nous devons apprendre de nouveaux modèles, comme lorsqu'une rivière en crue laisse derrière elle en se retirant une nouvelle configuration d'affluents.

Nous aurons besoin d'un peu de temps pour nous habituer à tout cela. À certains moments, nous oublierons peut-être et nous réagirons comme d'habitude. Combien de billets pour la pièce? Combien de places à table? Combien de serviettes propres pour la salle de bain? Des choses banales mais qui déclenchent les souvenirs.

Les changements plus profonds, concernant notre place dans le monde, exigeront plus de temps. En perdant un parent, nous avons perdu une partie du rempart qui nous protégeait contre l'identification à la « génération plus âgée », avec tout ce que cela implique. En perdant un enfant, c'est tout l'avenir à partager qui a été effacé. S'il s'agit d'un frère ou d'une sœur, nous perdons une des personnes ayant partagé nos jeunes années.

Même si cela peut être pénible pendant quelque temps, nous allons modifier nos façons de penser et nos attentes, afin de témoigner notre gratitude pour la vie et les souvenirs qui nous appartiennent.

Bien que les eaux du changement tourbillonnent autour de moi, je suis toujours en sécurité.

27 SEPTEMBRE

Pour garder une lampe allumée, nous devons constamment l'approvisionner en huile.

— Mère Teresa

Au début, nous sommes presque paralysés. Nous faisons ce qui doit être fait et, dans les premiers jours, nous sommes bien contents de pouvoir nous laisser guider par les rituels et coutumes. Plusieurs personnes sont là pour prendre soin de nous : d'autres êtres chers, des amis, des membres de notre église.

Puis cette vague de soutien se retire, et nous devons apprendre à nous occuper seuls de nous.

Comment faire ? Nous pouvons nous découvrir de nouveaux intérêts. Avons-nous un talent pour la peinture ? La musique ? Les projets artistiques sont de merveilleux moyens de s'oublier dans le travail et, souvent aussi, d'exprimer son chagrin. Certaines personnes se joignent à des groupes de thérapie pour endeuillés ; là, elles peuvent confier aux autres ce qu'elles ressentent au plus profond de leur cœur, sans se demander si elles ne sont pas en train d'abuser de la gentillesse d'amis, qui ne comprennent peut-être pas qu'elles ont besoin de raconter encore et encore leur histoire. D'autres personnes s'intègrent à des réseaux d'entraide, qui viennent en aide aux mourants et à leurs familles.

L'important est que, telle une lampe qui a besoin d'huile, nous avons, nous aussi, besoin d'alimenter nos sources d'énergie et de guérison.

J'ai le pouvoir, et la responsabilité, de garder ma vie en marche.

28 SEPTEMBRE

À présent, nous voyons dans un miroir et de façon confuse,
Mais alors, ce sera face à face.
À présent, ma connaissance est limitée,
Alors, je connaîtrai comme je suis connu.
Maintenant donc ces trois-là demeurent,
La foi, l'espérance et l'amour,
Mais l'amour est le plus grand.

— I Corinthiens 13,12-13

Nous avons terriblement envie que les autres nous connaissent vraiment et réciproquement.

Est-ce bien le cas ? Chez plusieurs d'entre nous, un doute persiste : si tu me connaissais vraiment, tu ne m'aimerais pas. Or, dans des groupes de thérapie et de partage à travers le pays, on a fait cette étonnante découverte : me connaître vraiment, c'est m'aimer. Non parce que je suis une personne parfaite, loin de là, mais parce que le partage de ma vulnérabilité, de ma souffrance et de ma faiblesse me permet d'être compris et accepté. La force de ce don facilite mon épanouissement et mon évolution. Comme une terre fraîchement labourée, je suis prêt à accueillir de nouvelles graines, à commencer une nouvelle croissance.

Les mots « maintenant [ou à présent] » et « alors », dans le passage de la lettre de Paul à l'Église de Corinthe, font référence d'une part à la connaissance voilée et imparfaite ainsi qu'à l'amour dont nous faisons l'expérience au cours de notre vie, et d'autre part à l'état d'illumination et d'amour pur que nous connaîtrons dans l'Au-delà.

Accablé par le doute en ce qui me concerne et par l'inquiétude relative à des conflits non résolus, j'essaierai d'imaginer un monde véritablement indulgent.

29 SEPTEMBRE

Précipitation, précipitation, il n'y a en toi aucun bienfait.

— Proverbe swahili

Au départ, nous sommes tellement occupés ; il y a tant à faire, tant de personnes à qui parler, tant de dispositions à prendre.

Puis vient une période plus calme qui, en un sens, est plus difficile à supporter. Devant le miroir qui nous renvoie notre solitude, nous baissons les yeux. Tous les endroits où nous avions l'habitude d'aller avec l'être aimé, il faut désormais y aller seul. Et, même si nous y allons avec quelqu'un d'autre, le fossé est toujours là.

Pour nous protéger, il se peut que nous cédions à la précipitation, dans l'espoir que l'hyperactivité nous empêche de ressentir la douleur.

Il n'est pas mauvais de s'activer, bien sûr. Nous avons besoin de rencontrer des gens et de nous impliquer dans des activités nouvelles. Mais ne faites pas l'erreur d'agir de la sorte pour vous dérober au chagrin. Celui-ci finira par vous retrouver et demandera à être entendu.

Curieusement, le fait d'habiter pour un temps le pays du chagrin nous apporte un certain réconfort. C'est notre lieu de résidence pendant un certain temps ; nous y sommes à notre place et nous devons nous y reposer dans la quiétude et en prenant tout notre temps, jusqu'à ce que nous ayons compris ses espaces et sa signification. Nous pourrons alors nous remettre en route.

Sans précipitation ni panique, je vais habiter la maison de mon chagrin.

30 SEPTEMBRE

Tout ce que nous faisons
Est touché par l'océan, et pourtant nous restons
Sur le rivage du connu.

— Richard Wilbur

Nous qui sommes à proximité du mystère de la mort, nous aspirons à en savoir plus. À quoi ressemble cette traversée ? Est-ce une traversée ou est-ce la fin ? La force de la foi et de l'espoir nous incite à croire que l'être aimé connaît maintenant une plus grande gloire.

Mais à quoi cela ressemble-t-il ? Les vieilles images de palais et de rues pavées d'or ne nous sont plus utiles. Quoi, alors ? Les morts ont-ils conscience de notre vie ? Savent-ils à quel point ils nous manquent et combien nous les aimons ? Les gens qui relatent des expériences de mort imminente disent avoir flotté au-dessus de leur corps et observé les efforts déployés pour les ranimer ; ils affirment aussi s'être dirigés vers des images de lumière et d'amour tellement attirantes qu'ils ont eu du mal à revenir. Et, quand meurent ces gens, ou n'importe qui d'entre nous, est-ce que leur esprit reste à proximité pendant quelque temps avant de s'éloigner ? Les êtres aimés viennent-ils à notre rencontre quand nous décédons ?

Nous ne pouvons connaître les réponses à ces questions, mais elles nous trottent dans la tête de temps en temps ; et nous avons la conviction que nous apprendrons ce que nous devons savoir quand le besoin sera présent. Nous restons donc sur la rive, et nous nous interrogeons.

Je suis persuadé que ce qui m'est inconnu l'est pour mon bien, pour la paix totale de mon esprit et ma plus grande joie.

1ER OCTOBRE

Qui a semé dans les larmes
Moissonne dans la joie !
Il s'en va, il s'en va en pleurant,
Chargé du sac de semence.
Il revient, il revient avec joie,
Chargé de ses gerbes.

— PSAUMES 126,5-6

Cette citation de la Bible est destinée aux gens éloignés de leur foyer et qui savourent à l'avance leur retour à la maison. Cette métaphore peut aussi illustrer le processus du deuil assumé avec courage : nous sommes sûrs qu'après avoir démêlé le vrai du faux et avoir grandi, nous allons retrouver notre équilibre, notre joie même, et sortir de ce difficile passage, enrichis, renforcés et plus productifs. Si nous ne nous étions pas aventurés dans ce territoire nouveau et étrange, si nous étions restés sur place, refusant d'avancer, nous ne pourrions pas revenir dans la joie avec les richesses que cette difficile traversée nous a procurées. Ces richesses, nous les rapportons non seulement pour nous, mais aussi pour d'autres personnes qui auront besoin de notre aide quand, à leur tour, elles effectueront leur propre voyage de guérison.

Puissions-nous avoir le courage de nous mettre en route, de persévérer lorsque nous pénétrerons dans des territoires nouveaux et étranges à nos yeux, de faire confiance à ceux qui sont là pour nous aider, et de faire preuve de compassion en revenant aider les autres.

J'entreprendrai ce voyage avec espoir et confiance. Qu'ai-je à perdre ? Et il y a tant à gagner !

2 OCTOBRE

L'expérience m'a enseigné que plus le sentiment de perte éprouvé est profond, plus grande devrait être notre gratitude envers ce que nous avons perdu. Cela signifie qu'il y avait dans notre vie un être ou une chose qui avait suffisamment de valeur à nos yeux pour qu'on éprouve un grand chagrin. Je ressens de la tristesse pour les personnes qui traversent toute leur existence sans même savoir ce qu'est le deuil.

— Frank O'Connor

L'idée que nous ne ressemblons pas à ces malheureux qui n'ont jamais aimé vraiment – et que nous devrions en éprouver de la reconnaissance – n'est pas vraiment réconfortante actuellement. Consumés par le chagrin, nous ne pouvons nous imaginer dans pareille situation. Et nous sommes peut-être un peu indignés aussi – le fait de savoir que le sort de certaines personnes est pire que le nôtre peut-il vraiment alléger nos souffrances ?

Mais nous savons que nous n'échangerions pas notre situation contre la leur. Nous n'échangerions pas ces années où nous avons apprécié la présence de l'être aimé contre la disparition de notre douleur au prix de ne jamais avoir connu l'être adoré. Non, nous ne voudrions jamais conclure un tel marché. Nous ne souhaitons qu'une chose, et c'est de retrouver l'être aimé en santé et hors de danger.

Mais, puisque c'est impossible, qui sait si le fait de reconnaître la chance que fut la nôtre d'avoir un amour aussi riche n'atténuera pas un peu notre chagrin ? Même si la personne s'en est allée, cet amour est un cadeau qui ne disparaîtra jamais.

Si attristé que je sois en raison de la perte que j'ai subie, mon cœur se gonfle de gratitude pour la richesse que [...] a apportée dans ma vie.

3 OCTOBRE

Tandis que les mois passent et que les saisons se succèdent, une sorte de tranquillité s'installe ; et même si le son familier de ses pas ne se fera plus entendre, ni la voix qui appelait de la chambre à l'étage, on dirait qu'il y a une atmosphère d'amour, une présence vivante… C'est comme si l'être aimé partageait avec nous, d'une manière indéfinissable, la liberté, la paix, et parfois même la joie d'un autre monde où il n'y a plus de souffrance… Ce sentiment est là, tout simplement, et il s'insinue dans toutes nos pensées et toutes nos actions. Quand le Christ guérisseur, a dit : « Bénis soient ceux qui pleurent, car ils seront consolés », c'est probablement de cela qu'il parlait.

— Daphné du Maurier

Il y a dans le deuil de nombreuses étapes, mais le déroulement peut changer. Après un certain temps, cependant, même si des hauts et des bas continuent d'apparaître, il semble s'insinuer dans la vie de la personne endeuillée une confiance, chèrement gagnée, qui s'installe malgré tous les tourbillons et vagues dans lesquels l'entraînent les luttes et les joies incessantes de la vie. Nous avons le sentiment d'avoir touché le fond rocheux et de remonter lentement à la surface ; et, même si nous devions affronter d'autres épreuves et supporter d'autres doutes (et il y en aura !), nous savons qu'il existe en nous un niveau de stabilité et de confiance qui nous empêchera de sombrer au fond de l'océan, même aux heures les plus sombres.

Le Dieu des temps antiques est un refuge ; c'est un bras depuis toujours à l'œuvre ici-bas. – Deutéronome 33,27

4 OCTOBRE

Grand Esprit, aujourd'hui je te prie...
Grand Esprit, entends-moi;
Mon âme est lasse,
Je prie aujourd'hui pour que ton esprit demeure en moi.

— Prière Kiowa

Nous sommes parfois si fatigués. Le deuil nous épuise. La tristesse mine nos forces et notre détermination; l'être pour lequel nous portons le deuil, et qui était souvent une source d'énergie et de force pour nous, est parti. Alors nous pleurons la perte que nous avons subie, et qui est là pour nous aider?

Ils sont nombreux à nous aider : des amis, des membres de notre famille, des communautés de soutien auxquelles nous appartenons. Pourtant, une sensation de fatigue, voire de désespoir, nous envahit et semble ne plus vouloir nous quitter.

Le temps est maintenant venu de prendre le risque de la foi. Risquer de croire qu'il existe, dans la structure de l'univers, un Esprit accueillant qui attend, qui a hâte que nous nous tournions vers Lui et disions : « Viens à moi. Remplis-moi de ta présence. Je ne peux y arriver tout seul. Aide-moi. Sois mon énergie, et mon repos. » Nous serons peut-être surpris en constatant que notre moral remonte, que notre fardeau s'allège et que nous avons le sentiment de ne pas être seuls.

Esprit, qui que tu sois et où que tu sois, accompagne-moi à présent.

5 OCTOBRE

Je m'assois sur la terre verte, humide et riche, et je ramène mes genoux contre ma poitrine. Tout n'est pas perdu. Les oiseaux ont simplement repris la route. Ils m'encouragent à en faire autant.

— TERRY TEMPEST WILLIAMS

À cette époque de l'année dans certaines régions du pays, nous commençons à voir les oiseaux s'envoler vers le sud pour une longue période. Comment savent-ils qu'il est temps de partir ? Comment sauront-ils qu'il est temps de revenir ?

Les réponses à ces questions nous sont inaccessibles. Les cycles de la vie se poursuivent, indépendamment de notre savoir ou de notre ignorance. Comme il est rassurant de ne pas avoir besoin de savoir, de constater que le Créateur sait, Lui qui fait tourner les planètes du système solaire. Et de voir que les oiseaux reviennent.

Pouvons-nous développer le même sentiment de confiance en ce qui concerne notre expérience de la perte et de la renaissance ? Pouvons-nous voir partir les oiseaux, avec l'intime conviction qu'ils reviendront ?

Pouvons-nous dire adieu à nos êtres chers, non pas en espérant les voir revenir au printemps, mais en croyant que, par des moyens que nous ne pouvons connaître, ils seront encore présents auprès de nous et nous aimeront comme nous continuons de les aimer ?

Dans le carrousel des saisons, je trouve une promesse et un espoir.

6 OCTOBRE

En franchissant le seuil de la chambre des enfants, elle a senti sa présence dans la pièce, aussi fortement que si elle avait ouvert la porte d'un four; la présence de sa force, de sa virilité, de son désarroi et d'une parfaite quiétude.

— James Agee

Les gens ont décrit de diverses façons cette sensation d'une présence transformée au moment du décès ou peu de temps après. Pour certains, ce n'est que cela : la sensation d'une présence. D'autres parlent d'une conversation au cours de laquelle la personne défunte cherche à obtenir la confirmation qu'elle peut s'en aller. D'autres encore disent avoir observé sur le visage de la personne mourante, et peut-être dans ses dernières déclarations, des signes d'une possible réunion avec des êtres chers décédés précédemment.

Que faire de ces expériences ? Elles ont sûrement une signification profonde et personnelle pour les personnes présentes. Mais, même pour ceux et celles d'entre nous qui en ont seulement entendu parler, elles permettent de croire tout au moins que la vie continue après la mort, et nous offrent l'espoir de retrouver nos êtres chers.

Devant le mystère de la mort, gardons le cœur et l'esprit ouverts.

7 OCTOBRE

Jamais elle n'a déclaré son amour,
Mais elle a laissé sa passion, cachée comme le ver dans le bouton,
Dévorer les roses de ses joues : elle languissait dans ses pensées;
Et pâle et mélancolique,
Elle était tranquille comme la patience sur un monument,
Souriant à la douleur[11].

— William Shakespeare

Cette scène, tirée de la pièce *Le jour des rois*, parle d'une femme qui affichait un masque de calme et de tranquillité tandis qu'à l'intérieur, « comme le ver dans le bouton », ses sentiments la rongeaient. Elle souriait malgré son chagrin, et ressemblait à une statue de pierre.

Que cela nous serve de leçon! Réprimer ses sentiments, essayer de rester impassible, cela permet d'offrir au monde une image apaisante. Mais à quel prix? Au prix de l'apathie?

Et pour protéger qui? Nous-mêmes, pour ne pas être considérés comme « trop émotifs »? Pour être perçus comme un pilier de stabilité et de confiance? Pour protéger les autres, afin qu'ils ne voient pas à quel point la perte d'un être aimé peut rendre triste?

Ils savent bien que cela est absurde, et nous aussi. Et le fait de partager notre chagrin nous rapproche d'eux bien plus que nos tentatives peu judicieuses de maîtriser parfaitement la situation.

Je n'adopterai pas une apparence de fausse tranquillité, pour ensuite me changer en statue de pierre.

11. N.d.T.: Traduction tirée du site Web InLibroVeritas.

8 OCTOBRE

> *Il nous suffit de croire. Et plus la réalité se montre menaçante et irréductible, plus nous devons croire avec fermeté et acharnement. Alors, petit à petit, nous verrons l'horreur universelle s'assouplir et nous sourire avant de nous prendre dans ses bras plus qu'humains.*
>
> — Teilhard de Chardin

Nous avons tellement envie de croire en un Créateur qui nous aime, nous guide et nous soutient – et soutient l'être aimé – dans une vie sans fin et recélant de possibilités infinies ! C'est presque trop beau pour être vrai.

Tournons-nous le dos à cette croyance parce que nous ne voulons pas nous bercer de faux espoirs ? Craignons-nous de croire parce que nous pourrions nous tromper ?

Songez à toutes ces vérités scientifiques qui n'auraient jamais été découvertes si quelqu'un n'avait pas osé expérimenter à partir d'une hypothèse née de l'intuition et de la spéculation.

Mais comment vérifie-t-on l'hypothèse de la croyance ? Dans notre tristesse et notre désespoir, pouvons-nous agir et penser comme si la foi était un miroir fidèle de la vérité, comme s'il y avait dans les ténèbres une main tendue avec compassion et amour ?

Cela vaut le coup d'essayer.

Je prendrai le risque de croire et je verrai où cela me mène.

9 OCTOBRE

... pour les défunts, la vie se poursuit après la mort en ce sens qu'ils exercent une influence constante sur ceux qui leur survivent. Cela semble encore plus vrai quand ceux qui restent sont aux prises avec des sentiments de colère ou de culpabilité. Les enfants se sentent parfois soulagés lorsque la mort vient mettre un terme aux exigences parentales, qui mobilisaient leurs énergies, ou encore à une longue et douloureuse maladie. Si le processus du deuil est en partie une recherche de l'être aimé, il permet aussi aux morts de nous rechercher jusqu'à ce que, progressivement, nous mettions fin à leurs exigences et leur demandions de nous laisser tranquille.

— Mary Jane Moffat

La perte d'un être cher provoque un drame psychique comportant d'infinies variations.

Sommes-nous soulagés, d'une certaine façon? Nos êtres chers ont peut-être exigé une grande attention de notre part et sapé notre énergie physique et émotionnelle. Ou peut-être ont-ils rendu notre vie difficile autrement, en créant différentes formes de stress dans la famille. Est-ce mal de reconnaître que la vie est plus facile sans eux en quelque sorte?

Et qu'arrive-t-il si nous imaginons qu'ils nous jettent des regards réprobateurs – comment as-tu pu? Tu sais que tu es en partie responsable.

Ces idées tournent constamment dans notre tête tandis que nous cherchons la solution parfaite au problème, laquelle ne viendra pas. Jusqu'au jour où, lassés du combat et misant sur la grâce du pardon mutuel, nous parvenons à lâcher prise.

Acceptons-nous les uns les autres en sachant que nous avons fait de notre mieux.

10 OCTOBRE

Dans notre sommeil, une souffrance qu'on ne peut oublier tombe goutte à goutte sur notre cœur jusqu'à ce que, dans notre désespoir et malgré nous, vienne la sagesse par la terrible grâce de Dieu.

— ESCHYLE

Le chagrin nous engloutit, envahit notre vie, nous rend impuissants. Que faire ?

Attendre. Passer une journée. Puis une autre. Et une autre encore.

Nous aurons l'impression d'agir « machinalement », mais il est important de le faire.

Nous réapprenons, d'une étrange façon, à vivre.

Nous sommes vivants, nous tenons notre rôle et arrivons à faire le nécessaire. Mais tout juste.

Puis un jour, nous sommes étonnés (comment est-ce possible ?) en constatant qu'une partie de notre énergie est revenue.

Comment cela s'est-il produit ? Nous ne l'avions pas prévu, nous ne le souhaitions pas particulièrement, car nous ne nous attendions à *rien*. L'important – la perte de l'être aimé – s'était déjà produit.

Mais voilà que cela arrive. Notre démarche devient plus légère. Et nous commençons à regarder autour de nous.

Pour toutes les manifestations de la vie alors que je ne voyais que des signes de la mort, qu'il me soit donné d'exprimer ma gratitude.

11 OCTOBRE

Celui qui ne peut pardonner aux autres détruit le pont sur lequel il doit lui-même passer.

— George Herbert

La personne décédée a peut-être commis une terrible injustice envers nous, et nous en avons souffert. Si toute notre relation avec cette personne a été mauvaise, nous devrons peut-être résoudre une série de problèmes émotionnels en lien avec elle, mais la tristesse ne figurera probablement pas en tête de liste !

À présent, la personne est partie. Et nous sommes aux prises avec des problèmes non résolus et ne savons pas quoi faire.

Nous aurons peut-être besoin d'aide professionnelle : un conseiller ou un thérapeute qui nous aidera à sortir de ce bourbier d'ambivalences, ou peut-être simplement un ami à qui parler. Nous ne sommes pas parfaits, nous non plus, mais cela ne fait pas de nous pour autant des personnes indignes, désagréables ou mal aimées.

Cependant, il est essentiel de pardonner dans la mesure du possible les torts qui nous ont été faits, davantage pour notre bien que pour la réputation de la personne décédée.

Attention ! Pardonner n'est pas oublier volontairement ni excuser. Si les blessures sont réelles, elles requièrent une réelle attention. Le sentiment de soulagement et l'allégement de notre fardeau, que nous ressentirons, nous indiqueront que nous avons réellement pardonné et que la réconciliation a bien eu lieu.

Pardonner, c'est se libérer d'un fardeau.

12 OCTOBRE

Chose incroyable, j'ai passé tout l'après-midi sans penser à elle.

— Hoyt Hickman

Nous pensions ne jamais pouvoir le faire : réintégrer la vie active telle que nous l'avions connue avant que ne survienne le décès.

Et, évidemment, ce n'est plus la même vie. Non seulement la distribution des rôles a été amputée d'un personnage, mais nous, qui avons subi cette perte, ne sommes plus les mêmes. Et, selon qu'elles étaient plus ou moins proches du défunt, les personnes importantes de notre vie ne sont sans doute plus les mêmes non plus.

Puis un jour, nous découvrons qu'il nous arrive parfois d'être en prise directe avec cette nouvelle vie où le chagrin ne nous accable pas constamment. Nous nous surprenons à déguster une glace ou une tasse de thé chaud sans penser à ce qui manque dans notre vie. Nous pouvons regarder un film ou une pièce de théâtre en toute simplicité sans que notre perception soit teintée par le deuil. À la fin d'une conversation avec un ami, nous nous apercevons que, pas une fois, la perte de l'être aimé n'est venue hanter cet échange. Alors nous savons que nous avons emprunté un nouveau chemin au cours de notre voyage vers la guérison.

Je sais que je ne peux précipiter les choses et que la guérison viendra peu à peu.

13 OCTOBRE

Viens à moi, viens à moi, Ô mon Dieu;
Viens à moi où que je sois!
Laisse les arbres, les brins d'herbe,
L'eau et l'air affirmer ta présence!

— George MacDonald

Lorsque nous avons perdu un être cher, nous voulons être absolument sûrs que Dieu existe et qu'Il prend soin du monde avec tendresse. Nous avons besoin de savoir que la vie elle-même ne nous rejette pas et qu'elle ne se détourne pas de notre douleur. Nous dressons nos antennes, à l'affût de signes et de prodiges, de tout ce qui indique que la vie s'occupe de nous, que Dieu prend soin de nous, que nous ne sommes pas seuls.

Nous voyons des significations partout. Un oiseau voltige à notre fenêtre et semble chanter pour nous. Nous rencontrons par hasard une personne que nous avions perdue de vue depuis longtemps et qui, apprenant la nouvelle de notre deuil, nous raconte une histoire merveilleusement rassurante sur la vie après la mort. Nous allons à l'église ou dans un autre temple de culte, et l'office semble correspondre plutôt bien à nos besoins à ce moment précis.

Qu'est-ce qui dans tout cela est le fruit d'une projection de notre part et qu'est-ce qui relève de la synergie de forces bienfaisantes dépassant notre compréhension? Nous l'ignorons.

Et nous n'avons peut-être pas besoin de le savoir. Peu importe son origine, quelque chose nous vient en aide. Peut-être est-ce Dieu sous diverses formes.

J'ai parfois le sentiment que la vie m'appelle et me réconforte.

14 OCTOBRE

La lecture d'ouvrages écrits par des personnes ayant vécu un deuil est une autre façon de faire évoluer le processus et de trouver de nouveaux amis compréhensifs. Quand un écrivain décrit pour moi ce que j'éprouve, il devient mon ami ; je ne suis plus seule. Après avoir fait la paix avec sa souffrance d'une manière ou d'une autre, cette personne a pu écrire sur ce sujet. Moi aussi, je trouverai peut-être mon chemin de cette façon.

— MARTHA WHITMORE HICKMAN

Dans la crise générée par la perte d'un être cher, comme dans la plupart des autres crises de la vie, ceux qui peuvent le plus nous aider sont ceux qui ont vécu la même expérience.

Outre nos amis ayant connu des expériences semblables à la nôtre et les groupes de soutien aux endeuillés, ne négligez pas les librairies et les bibliothèques ! Il existe des livres sur mesure pour des pertes spécifiques : celle d'un parent, d'un conjoint ou d'un enfant. Certains proposent des histoires personnelles ; d'autres adoptent davantage le point de vue d'un conseiller, tout en offrant des analyses cliniques et de l'aide. D'autres encore adoptent un point de vue religieux ou philosophique particulier.

On peut explorer dans une librairie ou une bibliothèque avant de trouver le livre qui nous convient. La variété n'est pas le plus important ici. Comme les bons amis, un ou deux sont parfois suffisants.

La découverte du livre qui nous convient peut nous apporter espoir et sagesse ; il sera le compagnon de nos longues nuits sans sommeil.

15 OCTOBRE

À cause d'elle, il avait appris à observer les oiseaux — le vol rapide des canaris sauvages (soleil jaune sur ailes jaunes), le lissage vaniteux des merles bleus et rouges, le carouge avec ses ailes à pointes rouges ressemblant à d'étonnantes épaulettes.

— Terry Kay

Ils nous ont enseigné tant de choses, ces êtres chers que nous avons perdus ! Et comme nous conservons précieusement ce qu'ils nous ont donné !

Des images précises nous remontent en mémoire encore et encore. Des scènes, auxquelles nous n'avions pas repensé du vivant de l'être aimé et qui sont d'autant plus précieuses depuis son départ, émergent et prennent leur place comme des photos dans un album de famille.

Je vois ma mère qui découpe, dans une page colorée d'un magazine, de longs triangles minces qu'elle enduit de colle de farine ; puis, en commençant à l'extrémité la plus large, elle enroule ces bandelettes autour d'une aiguille – une autre perle à enfiler dans les colliers qu'elle fabriquait pour ses deux jeunes filles. Je n'ai jamais trouvé nulle part une description de cette technique artisanale (un ancêtre du papier mâché, je suppose) et je ne sais pas ce que sont devenus ces colliers. C'était il y a des décennies, et je ne crois pas y avoir repensé à l'époque où elle vivait parmi nous. Mais aujourd'hui j'y pense avec affection et gratitude : ce projet de bricolage, avec des ciseaux, de la colle et ces merveilleuses perles, réunissait autour de la table ma sœur, ma mère et moi !

Nos êtres chers existent dans la mémoire vive des choses qu'ils nous ont apprises.

16 OCTOBRE

Une personne m'a fait remarquer qu'un chagrin excessif est contre-productif. C'est un désagrément en société et un manque de considération flagrant aux yeux du public. Mon amie orientaliste me dit que la vie est un passage, un corridor, et elle m'enjoint de me débarrasser de mes ruminations morbides.

Balivernes ! Je suis en colère.

— Toby Talbot

Personne ne veut manquer de respect aux autres mais, pour le moment, il importe davantage de ne pas manquer d'égards envers nous-mêmes. Nous avons été blessés. Nous avons besoin de soins. Nous avons besoin que les autres prennent soin de nous, et nous devons aussi prendre soin de nous. Nous sommes les mieux placés pour savoir quelle est la meilleure façon d'exprimer notre chagrin. Et, si nous sommes en colère – ce qui serait légitime après avoir reçu un tel coup –, nous devons l'exprimer.

Alors, si nous mettons certaines personnes dans l'embarras ou si nous semblons être « plus bouleversés » que ce que nous devrions être à leur avis, c'est leur problème. Le temps est venu pour nous de nous rapprocher d'amis plus compréhensifs.

Je ne me laisserai pas intimider par les opinions d'autrui sur les sentiments que je devrais éprouver. C'est moi qui suis dans mon cœur et dans ma tête, et qui sais.

17 OCTOBRE

Puissé-je dire, une fois tous mes chagrins évanouis :
« Heureux le cœur qui a soupiré pour un tel être ! »

— SAMUEL DANIEL

Si nous ne les avions pas aimés, nous n'aurions pas autant de peine.

Au début, notre chagrin est si dévastateur que nous avons du mal à voir loin et à imaginer que nous apprécierons plus tard d'avoir eu le privilège de partager des moments de vie avec l'être cher qui nous a quittés.

Même quand la mort est prématurée, et les circonstances, atroces, nous pouvons être assurés qu'un jour la gratitude que nous éprouvons pour avoir connu cette personne surpassera le terrible chagrin qui envahissait au départ tout le paysage de notre existence. Une amie dont le fils s'est suicidé me disait qu'un jalon important du processus de guérison a été l'élaboration de deux listes : elle avait inscrit sur la première les mauvaises expériences qu'elle avait vécues avec son fils ; et, sur la deuxième, les bonnes. Inutile de dire que la liste des bonnes expériences était beaucoup plus longue que l'autre.

Il faudra du temps avant que la balance qui s'était inclinée au départ sous le poids du chagrin ne retrouve son équilibre et que la joie d'avoir été présent dans la vie de la personne disparue ne retrouve sa prééminence. Mais, pour peu que la relation se soit bâtie dans la joie et l'appréciation mutuelle, cela arrivera.

Au plus profond de mon cœur, j'éprouve un sentiment de gratitude pour avoir partagé la vie de l'être que j'aimais. Et, j'ai confiance qu'un jour, en me souvenant de la vie que nous avons passée ensemble, mon bonheur surpassera de loin le chagrin que je ressens aujourd'hui.

18 OCTOBRE

Ce n'était pas moi, c'était le Seigneur. Je lui disais toujours : « J'ai confiance en toi. Je ne sais pas où aller ni quoi faire, mais je sais que tu vas me conduire », et il l'a toujours fait.

— Harriet Tubman

Comment les gens parviennent-ils à vaincre l'adversité ?

Pour Harriet Tubman – une femme noire fugitive dont la tête était mise à prix et qui malgré cela est retournée 19 fois dans le Sud pour participer à la libération d'esclaves en empruntant la filière clandestine –, c'est sa foi en Dieu qui lui a permis de mener à bien son projet.

Elle ne savait pas plus que nous « où aller ni quoi faire », mais elle avait confiance dans la force qui l'avait soutenue et qui lui avait donné le courage de traverser toutes les périodes de crise de sa vie.

Nous avons tous nos façons de faire et nos traditions pour affronter un avenir incertain qui nous terrorise, ainsi que les vagues de chagrin qui nous submergent. En suivant le processus du deuil, un geste utile que nous pouvons poser est de tendre la main dans l'obscurité et d'imaginer l'Être suprême venir à notre rencontre pour nous réconforter, nous guider et nous donner confiance en l'avenir.

Ô Dieu, ta mer est si vaste et mon bateau, si petit. Accompagne-moi.

19 OCTOBRE

... comme la résilience est compliquée et spécifique à chaque individu, le temps requis pour guérir ne peut être mesuré par rapport à un calendrier établi, quel qu'il soit.

— Mary Jane Moffat

Divers facteurs entrent en ligne de compte quand il s'agit de mesurer le temps que prendra la traversée des étapes les plus pénibles du deuil. La fin de la première année est un jalon important : l'endeuillé a été confronté à chaque anniversaire, chaque fête particulière.

Mais certaines personnes prétendent que ce n'est que le commencement : la perte subie ayant été assumée à chaque occasion, il faut continuer de vivre jusqu'à la fin de ses jours.

Quatre ans après le décès de ma fille, je me suis dit un jour : « Les choses commencent à changer. » Mon profond chagrin n'avait pas disparu, mais il n'était plus un fardeau aussi obsédant, l'élément dominant de chaque journée. Un autre écrivain a dit qu'il faut sept ans pour se remettre de la mort d'un proche.

Ces chiffres nous paraissent décourageants lorsque nous sommes plongés pour la première fois dans le deuil et que nous appréhendons la semaine suivante et son cortège de tristesses. Le temps s'allonge, s'étire.

Ce ne sera pas toujours le cas. Mais nous ne pouvons faire des prédictions. Nous devons avancer à tâtons en faisant confiance au processus, lequel possède sa propre sagesse.

Je vis un jour à la fois.

20 OCTOBRE

Mais, avant tout, j'ai appris que nous sommes tous des êtres fragiles, vulnérables et blessés ; certains d'entre nous sont simplement plus habiles que d'autres à le dissimuler ! Et, bien sûr, le paradoxe, c'est qu'il est normal d'être fragiles et blessés, car c'est ainsi que le Dieu Tout-Puissant nous a créés.

— SHEILA CASSIDY

Qu'est-ce que c'est que ce mythe qui voudrait que nous soyons forts ? Que nous endurions « stoïquement » la souffrance ? Bien sûr, si nous avons le choix, nous préférerons pleurer dans un endroit discret, plutôt que de risquer d'assombrir l'atmosphère d'une joyeuse réunion mondaine.

Mais a-t-on jamais ostracisé quelqu'un sous prétexte qu'il aurait eu une crise de larmes ? Si vous devez expliquer, expliquez. Si les gens sont impatients, c'est leur problème. Votre fardeau est bien assez lourd en ce moment sans craindre en plus que les autres ressentent un certain malaise. Si les personnes présentes ont vécu de semblables expériences, elles comprendront tout de suite ce qui se passe. Si tel n'est pas le cas, du moins pas encore, lorsqu'elles seront aux prises avec un chagrin, elles vous sauront gré, peut-être, de leur avoir donné en pleurant la permission de le vivre. Vous n'êtes pas un étranger agissant de façon étrange. Vous êtes un être humain qui agit comme un être humain.

Sur la carte du monde créé, le chemin qui mène à la guérison ne contourne pas le chagrin, mais il passe exactement par le milieu.

21 OCTOBRE

Si vous souhaitez que je pleure,
Vous devez d'abord éprouver vous-même du chagrin.

— Horace

Pourquoi est-il plus facile d'exprimer son chagrin en présence de certaines personnes plutôt que d'autres ?

Nous n'avons pas besoin que nos amis pleurent avec nous (même si parfois ils le font), mais qu'ils nous manifestent de l'empathie, de la compréhension, pour nous donner ainsi le sentiment de pouvoir exprimer notre chagrin ouvertement en leur présence.

Il ne s'agit pas tant d'entendre certains mots précis qui nous donneront cette permission que de croire que nos amis nous écoutent attentivement, que leur esprit n'est pas préoccupé par un autre sujet. Comme nous serons très vulnérables en exprimant notre chagrin devant eux, nous voulons avoir toute leur attention.

Mais nous ne voulons pas uniquement toute leur attention. Nous voulons qu'ils soient compatissants et qu'ils ne jugent pas.

C'est beaucoup demander. Mais nous donnons beaucoup, également, car nous leur faisons connaître notre moi le plus profond. Et, tout comme les tendres pousses d'une plante au moment où elle est la plus vulnérable, notre chagrin et notre tristesse, ainsi que la confiance nécessaire pour les partager, sont facilement meurtris.

C'est en tant qu'endeuillé que nous vivons cette réalité aujourd'hui. Cela nous sera très utile quand viendra notre tour d'être l'ami qui console.

Le fait de savoir que j'ai vraiment besoin d'une écoute compatissante contribuera certainement à faire de moi un auditeur sensible aux autres.

22 OCTOBRE

Ne te tracasse pas en réfléchissant sur la vie dans sa globalité... À chaque occasion qui se présente, pose-toi plutôt cette question : « Quelle est la partie de cette tâche que je considère comme insupportable et intolérable ? » ... Puis, rappelle-toi que ni le passé ni le futur ne peuvent t'accabler; seul le présent en est capable. Et ce présent va se rétrécir jusqu'à devenir minuscule si tu évites de le mettre à l'écart et si tu définis des limites, pour ensuite demander à ton esprit s'il ne pourrait pas au moins supporter cela !

— Marc Aurèle

Nous avons souvent de la difficulté à composer avec la tristesse du moment. Mais, si nous ruminons les événements passés ou songeons à ce qui se produira dans le futur quand l'être aimé nous manquera cruellement, nous serons vraiment dans l'embarras ! Le passé, comme nous le savons fort bien, est révolu. L'avenir est insondable. Nous arrivons chaque jour à une croisée des chemins et nous laissons derrière nous les options que nous n'avons pas choisies. Ce sera la même chose dans l'avenir : c'est un labyrinthe dont nous ne pouvons connaître le plan.

Donc, autant que possible, préoccupons-nous uniquement de la journée actuelle. Il y a gros à parier que, la plupart du temps, nous serons capables de très bien gérer la situation !

Mon expérience de cette journée est un voyage en soi, et je l'apprécierai pour ce qu'elle est.

23 OCTOBRE

L'expression « Pourquoi pas » est la devise d'une vie intéressante.

— Mason Cooley

Au départ, nous consacrons notre énergie à des activités essentielles : prendre les dispositions pour les funérailles, parler avec les personnes venues nous consoler. Une fois passé le brouhaha initial, nous sommes probablement épuisés. Puis, quand nous avons l'énergie nécessaire pour faire « autre chose », nous reprenons généralement nos activités et nos schémas habituels, heureux de renouer avec la sécurité de notre « routine ».

Mais notre vie n'est plus la même à présent, car il y a eu la perte d'un être aimé. Le temps est peut-être venu de rediriger l'énergie que nous consacrions à cette relation (et aux nombreux soins physiques que nous devions prodiguer, bien souvent) vers de nouvelles occupations. Réfléchissez. Laissez aller votre imagination ; fouillez dans le grenier de votre esprit où vous avez caché certains rêves. Quelle nouvelle expérience aimeriez-vous tenter ?

Oserez-vous ? Pourquoi pas ? Dites-vous que l'être aimé apprécie vos efforts, qu'il vous sourit de l'autre côté du voile, qui sépare la vie de la mort, et vous encourage : « Vas-y. Fais un essai. Je te mets au défi ! Tu sais que j'aime te voir réussir. Et tu le peux. Le moment est venu ! »

Je m'approprierai le courage et la bénédiction de mon bien-aimé, et j'oserai faire une nouvelle expérience.

24 OCTOBRE

Quand notre chagrin nous semble trop grand pour être supporté, pensons à la grande famille des cœurs lourds où le deuil nous a introduits, et, inévitablement, nous ressentirons le soutien, la sympathie et la compréhension de ses membres.

— HELEN KELLER

Vous rappelez-vous la première fois que vous avez rencontré une personne qui avait subi une perte semblable à la vôtre ? Le lien instantané, la reconnaissance perceptible sur le visage de l'autre : *Je te connais. Je sais ce que tu vis.* Et ce sentiment, presque physique, d'être soulagé d'un grand poids en étant en contact avec une personne qui comprend.

Vous rencontrerez ces âmes sœurs sans doute plus souvent que vous ne le croyez. Les gens vont vous les envoyer : « Je crois qu'une conversation avec [...] pourrait t'aider. » Vous rencontrerez probablement par hasard des camarades de deuil dans les groupes auxquels vous appartenez, comme si, en vertu d'un principe quelconque de sélection naturelle, une force gravitationnelle vous poussait l'un vers l'autre.

Et il y aura des camarades de souffrance que vous ne rencontrerez peut-être jamais, mais dont vous entendrez parler ou dont l'expérience de la souffrance vous sera racontée dans un livre. Vous serez désolé pour eux, et le puits de la compassion humaine auquel nous puisons tous s'approfondira.

En esprit, je tends les bras vers les camarades de deuil, rencontrés ou pas, et j'ai conscience du soutien mutuel qui nous unit.

25 OCTOBRE

Seigneur, mon cœur est sans prétentions;
Mes yeux n'ont pas visé trop haut.
Je n'ai pas poursuivi ces grandeurs,
Ces merveilles qui me dépassent.
Au contraire, mes désirs se sont calmés
Et se sont tus,
Comme un enfant sur sa mère.
Mes désirs sont pareils à cet enfant.

— Psaumes 131,1-2

Notre esprit erre çà et là, spéculant sur la destinée et la vérité, l'état de l'être aimé, sur ce que nous pouvons croire et la façon dont nous allons gérer tout ce qui nous attend. Ce sont des questions sans réponses. Et pourtant nous continuons de nous tracasser comme un chien s'acharnant sur un os.

Nous devons réfléchir à tout cela, mais il nous faut le faire en temps et lieu. Et nous devons aussi nous donner un peu de répit, prendre conscience que nous ne sommes pas chargés d'établir la destinée de notre univers personnel, encore moins de répondre à certaines questions d'ordre cosmique.

Pensez à un enfant – sans défense, pratiquement ignorant, si agité parfois – et voyez comment, quand il tète le sein de sa mère, cet enfant devient l'image même du contentement et de la paix. Quand la vie nous semble trop difficile à supporter et que nous ignorons la direction à suivre, nous avons intérêt à nous souvenir de cette image que nous propose le psaume.

Mon âme est semblable à un enfant que l'on apaise.

26 OCTOBRE

> *Lorsque nous souffrons beaucoup et que nous sommes très agités, la grâce nous touche... À ce moment, une onde lumineuse fait parfois irruption dans nos ténèbres, et c'est comme si une voix disait : « Tu es accepté. »*
>
> — PAUL TILLICH

Nous nous réprimandons avec vigueur. Pourquoi sommes-nous incapables de voir au-delà ? Pourquoi ne sommes-nous pas de meilleurs endeuillés ? S'il est vrai que nous sommes des croyants, pourquoi sommes-nous incapables de prendre appui sur notre foi ?

Il y a plus. Que penser de ces occasions où nous avons rabroué l'être aimé, où nous avons été insensibles à ses questions et à son état d'esprit, où nous sommes allés ailleurs tout en sachant que cette personne aurait grandement apprécié que nous lui rendions visite ? Et ainsi de suite.

L'être aimé souhaiterait-il nous voir éprouver toutes ces angoisses qui viennent s'ajouter à la tristesse que nous ressentons depuis son départ ? La personne que nous aimions était-elle parfaite ? Y a-t-il quelqu'un qui le soit ?

Pas plus que nous ne le sommes. Et nous n'avons pas à l'être. Personne ne s'attend à ce que nous atteignions la perfection, et nous ne nous attendons pas à la trouver chez les autres non plus.

La plupart des gens font de leur mieux. Quittons donc la troublante obscurité de l'autocondamnation, respirons profondément, tournons-nous vers la lumière de l'amour qui nous inonde tous, et entendons ces mots : « Oublie tout cela. Tu es accepté. »

À ce moment-ci, tout au moins, j'oublierai tous mes problèmes d'estime personnelle et je saurai que l'on peut m'accepter tel que je suis.

27 OCTOBRE

Mon chagrin et ma douleur m'appartiennent. J'ai travaillé pour les intégrer. Ils font partie de moi. Ce n'est qu'en acceptant de les ressentir que je pourrai comprendre leurs leçons.

— ANNE WILSON SCHAEF

Lorsqu'au plus profond de notre être nous nous sentons blessés et vulnérables, l'un des moyens dont nous disposons pour affirmer notre présence légitime en ce monde est d'affirmer la légitimité de notre chagrin. Nous sommes endeuillés pour le moment, et cette façon d'être est tout à fait valable. Nous ne pouvons fuir la réalité de ce que nous sommes, pas plus que nous ne pouvons fuir la réalité de la mort de l'être aimé.

Avec le temps, la perception que nous avons de nous-mêmes s'élargira. Mais si, pendant quelque temps, le deuil constitue l'aspect essentiel de notre être, alors qu'il en soit ainsi. Si nous acceptons pleinement cette réalité dès maintenant, nous pourrons nous en éloigner plus vite. Nous ne devons d'excuses à personne. Nous ne nous en devons pas non plus.

C'est en vivant mon deuil pleinement que je pourrai le traverser et découvrir ce qu'il a à me dire.

28 OCTOBRE

Allons-nous vivre dans le mystère en nous conduisant comme si nous savions tout?

— CHRISTOPHER FRY

Durant le deuil, tout a un sens. Nous trouvons des significations dans des événements qui semblent aléatoires et nous nous interrogeons sur ce qui se passe. Une fleur éclot hors saison dans notre jardin. Le téléphone sonne au moment où nous nous sentions seuls et tristes, et c'est un ami : « J'étais assis en train de lire et j'ai eu envie de t'appeler tout à coup. » Un oiseau se pose sur une branche devant notre fenêtre et exécute une petite danse en chantant et gazouillant, et ce manège dure très longtemps.

Simples coïncidences? Se peut-il que, dans le mystère de la création, les Pouvoirs, Dieu, les énergies qui font tourner le monde – voire l'être aimé disparu – s'occupent de nous? Nous aimerions le croire. Et, lorsque nous participons à des rencontres avec d'autres personnes qui vivent aussi un deuil, nous partageons nos histoires – timidement au début –, notre peau frissonne, notre cœur se réjouit, et nous pensons : « Oui, c'est possible. »

Il y a toujours de la place pour le doute. Il y a aussi de la place pour la foi et l'espoir. Telle est la nature du mystère.

J'accepterai comme des présents tous les signes d'amour et d'attention.

29 OCTOBRE

Reste tranquille, mon cœur, ces grands arbres sont des prières.

— Rabindranath Tagore

Durant le deuil, il nous arrive souvent de nous sentir seuls, coupés des humains et de tout ce qui vit.

Il est alors salutaire d'aller dehors et de se tenir près d'un arbre. Être en présence d'un grand arbre nous permet d'éprouver, d'une certaine façon, un sentiment de solidarité avec la nature, de saisir la continuité qui existe entre soi et tout l'univers.

À présent, rapprochez-vous davantage et posez les paumes de vos mains sur l'écorce de l'arbre. Sentez cette écorce sous vos doigts. Pensez à l'âge de l'arbre : demandez-vous depuis combien de temps il est là, été comme hiver ; songez à la façon dont il tire son énergie du sol, du soleil et de la pluie.

Puis, tenez-vous encore plus près, appuyez-vous contre l'arbre et placez vos bras autour de lui (en espérant que les voisins ne regardent pas, mais qu'est-ce que ça peut bien faire, après tout ?). Ressentez votre continuité avec l'arbre et, par extension, la continuité de l'être aimé avec toute la vie, y compris cet arbre que vous étreignez à présent en l'honneur et en souvenir de la personne que vous avez perdue.

Il se peut que vous riiez ou pleuriez ou que vous vous sentiez ridicule, ou un peu tout cela. Mais ne vous sentez-vous pas mieux ?

Le monde créé est un et il nous englobe tous, les vivants comme les morts.

30 OCTOBRE

Sans amis, le monde n'est qu'une contrée sauvage... Tout être humain qui partage ses joies avec ses amis se réjouit davantage ; et tout être humain qui partage ses chagrins avec ses amis se sent moins triste.

— Francis Bacon

Nous savons cela, mais nous devons parfois faire un effort pour nous en convaincre encore une fois.

Peut-être n'avons-nous pas envie de voir qui que ce soit, pas même un ami. Ou, si nous en éprouvons le désir, peut-être craignons-nous d'abuser de la gentillesse de cet ami en parlant encore et encore de cette terrible perte. Ou encore, il se peut que nous ne voulions pas, pour l'instant, ressentir à nouveau ce chagrin.

Tous ces états sont légitimes, et il faut les respecter. Nous ne pouvons partager notre chagrin n'importe quand.

Mais, avec nos amis, nous prenons parfois le risque de nous confier. Oui, il se peut que nous pleurions et ressentions de la douleur en plongeant encore une fois dans ce chagrin, mais cela signifie qu'il y a effectivement un chagrin auquel il faut donner libre cours. Et un ami de confiance n'est-il pas la meilleure personne à qui l'exprimer ? Après l'avoir fait, nous nous sentirons plus en paix.

Je ferai confiance à mes amis pour qu'ils m'écoutent avec amour et compréhension.

31 OCTOBRE

Tout ira bien, tout ira bien, tout ira bien sur tous les plans.

— Julienne de Norwich

À l'époque où je croyais que mon univers s'était pratiquement écroulé, où mon cœur battait très fort tandis que je comprenais vraiment que le décès de ma fille n'était pas un cauchemar dont j'allais me réveiller, mais que cela allait durer toujours, une amie est venue dans ma chambre, a mis ses bras autour de mon cou et a dit : « Tout va bien aller. »

J'ai cru qu'elle était folle. Et pourtant… et pourtant… était-ce possible qu'elle voie juste ?

Quelques années plus tard, j'ai eu l'occasion à mon tour de consoler une jeune femme, dont le fils avait sombré dans un coma duquel il n'allait jamais revenir, et j'ai eu pour elle les mêmes mots : « Tout va bien aller. » Et j'ai senti que cette amie d'une époque antérieure était à mes côtés et hochait la tête en signe d'assentiment : « Tu vois, c'est ce que je t'avais dit. »

Aussi improbable que cela puisse paraître dans les premiers moments du deuil, et bien que notre vie soit souvent bouleversée en surface, nous finissons par comprendre qu'à un niveau profond et stable, la conviction que tout est bien nous habite.

En attendant cette prise de conscience, nous nous accrochons au témoignage des autres et gardons espoir : si c'est vrai pour eux, pourquoi pas pour nous aussi ?

Tout ira bien, tout ira bien, tout ira bien sur tous les plans.

1ER NOVEMBRE

… nous causions, plongés dans les profondeurs océaniques des souvenirs où nageaient des poissons magiques, évoquant nos parents et les sœurs de Joy, tous décédés aujourd'hui, mais avec nous pendant une heure dans cette chambre exquise où le temps présent et le temps passé s'écoulaient à l'unisson.

— MAY SARTON

Nous parlons souvent de la « communion des saints ».

Mais nous, qui avons perdu des êtres aimés, aspirons surtout à retrouver et réunir nos propres « saints ». Nous voulons sentir qu'ils existent pour nous et que nous existons pour eux.

Les gens expérimentent de diverses façons ce phénomène ; certains entendent des voix et perçoivent des présences fantomatiques, tandis que d'autres ont des souvenirs très vifs de l'être cher qui ramènent presque ce dernier à leurs côtés. Quelle qu'en soit la forme, cette expérience est une bénédiction.

Mais l'une de ces expériences les plus riches est certainement le moment où, avec nostalgie et des rires affectueux bien souvent, nous partageons avec d'autres personnes des souvenirs d'un être que nous aimons et qui s'en est allé. Notre histoire commune et nos célébrations de vie et d'amour renforcent de telles expériences et les rendent plus chaleureuses.

Les souvenirs partagés peuvent être une source de réconfort et de joie.

2 NOVEMBRE

Il est illusoire de vivre de souvenirs, de se raccrocher à des reliques et des photographies. Comme des aliments offerts à quelqu'un en rêve, cela ne peut servir de nourriture, ni favoriser la croissance ou la renaissance.

— Anne Morrow Lindbergh

Plusieurs d'entre nous connaissent des gens qui, des années après la mort de l'être aimé, conservent sa chambre « comme elle était alors » ; ils laissent dans le placard des vêtements achetés des décennies auparavant, de vieilles lunettes sur la table près d'un livre ouvert.

Nous voulons garder certains objets qui nous rappellent l'être aimé. C'est encore mieux si ces objets ont encore une utilité aujourd'hui : la théière favorite d'une maman dans laquelle on prépare aujourd'hui le thé, un stylo ou un coupe-papier posé sur le bureau d'un papa et que nous utilisons à présent, une poupée que l'on aime et que l'on peut offrir à une enfant qui n'a pas connu sa propriétaire originale.

Et, bien sûr, des photos. Mais prenez garde de ne pas exposer uniquement des photos de l'être aimé, ni d'en accumuler au point de laisser croire que la vie de la famille est enlisée dans une époque révolue. Les sanctuaires ont leur utilité, mais ce sont de piètres environnements pour une vie qui se déroule dans le présent.

Seigneur, donne-moi la force de changer ce qui peut être changé, la grâce d'accepter ce qui ne peut l'être et la sagesse de distinguer l'un de l'autre.

3 NOVEMBRE

Le cœur de Wilbur débordait de joie...

« Bienvenue au grenier de la grange. Vous avez choisi une porte sacrée où tisser vos toiles. Je dois vous dire que j'étais très attaché à votre mère... Je chérirai toujours sa mémoire. À vous, ses filles, je promets mon amitié, pour toujours et à jamais.

— Je promets la mienne, dit Joy.

— Moi aussi, dit Aranea.

— Et moi aussi, dit Nellie... »

Ce fut une journée heureuse dans la vie de Wilbur et qui fut suivie de beaucoup d'autres journées heureuses et sereines.

— E. B. WHITE

Dans cet adorable conte pour enfants, intitulé *Le petit monde de Charlotte*, nous découvrons un des secrets de la guérison du deuil : transmettre à la génération suivante l'amour que l'on portait à une personne disparue. Dans ce cas-ci, c'est aux filles de Charlotte que Wilbur transmet son amour; il aurait pu aussi le donner à quiconque en avait besoin.

Nous savons très bien que le monde regorge de gens qui ont besoin d'attention, de soins et d'amour. Si nous avons eu la chance d'avoir une bonne relation avec une personne aujourd'hui décédée, cette transmission de notre amour constituera un héritage honorable et digne de mention. Nous ne cessons jamais d'aimer la personne disparue, et nous favoriserons notre propre guérison et améliorerons la vie des autres si, d'une façon ou d'une autre, nous ouvrons les bras à une personne qui en a besoin.

Je sais que j'ai de l'amour à partager. Je resterai vigilant à cet égard.

4 NOVEMBRE

Sentant en moi une lumière, je marche.

— CHANT DE LA NUIT NAVAJO

Chacun de nous porte en lui une lumière, même si celle-ci semble souvent enveloppée dans un linceul de ténèbres. Mais elle est là… cette étincelle qui nous fait réagir à l'amour, à la sollicitude, à la beauté et au besoin du monde, même quand nous sommes tristes. De fait, c'est peut-être quand nous sommes tristes que nous réagissons le plus intensément aux présents et aux occasions que la vie nous offre.

Mais, encouragés par cette lumière intérieure, pouvons-nous rassembler nos forces pour *avancer ?* Parfois, et surtout si nous sommes endeuillés, nous sommes craintifs et hésitons à faire un pas. Nous nous sentons immobilisés et nous voulons qu'une autre personne prenne l'initiative.

Nous avons plus de pouvoir que ce que nous croyons. Ce n'est qu'en l'assumant et en avançant que nous mesurerons l'étendue de ce pouvoir. Craignons-nous l'échec ? Qu'avons-nous à craindre qui puisse se comparer à ce que nous avons déjà perdu ?

Prenons donc une profonde inspiration et laissons cette lumière intérieure brûler en permanence. Puis avançons dans la vie, en imaginant que l'être que nous avons perdu souffle aussi sur cette flamme et nous encourage.

Conscient de ma lumière et de ma force intérieures, je me remets en route.

5 NOVEMBRE

Alors que le deuil vient à peine de commencer, chaque tentative de diversion ne fait qu'irriter.

— James Boswell

Elle est sans doute bien intentionnée cette tentative pour aider la personne endeuillée en lui disant de « penser à autre chose », de « s'enlever ça de la tête ». Comme si nous pouvions penser à autre chose alors que le deuil ne fait que commencer. Cette tentative peut aussi traduire le malaise qu'éprouve le consolateur ou la consolatrice qui ne sait pas quoi dire. Cette personne ne se rend pas compte qu'une présence attentive et le soutien offert ont plus d'importance que « les mots justes ».

Mais cette tentative de diversion peut être angoissante pour la personne endeuillée. Il se peut que nous ressentions une sorte de panique, comme si la personne à qui nous nous adressons était déconnectée, comme si elle ne se préoccupait que de l'accessoire et négligeait complètement l'essentiel. Nous voulons néanmoins rester polis, puisque nous savons que la personne essaie de nous aider. Alors nous hochons la tête en souriant, tout en ressentant un vide à l'intérieur de nous, conscients de devoir dépenser de précieuses énergies pour maintenir cette mascarade.

Que faire ? Nous pouvons peut-être ramener la conversation sur ce qui occupe vraiment notre esprit et celui de notre interlocuteur. Sinon, il vaut peut-être mieux laisser la rencontre suivre son cours. Quelqu'un de plus compréhensif viendra peut-être bientôt. Et, au moins, nous saurons quoi faire le jour où ce sera notre tour de jouer le rôle de la personne qui console.

Puissé-je supporter facilement les paroles bien intentionnées, mais ineptes. Les gens font sans doute de leur mieux.

6 NOVEMBRE

En ce mois de l'Action de grâces, apprécions les épreuves du passé et les bienfaits du présent, tout en étant cordialement prêts à accueillir avec joie les problèmes que nous rencontrerons sans doute dans l'avenir.

— Dorothy Day

Enfin, peut-être. Nous apprécions certainement les bienfaits du présent. Et nous avons sans doute fait la paix avec les épreuves du passé, ou, tout au moins, nous y travaillons.

Mais « accueillir avec joie » les problèmes de l'avenir ?

La connaissance du chagrin et de la souffrance nous apprend qu'il est possible de survivre. Non seulement survivre, mais se renforcer pendant cette expérience ; ainsi, la prochaine fois qu'ils se présenteront sur notre route, nous pourrons peut-être les accueillir avec plus de courage, de confiance, et même avec une sorte de joie inspirée par le fait de savoir qu'en tant que membre de la grande famille humaine, nous pouvons traverser cette épreuve.

Mais, lorsque nous sommes sous l'emprise d'un chagrin récent, nous avons probablement tendance à dire : je me moque de tout cela. Le prix à payer pour obtenir une telle sagesse est trop élevé. Nous n'en voulons pas. Nous ne pouvons imaginer qu'un jour nous éprouverons de la reconnaissance… pour *cela ?*

Pas pour cela, non. Mais peut-être pouvons-nous penser que, dans l'avenir, les forces que nous avons acquises, pendant cette période où nous avons survécu, nous seront d'un grand secours.

J'éprouve de la gratitude pour les bienfaits que me procure le présent. Quant à l'avenir, j'attendrai et je verrai.

7 NOVEMBRE

Ouvrez les yeux et voyez tout ce qui nous entoure en ce moment même.

— Richard Jeffries

Quand notre vie est bouleversée par le deuil, nous sommes parfois tentés de vivre dans le passé, avec nostalgie ou regret.

Nous pouvons aussi être tentés de vivre, en une projection lugubre, dans l'avenir.

On dit parfois des « types sentimentaux » (par opposition aux « types intellectuels ») qu'il faut les ramener « de gré ou de force » dans le moment présent.

Lorsque nous pleurons la perte d'un être aimé, nous sommes susceptibles de nous retrouver dans la catégorie « type sentimental ». Il se peut que nous ayons besoin de nous prendre en main, de mettre des œillères à notre regard intérieur de façon à observer uniquement ce qui est là, autour de nous, dans l'immédiat. Il n'y a pas à craindre de perdre la mémoire du passé ou le sens de l'avenir. Chacune de ces aptitudes sera là, disponible pour nos regrets, nos aspirations et notre attention flottante.

Mais, pour le moment, pour l'heure à venir – ou même le quart d'heure –, ouvrons les yeux, où que nous soyons, et tournons *très* lentement sur nous-mêmes en décrivant un cercle complet, et voyons ce qu'il y a à voir !

En ce moment, mon univers est l'endroit où je suis.

8 NOVEMBRE

S'il nous arrive parfois d'être un peu étourdis par la tempête, n'ayons jamais peur; prenons une profonde inspiration et poursuivons notre route.

— François de Sales

Le deuil prend des allures de montagnes russes. Un jour, nous croyons que le pire est derrière nous, que nous commençons vraiment à reprendre en main notre vie. Le jour suivant – ou l'heure suivante ! –, c'est comme si nous revenions à la case départ, comme si nous n'avions fait aucun progrès.

Nous devons nous rappeler que la guérison d'un grand chagrin n'est pas un parcours sur une route qui monte en douceur. Il y aura beaucoup de rechutes, beaucoup de chemins de traverse pour nous égarer, avant de poursuivre notre périple et de sortir de la vallée du chagrin.

Il vaut mieux ne pas gaspiller d'énergie à nous reprocher de ne pas « mieux faire ». Nous faisons du mieux que nous pouvons, et ces « tempêtes » et rechutes font partie du processus. Alors anticipons-les, acceptons-les quand elles arrivent, puis prenons une profonde inspiration et continuons notre route.

Je ne serai pas découragé par les sautes d'humeur propres au deuil, mais je comprendrai qu'elles font partie du chemin qui mène à la guérison.

9 NOVEMBRE

Courage pour les grandes douleurs de la vie, et patience pour les petites. Et puis, quand vous avez laborieusement accompli votre ouvrage de chaque jour, endormez-vous avec sérénité. Dieu veille.

— Victor Hugo

Nous ressentons si intensément le poids du chagrin. Il y a des tâches à accomplir. Sans parler de toutes ces émotions que l'on évalue et que l'on rumine. Nous avons de la difficulté à nous détendre, à nous apaiser, à dormir, même si nous savons que toute cette agitation mentale est parfaitement inutile.

Voici l'histoire de Charles Carter, un homme qui s'était investi dans plusieurs bonnes œuvres. Un jour, il s'est senti mal en point. Bouleversé, il s'est dit : « Je ne peux pas être malade maintenant. J'ai trop à faire, trop de gens comptent sur moi. » Mais il s'est endormi malgré tout et, dans son sommeil, il a fait un rêve dans lequel il voyait le Seigneur Dieu Tout-Puissant au paradis, faisant les cent pas, se tordant les mains de désespoir et disant : « Que dois-je faire ? Que dois-je faire ? Charles Carter va tomber malade. »

Le monde échappe à notre contrôle et, si nous nous retrouvons coincés dans l'étau de notre angoisse, essayons de lâcher prise et de remettre le tout entre les mains de Celui qui est la source de tout pouvoir et de tout amour, Celui qui ne somnole ni ne dort jamais.

Je couperai court à mon agitation mentale et resterai en paix.

10 NOVEMBRE

Pourquoi la mort ne serait-elle pas en nous ?... Vivre et mourir sont des réalités identiques, comme le sont l'éveil et le sommeil, la jeunesse et la vieillesse.

— HÉRACLITE

Quand nous perdons un être cher, nous avons l'impression qu'une fracture se produit dans notre vie ; nous éprouvons un tel sentiment de séparation, comme si notre expérience et celle de l'être aimé allaient être différentes à jamais.

Nous ressentons peut-être un étrange réconfort en nous rappelant que nous participons tous à l'aventure humaine, que l'être aimé est parti le premier, qu'il a emprunté un chemin que nous suivrons aussi.

Mais cette réflexion peut également constituer une source d'angoisse et de peur. Nous sommes renvoyés à notre propre mortalité. Comment sera la mort pour nous ? Nous entendons parler d'une vie après la mort, dont la beauté dépasserait l'imagination, et nous nous tournons vers ces récits comme une personne assoiffée réclame de l'eau.

Par ailleurs... bien que la vie comporte des moments difficiles, elle est également merveilleuse. Nous aimons d'autres personnes ; rien ne nous presse.

Toutes nos appréhensions et tous nos espoirs en une vie après la mort sont donc ramenés à l'avant-plan par la mort de l'être aimé. Le fait d'avoir été très près de l'autre pendant son voyage nous a permis d'élargir notre conception de la vie et de la mort et, avec espoir, la mort devient pour nous une porte plutôt qu'un mur.

En pensant à l'être aimé, je saisis que nous nous trouvons tous dans le même courant de création.

11 NOVEMBRE

... et c'était gris, encore plus gris à mesure qu'il s'enfonçait. Et si c'était plus profond qu'il ne l'avait imaginé ? Mais, peu de temps après, la lumière a changé, la boue s'est éclaircie, et il a débouché dans un lieu où il a retrouvé le ciel clair et le soleil. Il a dit que c'était le plus beau spectacle du monde : le monde lui-même.

— JOSEPHINE HUMPHRIES

De plus en plus profondément, nous nous enfonçons dans notre deuil. Les afflictions s'empilent les unes sur les autres. Nous nous demandons si, un jour, nous verrons à l'horizon autre chose que cette tristesse et cette mélancolie.

Puis un jour, dans un moment de tranquille réflexion, nous nous surprenons à penser à autre chose ! Est-ce possible ?

Nous allons effectuer ce parcours plusieurs fois : retour aux sombres forêts avant de déboucher à nouveau dans la lumière. Après quelque temps, nous allons comprendre que tout cela appartient au même univers, que les sentiments de joie et de tristesse s'enrichissent les uns les autres, de la même façon qu'une personne aux prises avec une grave maladie apprécie d'une façon toute nouvelle la beauté des étoiles, le goût d'un jus d'orange, la caresse de l'amour.

Est-ce bien ? Est-ce manquer de loyauté envers l'être aimé disparu que de jouir de la vie à nouveau ? Risquons-nous d'oublier ? Inutile de nous inquiéter. Autant dire que nous oublierions de respirer.

Je serai ouvert à la possibilité de la joie dans ma vie et je n'aurai pas peur.

12 NOVEMBRE

... leur donner ce diadème et non pas de la cendre,
Un onguent marquant l'enthousiasme, et non pas le deuil,
Un costume accordé à la louange, et non pas à la langueur.

— ÉSAÏE 61,3

Le Prophète anticipe la bonne nouvelle de la délivrance de Dieu. En quoi consiste cette délivrance pour nous ?

Elle ne signifie pas que la situation changera et que l'être aimé nous sera rendu. Nous savons trop bien que c'est une vaine espérance.

Mais peut-être est-ce la délivrance d'une partie de cette souffrance, afin que notre existence ne soit plus assombrie par la perte que nous avons subie et que la beauté du monde ne nous rappelle pas constamment que l'être avec qui nous partagions cette beauté est parti. De cela, oui, nous pouvons espérer être délivrés.

Nous n'avons d'autre choix que de regarder autour de nous et de voir tous ces gens qui ont perdu un être cher. Ils sont légion. Ils marchent dans les rues à nos côtés, montent dans un autobus et en descendent, font leurs courses avec nous. Ils ont survécu. Et certains d'entre eux en sont sortis plus forts et ils offrent aujourd'hui un appui solide aux autres.

Quand nous aurons été délivrés de notre chagrin le plus profond – avec l'aide d'amis, grâce à la foi, au temps, au travail que nous reprendrons avec une sensibilité accrue –, alors, nous aussi, nous ferons l'expérience du « diadème et non pas de la cendre », d'un « onguent marquant l'enthousiasme, et non pas le deuil », d'un « costume accordé à la louange, et non pas à la langueur », et nous deviendrons une bénédiction pour ceux qui ont besoin de nous.

Je sais que je marcherai à nouveau dans la lumière du soleil.

13 NOVEMBRE

Il est important de suivre le processus pendant que nous composons avec tous les aspects du deuil. Nous sommes tentés de nous immobiliser, de demeurer prostrés après un choc aussi terrible.

— Martha Whitmore Hickman

C'est une sensation presque physique, particulièrement quand la mort a été soudaine et inattendue, comme si on avait eu le souffle coupé, en quelque sorte. Et, même si la mort a mis du temps à arriver, nous avons le réflexe de fixer notre attention sur le moment du décès. C'est notre dernière expérience avec l'être aimé, et nous voulons nous y accrocher, empêcher que s'estompe le souvenir de ce contact direct.

C'est une réaction normale qui dure un certain temps. Mais nous courons le risque de rester figés dans cette attitude. Nous avons tous connu ou entendu parler de gens qui gardent une chambre telle qu'elle était lorsque l'être aimé y vivait : ils vont jusqu'à laisser ses pantoufles près de son fauteuil préféré et des vêtements dans le placard. Ce n'est pas respecter la vérité – ni notre propre vie ni celle de l'être aimé. Où qu'il puisse être, il n'est certainement pas dans cette pièce. Petit à petit, nous devons relâcher notre emprise sur un passé que nous ne pouvons retenir et continuer cette vie qui est la nôtre.

Alors que j'entre dans ma nouvelle vie, puis-je penser que l'être aimé en fait autant ?

14 NOVEMBRE

Même dans le noir, vous avez le pouvoir de siffloter.

— Frederick Buechner

Cela semble tout simple : trouver la volonté et l'énergie de siffloter.

Mais l'une des composantes principales du deuil tient dans le fait qu'il est difficile d'élever la voix pour chanter ou siffloter. Il est tout aussi difficile de faire quoi que ce soit qui exige de l'initiative. Nous avons tendance à être passifs, à ne rien entreprendre. Décider d'agir représente une victoire en soi, et poser un geste associé à une certaine liberté d'esprit, comme siffloter, représente une victoire encore plus grande. Ce geste signifie peut-être qu'un grand changement se produit dans la variété de nos humeurs. Nous sommes disposés à abandonner une image de nous-mêmes, celle d'une personne blessée, submergée par la peine, et à réintégrer, pour le moment en tout cas, le courant des activités humaines.

Par conséquent, si nous arrivons à siffloter, ou à faire quoi que ce soit nous éloignant du fardeau de ce chagrin qui nous consume, c'est plus qu'un chant, c'est une étape importante. Nous nous remettons en mouvement, nous nous débarrassons de cette image de « la personne blessée », qui a une chape de plomb sur ses épaules, et nous passons à autre chose. C'est un triomphe. C'est un geste qui mérite d'être acclamé !

Petit à petit, je sors de l'obscurité.

15 NOVEMBRE

Hôtes de ma vie,

L'un est venu aux premières lueurs de l'aube, et l'autre, dans la nuit.

Les fleurs du printemps ont dit le nom de l'un, et les fortes pluies, celui de l'autre.

L'un a apporté la harpe dans ma maison, et l'autre y a apporté la lampe.

Après votre départ, j'ai trouvé l'empreinte de Dieu sur mon plancher.

— RABINDRANATH TAGORE

Il est plus facile de croire que nous avons un droit suprême sur ceux que nous aimons que de constater que nous avons eu la chance de partager leur vie pendant un certain temps – une chance pour nous d'être avec eux et pour eux d'être avec nous.

Nous savons que nous transmettons nos gènes à nos descendants, comme nos parents nous ont transmis les leurs. Nous transmettons nos souvenirs par la parole et laissons en héritage les moments partagés avec ceux que nous aimons.

Mais il y a toujours une essence qui reste un mystère. Nous ignorons d'où elle vient et où elle va. Mais peut-être y a-t-il en chacun de nous une trace du divin, qui prend sa source en Dieu et y retourne.

Face au mystère de la vie, je suis silencieux et heureux.

16 NOVEMBRE

... Et j'ai compris...

Que, lorsque la mer s'approche et vous appelle, vous cessez d'être de bons voisins,

Des voisins qui se connaissent bien, sympathiques, tout en gardant leurs distances,

Et vous quittez votre maison pour un château de corail,

Et vous apprenez à respirer sous l'eau.

— Carol Bialock

Nous avons appris que la mort fait partie de la vie. Nous avons accompagné des amis endeuillés, nous avons peut-être traversé d'autres périodes de grand chagrin nous-mêmes. Mais chaque expérience de deuil est nouvelle, elle pose toujours ses propres questions et exige ses propres réponses. Même si la perte de l'être cher survient à la suite d'une longue maladie et que nous avons eu le temps de nous y « préparer », et encore plus si le décès survient soudainement, sans avertissement, nous devons entrer dans un monde nouveau. Un monde où les couleurs ne sont plus les mêmes, où l'air produit une autre sensation et où même l'écho des sons est différent.

Il n'y a plus de théorie, plus de solution philosophique, ni rien de satisfaisant. « Bien sûr, je sais qu'on doit tous mourir », cette réflexion nous amène à inspirer rapidement et à nous demander : « Que dois-je faire à présent ? Que dois-je faire ensuite ? » Et nous nous familiarisons avec les sons et les couleurs de ce nouveau monde qui, après un certain temps, devient notre monde.

Il est quelque part au tréfonds de mon être une semence de paix.

17 NOVEMBRE

Tout ce que l'on accepte vraiment dans la vie se modifie. Ainsi, la souffrance peut devenir amour. C'est là le mystère.

— Katherine Mansfield

Cela ne se produit pas tout de suite. Nous sommes trop tourmentés par notre chagrin et la perte que nous avons subie. Et nous avons besoin de temps pour réfléchir à notre vie, examiner sous tous ses aspects ce que nous avons perdu, ce que nous allons faire et ce que l'avenir peut nous réserver.

Et ce n'est pas parce que nous voulons que la souffrance se transforme en amour que cela se produira.

Or, pendant tout le temps que nous sommes aux prises avec notre deuil et sa signification, les semences d'une nouvelle compassion germent dans notre psyché. La souffrance nous a rendu plus tendre envers les autres. Parce que nos défenses sont tombées, la vulnérabilité prend un tout autre sens pour nous, et nous la reconnaissons chez les autres. Nous ressentons que nous sommes étroitement liés les uns aux autres ; en un sens, nous devenons perméables, transparents : nous laissons passer la lumière.

Et la lumière, qui est l'amour radieux, se communique aux gens qui nous entourent, lesquels pourront peut-être aussi courir le risque d'aimer. Ensemble, nous comprenons que « nul homme [ou femme] n'est une île ». Bien qu'encore tristes, nous savons que nous ne sommes pas seuls et que l'amour, qui se forge à même le chagrin bien souvent, est pour nous tous le plus grand cadeau de l'existence.

L'amour est un mystère dans lequel je réside, sans peur et avec gratitude.

18 NOVEMBRE

Je ne me rappelle plus vraiment le jour où j'ai senti pour la première fois que tout n'était pas irrémédiablement perdu. Est-ce le sourire d'un enfant qui m'a réveillée ? Est-ce un signe de tristesse dans un lieu où j'aurais préféré qu'il ne soit pas visible ? Un sentiment de responsabilité ? Ou avais-je en fin de compte renoncé au désespoir ? Peut-être avais-je été simplement ramenée, encore une fois, dans la joute de la vie.

— Anne Philipe

Cela nous arrive comme une surprise. Nous avions presque fini par croire que cela ne se produirait plus. Mais un jour nous constatons que nous prenons plaisir au monde à nouveau. C'est un double cadeau que cette redécouverte de la joie de vivre, car nous pensions qu'elle nous avait quitté à jamais.

Et la revoilà, comme les premières fleurs du printemps se frayant un chemin dans les neiges tardives de mars. Elles sont un cadeau inattendu, et leur beauté attire notre attention sur la vie nouvelle qui s'exprime partout autour de nous.

Mon pas s'accélère, mon cœur tressaille de gratitude devant le surprenant retour de la beauté dans le monde.

19 NOVEMBRE

De toutes les créatures du monde, nous sommes peut-être les seuls animaux à se faire du souci. Nous nous inquiétons pour nos vies, nous craignons l'avenir, insatisfaits du présent et incapables d'accepter l'idée de la mort ou de rester assis immobiles.

— Lewis Thomas

En finir avec tout cela est plus facile à dire qu'à faire.

Mais nous en reconnaissons la sagesse : la futilité du fait de nous tracasser, le danger d'être si perturbés dans notre vie que cela nous empêche de jouir des merveilles du moment présent, et même, de rester assis sans bouger !

Fred Buechner a écrit à propos de « l'inquiet de la famille » : cette personne qui se charge des soucis d'argent, de santé, des horaires, de la durabilité de la voiture familiale, et qui permet ainsi aux autres de s'adonner à des activités plus spontanées et joyeuses.

Pour nous donner un peu de répit – n'importe quand mais particulièrement quand nous nous sentons accablés par un lourd chagrin –, nous pouvons décider consciemment de « lâcher prise », comme le disaient souvent les premiers croyants, de remettre à Dieu (ou à l'air ou à un arbre fort et résistant) tout le tourbillon de notre chagrin et notre questionnement angoissé sur la vie et la mort, pour simplement cueillir le moment présent !

Certains ont décrit les tourments intérieurs comme le comble de l'apitoiement sur soi. Je n'en ai pas besoin !

20 NOVEMBRE

Prenez le temps de planifier votre avenir... Si vous en avez les moyens, restez dans votre maison, entouré d'objets qui vous sont familiers.

Plus tard, si vous partez, si vous allez en voyage, si vous décidez même de vous établir ailleurs, l'esprit de tendresse, d'amour, ne vous quittera pas. Vous découvrirez qu'il fait maintenant partie de vous, qu'il s'élève du plus profond de votre être ; et, grâce à lui, vous ne craignez plus la solitude ou l'obscurité, car vous avez triomphé de la mort, la dernière ennemie.

— Daphné du Maurier

On dit que le peintre Andrew Wyeth, à qui l'on demandait pourquoi il avait si peu voyagé, aurait répondu : « Le familier me libère. »

Peut-être le familier nous libère-t-il également du chagrin, même quand il nous enveloppe de ses souvenirs et nous procure une forme de confort qui lui est propre.

Il peut aussi nous tenir dans l'esclavage. Après la mort de son époux, une amie a sorti presque aussitôt de sa maison le vieux fauteuil brun où celui-ci avait l'habitude de s'asseoir. C'était une façon de reconnaître son départ, de montrer qu'elle commençait un nouveau chapitre de sa vie. Une autre personne aurait trouvé réconfortant de s'asseoir dans ce fauteuil. À chacun, il incombe de trouver sa propre voie.

Je serai prudent parce que je sais que le familier peut me libérer ou m'emprisonner.

21 NOVEMBRE

La vraie prière nous amène à l'orée d'un grand mystère devant lequel nous restons bouche bée et incapables de nous appuyer sur ce que nous savons.

— Parker Palmer

Nous aimerions tellement *savoir*. L'être aimé est-il devenu un être radieux ? À quoi ressemble cet état ? A-t-il conscience de mon existence ? Allons-nous nous retrouver ?

La prière me permettrait-elle de savoir ? Mais la force de la prière ne se révèle pas dans ces questions auxquelles on ne peut répondre.

Il y a quelques années, mon époux et moi sommes allés en Alaska. Un des points marquants de notre voyage fut le trajet en autocar jusqu'à Denali (Mont McKinley). Nous avions entendu parler de la hauteur et de la majesté de cette montagne pendant toute notre vie. On nous avait prévenus : il était peu probable que nous parvenions à la voir car, dans cette région, le ciel s'ennuage rapidement et la visibilité est réduite.

Après plusieurs heures, l'autocar a contourné la base d'une colline. Nous avons aperçu une rangée de spectateurs côte à côte contemplant ce territoire de l'Alaska. La montagne était là, à des kilomètres de distance : gigantesque, blanche, dressée dans le ciel.

Nous nous sommes joints aux autres spectateurs : une centaine de personnes environ. Peu de gens parlaient. Tous contemplaient la montagne. Et rien – aucun mot, aucune photo tirée d'une brochure touristique, aucune statistique – n'aurait pu nous préparer à ce spectacle. Nous étions silencieux.

Dans le mystère de la prière, il me suffit d'être là.

22 NOVEMBRE

Vous pouvez me dépouiller de mes titres et de ma grandeur,
Mais non de mes chagrins. J'en suis toujours le roi[12].

— William Shakespeare

Le deuil est une affaire privée et publique à la fois qui affecte toutes les relations que nous avons avec nos amis, notre famille et le monde.

Mais c'est dans la solitude que la perte de l'être cher nous affecte le plus. C'est là, dans notre façon de réagir à nos souvenirs et les décisions que nous prenons en matière d'énergie et de temps, que nous pouvons exercer un certain contrôle sur le déroulement de notre deuil.

C'est une responsabilité que nous préférerions parfois ne pas assumer. Il est facile de tomber dans la routine, même la routine du deuil. Nous nous sommes habitués à vivre dans cet état d'esprit, et il peut être plus confortable d'y rester que de faire un effort pour nous en éloigner afin que le chagrin ne soit plus au centre de notre vie. Il se peut même que nous soyons possessifs à l'égard de notre chagrin, comme si toute tentative de notre part, ou d'amis bien intentionnés, risquait de diminuer l'importance de la perte que nous avons subie, voire la valeur de l'être aimé.

Nous sommes le meilleur juge de la durée de notre deuil et du moment où nous devons passer à autre chose. L'important est d'assumer intérieurement la responsabilité des choix que nous faisons. Et de faire la distinction entre le fait de pleurer la perte d'un être cher et de continuer à chérir cette personne.

Parfois, la meilleure chose à faire est de ressentir pleinement mon chagrin et, à d'autres moments, ce n'est pas le meilleur choix.

12. N.d.T.: Traduction tirée du site Web InLibroVeritas.

23 NOVEMBRE

Je ne sais si la personnalité humaine survit à la mort physique. Je me contente d'attendre et de voir ce qui arrive après la mort, prête à toute éventualité. S'il ne devait y avoir qu'un éternel sommeil, ce serait aussi un cadeau après avoir mené une vie bien remplie.

— Elizabeth Watson

Cela semble une bien maigre consolation pour nous qui sommes aux prises avec un chagrin récent après la disparition d'un être cher. Notre vie a été amputée d'une partie importante, et nous souhaitons de toutes nos forces rétablir cette relation.

Il n'y a aucun moyen de savoir de quelle façon ces retrouvailles pourraient se faire après la mort. Mais, le temps passant, nous voyons que, même en l'absence de l'être cher sur le plan physique, la relation se poursuit, dans la mesure où nous sentons l'influence et la présence de cette personne à nos côtés par des signes subtils et convaincants.

Quant à la possibilité que la mort soit un sommeil éternel... songez à la fois où vous avez été le plus fatigué et à quel point le sommeil était attirant. Est-ce si mauvais ? Surtout quand on sait que l'essence de ce que nous avons été sera avec nos êtres chers pour le reste de leur vie.

En l'absence de choix... et pour ce que je ne peux connaître, je ferai confiance à la vie.

24 NOVEMBRE

> *... l'étonnante ou consternante réalité est que ces privations nous apportent la guérison en même temps qu'elles engendrent la douleur. Une fois la réalité de la perte acceptée, nous nous apercevons que l'être aimé avait obstrué tout un pan du possible, lequel est aujourd'hui purifié comme un ciel lavé par la pluie... Libres, nous cherchons à nouveau, enrichis par la souffrance. Et cette impulsion constante qui nous pousse à avancer échoue toujours à mobiliser de nouvelles forces. La chute est brutale, mais nous nous mettons en route encore une fois.*
>
> — Albert Camus

C'est un échange que nous n'aurions jamais fait de plein gré, et pendant un certain temps le « pan du possible » n'est rien d'autre que le deuil. Rien ne nous attire.

Mais le temps passe, et nous sommes alors capables de nous distancier un peu de notre chagrin et d'examiner notre vie ; nous découvrons un espace vide, que remplissait auparavant la relation que nous avions avec l'être aimé.

Que faire de ce temps et de cette énergie ? Peut-être seront-ils utilisés à l'intérieur de certaines activités que nous pratiquons déjà. Ou peut-être le temps est-il venu d'envisager quelque chose de nouveau. Peut-être pourrons-nous voir, dans le transfert de l'énergie habituellement consacrée à la relation, une façon de conserver bien vivant le souvenir de l'être aimé. Utilisons cette énergie pour une chose qui en vaut la peine !

J'entreprends un nouveau chapitre de mon existence. Que vais-je y mettre de neuf ?

25 NOVEMBRE

Quelque chose en moi se réveille après un long sommeil, et je veux revivre et bouger encore. Je retrouve mon entrain, et j'éprouve une immense gratitude envers ceux qui m'aiment ainsi qu'un intense désir de les aimer aussi. J'apprécie énormément la vie. Je ne me suis pas dit que je devais être reconnaissant. Je le suis, c'est tout.

— Alan Paton

C'est comme retrouver la santé après avoir été gravement malade. Chaque journée semble un cadeau : le soleil est plus éclatant ; l'air, plus limpide ; le goût des aliments flatte le palais.

« Renaissance » n'est pas un mot trop fort pour désigner ce retour au bonheur, cette appréciation véritable de la vie. Mais, d'une certaine façon, c'est un monde différent dans lequel nous renaissons. Nous reconnaissons certains éléments qui se trouvaient dans le monde précédent – le même mobilier, la même ville, les mêmes personnes pour la plupart –, mais tout a une nouvelle coloration. Les fondations ont été ébranlées, elles ont menacé de nous faire glisser dans l'abîme, puis elles se sont replacées. Le fait d'avoir survécu à la tempête nous a rendu plus forts.

Dans ce monde qui nous semble nouveau, le temps a ralenti, en quelque sorte, comme lorsque nous étions enfant. Et notre gratitude pour les merveilles de ce monde est presque aussi profonde et simple que celle d'un enfant – gratitude pour un monde lavé par nos larmes, aussi frais maintenant qu'un paysage après la pluie.

Survivre à un grand chagrin, c'est renaître dans un monde nouveau.

26 NOVEMBRE

Alors, il s'est éteint, et toutes les trompettes ont résonné pour lui de l'autre côté.

— John Bunyan

Si nous croyons en une vie après la mort, quelles images entourent cette croyance ? L'imagerie victorienne ne semble pas particulièrement convaincante ni attirante. « Les chœurs célestes » suscitaient l'antipathie de Mark Twain, qui se demandait pourquoi nous dépeignons un ciel rempli de toutes ces choses que nous pouvons difficilement supporter sur terre. Pas de sexualité. Des chœurs célestes. De grâce !

L'image utilisée par John Bunyan dans *Le voyage du pèlerin* semble démodée sous bien des aspects.

Mais qu'est-ce que la mode vient faire là-dedans ? Tout ici est hypothétique ; ce sont des tentatives pour exprimer l'inconnaissable.

Les images modernes font référence à la lumière : un tunnel, peut-être, et puis la lumière ! Toujours de la chaleur. Toujours un amour incroyablement merveilleux. Pour plusieurs, ce sont les visages de certains êtres aimés. Une image de Dieu, ou autres personnifications religieuses.

Qui sait ! Mais le son des trompettes accueillant un triomphant guerrier spirituel n'est pas un mauvais choix. Quelle musique jouaient-elles ? Nous devons attendre pour le savoir.

En imagination, je me dirige vers les bras accueillants de l'être aimé.

27 NOVEMBRE

En cherchant le jardin de ma mère, j'ai trouvé le mien.

— Alice Walker

Lorsque nous perdons un être cher, notre héritage – cette série de gènes et de circonstances qui nous a permis d'exister – prend une importance plus grande encore dans notre esprit. Ou peut-être que l'intensité du sentiment généré par la perte que nous avons subie rend encore plus important tout ce qui l'était déjà.

Nous chérissons peut-être nos aïeux d'une façon nouvelle, appréciant ce qu'ils ont été et ce qu'ils nous ont transmis, non seulement les caractéristiques physiques telles que la couleur des yeux et la forme du corps, mais des choses comme un don pour les mathématiques, l'amour du jardinage et même des préférences alimentaires. Durant ma jeunesse, j'ai senti que le lien qui m'unissait à ma grand-mère est devenu nettement plus fort le jour où ma mère m'a dit : « Tu es comme ma mère. Les poires étaient son fruit préféré, elle aussi. » Le fait de porter son nom rendait ce lien encore plus fort. Ces éléments m'ont beaucoup rapprochée d'elle, bien qu'elle soit morte alors que j'avais deux ans. C'est ainsi que nous renforçons nos liens d'amour et trouvons un réconfort dans les réseaux de l'histoire auxquels nous appartenons, nous et nos êtres aimés.

Dans une période comme celle-ci, je me réjouis d'appartenir à cette riche structure, composée des membres de ma famille et de mes amis, qui m'inspire un sentiment de sécurité et de gratitude.

28 NOVEMBRE

La lueur s'éteignait dans le ciel bas et gris. La neige qui tombait absorbait le crépuscule. Sous un linceul de silence, les branches m'enveloppaient de leur paix. Une fois les frontières effacées, de nouveau cet émerveillement : j'existe.

— Dag Hammarskjöld

À la suite d'un grand chagrin, comme nous sommes très sensibles aux ombres, aux symbolismes de l'expérience et aux mystères des confins de la vie, peut-être pouvons-nous, plus qu'en d'autres temps, ressentir une sorte de vibration qui nous unit à tout ce qui est.

Alors que j'émergeais d'un grand chagrin, je me revois debout sur une véranda au sommet d'une montagne par une limpide nuit d'été ; j'ai eu l'impression qu'un lien presque tangible existait entre moi et les étoiles scintillant dans le ciel nocturne par-delà le sommet de la montagne qui se dressait par-devant.

Cette tendresse envers la création est un présent chèrement payé ; c'est peut-être une sorte de conscience élargie qui est éveillée par notre recherche dans l'univers de ce que nous avons perdu : « Où es-tu ? Est-ce que tu peux lire dans mes pensées ? Me vois-tu, ici, alors que je pense à toi ? Je t'aime. Je sais que tu le sais. »

Et cette conversation imaginaire avec la personne décédée peut continuer ainsi indéfiniment. Et pourtant, dans l'unité de la vie, sait-on jamais qui parle et qui écoute ?

Je resterai silencieux en mon âme et penserai à mon amour.

29 NOVEMBRE

Dieu vient vers nous. Mais, pour que cela se produise vraiment, nous devons aussi aller vers Dieu. L'autoroute est une voie à double sens. Le divin et l'humain sont invités à se rencontrer à mi-chemin.

— Wendy Wright

Comme dans toute relation, il faut un certain intérêt et de la bonne volonté des deux côtés. Peu importe l'idée que nous nous faisons de Lui, on imagine mal un Dieu qui reste en arrière, timide ou même irascible, attendant qu'on le remarque.

Mais, si nous sommes tournés et que nous ne pouvons voir, si nos oreilles sont obstruées de sorte que nous n'entendons rien, il est peu probable que nous soyons conscients d'un Dieu qui attend avec impatience de nous réconforter et de nous rassurer.

Que signifie pour nous, qui sommes en deuil et qui désirons ardemment être soutenus, cette idée d'un Dieu qui nous aime et prend soin de nous au cœur de notre chagrin ?

Peut-être devrions-nous au moins envisager la possibilité que Dieu soit là et nous attende.

Et tout comme nous anticipons le bruit de la voiture de nos invités, lorsqu'ils arrivent et que nous nous précipitons à leur rencontre pour les accueillir, si nous éprouvons un sentiment d'espoir et de confiance absolue, abandonnons-nous à cette possibilité… et voyons quelle conversation naîtra !

Toute relation requiert la participation des deux parties.

30 NOVEMBRE

Puissent les anges auxquels je ne crois pas t'amener au paradis ; à ton arrivée, puissent les martyrs depuis longtemps décomposés s'occuper de toi dans le repos éternel, et puisse le chœur des anges te conduire vers ce qui n'existe pas, la cité sainte, et la perpétuelle lumière.

— William Gibson

La raison résiste à l'idée d'une vie après la mort. Nous voyons le corps privé soudainement de vie, d'esprit. Où est-il passé ? Nous ne voulons pas être dupes, même si cela devait nous consoler. Comment un esprit peut-il vivre sans l'enveloppe charnelle qui l'a abrité toute sa vie ?

Et pourtant… nous voulons tellement croire qu'il y a plus que cela et que nous retrouverons l'être aimé. Les religions de l'humanité ont décrit un cadre dans lequel nous pouvons inscrire nos croyances. Nous avons des récits, des intuitions, des espérances. Nous avons des apparitions et des rêves, et nous avons entendu parler de vies transformées par la force de l'invisible et de l'incommensurable.

Alors, par précaution, nous exprimons notre incertitude, notre scepticisme, et puis, surgis de nulle part, l'éclair intuitif de la foi et les récits nous emportent sur leurs ailes… et nous volons !

La foi est un cadeau. Je peux ouvrir les mains pour le recevoir.

1ER DÉCEMBRE

Ayez du respect pour le jour naissant. Ne pensez pas à ce qui arrivera dans un an ou dans dix ans. Pensez à aujourd'hui.

— Romain Rolland

À n'importe quel moment de la vie, il est difficile de ne pas s'inquiéter outre mesure de ce qui nous attend. Mais, quand nous avons perdu un être cher, cela devient doublement difficile. Nos espoirs ne sont plus les mêmes, et tous les projets que nous avions élaborés et auxquels cette personne devait participer doivent être repensés. Même lorsque l'être cher est décédé à un âge avancé, nous devons réorienter nos activités futures. Si c'est un parent qui est décédé, la perte de ce « tampon » entre la mort et soi a une signification qui donne à réfléchir : Comme je représente maintenant la génération plus âgée, comment tout cela se passera-t-il pour moi ? Comment ce sera dans 10 ans, ou 20 ans, quand je serai « la personne âgée » ? Les autres seront-ils là pour m'aider ? Si c'est un enfant qui est décédé, ce bouleversement de l'ordre normal dans le drame humain fait craindre toutes sortes de souffrances dans un avenir qui aurait dû être différent.

Et dans l'intervalle, pendant que nous nous inquiétons, que nous nous tracassons et nous nous apitoyons sur notre sort, la vie s'en va doucement.

C'est une discipline difficile à acquérir — et nous n'y arrivons pas tout le temps —, mais efforçons-nous d'accueillir chaque journée comme si c'était un cadeau en soi, ou une épreuve, si c'est le cas. Mais ne dissimulons pas la lumière du soleil, ni la beauté de cette journée, dans l'ombre d'un avenir qui nous paraît désolant, et sur la nature duquel on ne peut que spéculer.

Je regarderai autour de moi aujourd'hui, en cet instant précis, et je verrai ce que m'offre la vie.

2 DÉCEMBRE

Il existe une attraction gravitationnelle, un courant infini qui, à notre insu, nous attire au-delà des choses et des personnes, mais aussi à l'intérieur de celles-ci, avec plus de profondeur et de liberté.

— Edward J. Farrell

Un des cadeaux ambigus de la souffrance (ambigus parce que ce sont des cadeaux dont nous nous serions bien passés) est l'élargissement de notre perspective. Les désagréments mineurs semblent avoir perdu toute importance. Des gens avec qui nous pensions ne rien avoir en commun occupent maintenant une place toute particulière dans notre vie. Les prouesses techniques et professionnelles sont reléguées au bas de la liste de nos priorités ; ce sont les relations humaines qui comptent.

Tout en ayant le sentiment d'être en lien avec nos amis et notre famille avec plus de profondeur et de gratitude, nous avons l'impression que nous résidons tous au cœur d'un mystère, que nous sommes reliés à la terre et au ciel, aux rythmes de l'univers, à toute la variété des êtres vivants selon des modalités que nous ne comprenons pas.

Peut-être puis-je renoncer à la mainmise « crispée » que j'exerce sur ma vie et avoir confiance que tout ira bien.

3 DÉCEMBRE

J'allais de mieux en mieux, du moins je le croyais, mais, il y a quelques jours, le temps des fêtes m'a rattrapée.

— VEUVE ENVISAGEANT SON PREMIER NOËL EN SOLITAIRE

Les souvenirs sont toujours là à nous talonner, à raviver la douleur du deuil : les anniversaires de naissance ou autres, les vacances d'été, tous les événements vécus « pour la première fois » sans la présence de l'être aimé. Mais les fêtes de Noël et de l'Hanoucca, alors que le monde entier semble prêt à célébrer, sont parmi les moments les plus difficiles de l'année pour ceux et celles qui ont survécu à la perte d'un être cher. Chacun de nous a sa liste traditionnelle de choses « que l'on fait toujours » : assister aux cérémonies religieuses, suspendre les bas de Noël, allumer les bougies, partager les mets traditionnels. Elles font partie de notre identité et témoignent de notre joie de vivre ensemble dans ce monde — et, aujourd'hui, l'une des personnes-clés avec lesquelles nous partagions cette joie est partie. Faut-il s'étonner si la seule pensée de la période des fêtes nous fait grincer des dents ?

Nous allons passer au travers, et d'autant mieux sans doute si nous pouvons en parler à d'autres personnes qui éprouvent le même sentiment de perte. Le fait d'aller vers ces gens (les pauvres, les solitaires, les sans-abris), pour qui cette période est également difficile, sera bénéfique et permettra l'expression du sens profond de ce moment de l'année.

Je sais que cette période sera difficile pour moi. Je vais l'aborder une journée à la fois. Je reconnaîtrai le chagrin lorsqu'il rôdera tout près. Et je m'efforcerai aussi d'avoir l'esprit ouvert à certains moments lorsque la joie voudra me surprendre.

4 DÉCEMBRE

Lorsque le pratiquant est bien intentionné, il est des périodes de prière qui sont bénéfiques pour le cœur, même si elles comportent des moments d'inattention et d'ennui, car elles le renforcent contre toutes les tentations.

— François de Salignac de la Mothe Fénelon

Le désespoir est tentant pour les personnes endeuillées. Il existe d'autres tentations : le déni, l'idéalisation, le refus d'être aidé, pour n'en nommer que quelques-unes. Il est certes assez facile de sombrer dans le désespoir, surtout en cette saison où chacun se prépare pour les célébrations et les réunions familiales. Et pour nous qui essayons de garder notre cœur et notre esprit « sur la voie » de la guérison, cette période comporte des difficultés supplémentaires : des distractions à profusion et trop de choses à faire. Nous sommes très fatigués, et notre tristesse est omniprésente, ce qui rend notre fardeau encore plus lourd.

Il est bon alors de tenir compte des paroles de cet écrivain et ecclésiastique du XVIIe siècle, Fénelon. Nous pouvons reconnaître les difficultés inhérentes à cette période de réjouissances, cultiver autant que possible la paix intérieure et avoir la certitude que nous ne nous égarerons pas, en attendant que passent ces semaines, parfois tristes, parfois gaies, et que les choses se calment.

Dans l'agitation des prochaines semaines, j'essaierai de consacrer quelques minutes chaque jour à une prière silencieuse : mon bouclier à moi contre le tumulte émotionnel et physique de ces journées.

5 DÉCEMBRE

Ce que nous appelons pleurer un défunt n'est peut-être pas tant le chagrin de ne pouvoir le ramener que celui d'être incapables de le vouloir.

— THOMAS MANN

Voilà des paroles difficiles à entendre pour nous qui sommes aux prises avec tous les sentiments accompagnant la perte d'un être cher. La suggestion selon laquelle il y aurait des côtés positifs à sa disparition peut être extrêmement choquante. Mais, ce dont parle Thomas Mann, c'est de l'ambivalence présente dans toute relation, même la plus aimante et la plus affectueuse.

Cela signifie-t-il que nous n'aimions pas la personne ? Non ! Ou que, tout bien réfléchi, nous ne voudrions pas la voir revenir, même si elle ne souffrait pas et qu'elle avait toutes ses facultés ? Dans la plupart des cas, non. (La personne pourrait bien ne pas vouloir revenir non plus !) Cela signifie que les équations d'une relation humaine sont formidablement complexes, comme nous le voyons lorsque nous jetons un regard honnête dans le miroir.

Aimer quelqu'un profondément, c'est connaître autant ses faiblesses que ses forces.

6 DÉCEMBRE

Morceau par morceau, je réintègre le monde. Une nouvelle phase. Un nouveau corps, une nouvelle voix. Le vol des oiseaux, la croissance des arbres, les chiens dont la chaleur imprègne une section du canapé, la simple gestuelle d'inconnus, sont autant de consolations pour moi. Cette guérison de mon être ressemble à une lente convalescence après une maladie.

— Toby Talbot

Au début de notre deuil, nous pensions que jamais plus nous ne prendrions plaisir aux petits événements ordinaires de la vie. À l'époque, nous étions convaincus que notre perception du monde serait toujours dominée par cette douleur aiguë, cette perte d'une importance primordiale. Aussi sommes-nous doublement bénis quand, peu à peu, nous recommençons à apprécier pleinement les agréables processus qui favorisent la vie, jour après jour, doucement. Nous sommes doublement bénis car les crocs acérés de la perte subie ne mordent plus constamment notre conscience, et que nous sommes conscients des merveilles qui nous entourent et contribuent au maintien de la vie, comme les cardinaux rouges se découpant sur la neige hivernale ou la chaleur d'un feu quand nous rentrons nous réchauffer. Nous avions coutume de prendre ces choses pour acquises. Et puis, ce ne fut plus possible de prendre quoi que ce soit pour acquis. Et, à présent, nous – oui, même nous – pouvons peut-être nous détendre dans nos activités quotidiennes et faire à nouveau confiance à la vie.

J'ouvrirai les yeux et tendrai les bras vers la beauté et les merveilles du monde.

7 DÉCEMBRE

Ce qui est passé et sans remède
Ne doit plus être une cause de chagrin[13].

— William Shakespeare

Ah, mais non! Ces éléments sont liés au chagrin : le fait de ne pas pouvoir changer ce qui est arrivé ni de faire revenir ce qui est disparu.

Dans la pièce de Shakespeare, *Le conte d'hiver*, Paulina envoie à son interlocuteur un message guère plus agréable à entendre que ne le serait pour nous son équivalent moderne : « Courage! C'est terminé. Vous ne pouvez rien y changer. Acceptez-le tout simplement et continuez de vivre. »

C'est déjà assez difficile d'entendre ce genre de conseil de la bouche d'amis bien intentionnés. C'est pire encore si nous nous adressons de pareilles exhortations et éprouvons de la culpabilité du fait de ne pouvoir les suivre.

Bien sûr, nous ne voulons pas nous morfondre et pleurer l'être cher éternellement. Mais le moyen le plus sûr d'éviter cela n'est pas de mettre un couvercle sur la marmite du deuil et de tenter de nous en éloigner, mais de l'affronter honnêtement, d'éprouver sa douleur et sa colère aussi longtemps que nécessaire. Quand nous serons en mesure de le faire, nous pourrons intégrer dans notre vie le sens de cette perte, et poursuivre notre route.

Intégrer cette perte dans ma vie est un long processus, et j'y mettrai le temps qu'il faut.

---

13. N.d.T.: Traduction tirée du site Web InLibroVeritas.

8 DÉCEMBRE

J'ai demandé au chirurgien orthopédique qui me soignait s'il arrivait souvent que des gens se fracturent un os après un deuil; sans cesser d'examiner mon pied blessé, il a répondu : « Évidemment, les gens perdent alors le sens de l'équilibre. »

— Lily Pincus

Parfois, ce n'est pas aussi explicite : le corps réagissant à une blessure mentale et spirituelle en se blessant lui-même. Mais il est notoire qu'après une perte grave, il est davantage sujet aux blessures et aux maladies. Il nous incombe donc de prendre particulièrement soin de nous, d'être plus prudents en matière d'alimentation, d'éviter de conduire si nous sommes fatigués et de nous efforcer de prendre plus de repos.

Avons-nous plus d'accidents parce que nous sommes déprimés et que nous ne nous soucions pas vraiment de conserver notre santé, voire de rester en vie? Sommes-nous négligents parce que nous sommes dévorés par le chagrin? Existe-t-il dans la chimie du chagrin un élément qui affecte notre système immunitaire de sorte que notre corps combat plus difficilement l'infection? La relation entre l'esprit et le corps est étudiée comme jamais auparavant, et il nous reste beaucoup à apprendre sur ce sujet.

Mais nous savons que nous courons davantage de risques et, par respect pour nous-mêmes et pour ceux que nous aimons, nous ferions bien de veiller sur nous le plus possible.

J'ai tant de raisons de vivre, et je vivrai beaucoup mieux si je suis en santé!

9 DÉCEMBRE

Quand tout est sombre, quand nous n'entendons autour de nous que des voix désespérées, quand nous ne voyons plus d'issue, nous pouvons toujours trouver notre salut dans le souvenir d'un amour, un amour qui n'est pas simplement un rappel d'un passé révolu, mais une force vive qui nous soutient dans le présent. Grâce à la mémoire, l'amour transcende les limites du temps et nous redonne espoir à n'importe quel moment de notre vie.

— Henri Nouwen

Je me souviens d'avoir observé, à l'adolescence, une amie catholique en train de « dire » un rosaire : elle égrenait son chapelet en récitant la prière prescrite. J'étais intriguée et perplexe ; cette expression de foi était bien loin de mon héritage protestant, plus libre et où rien ne se faisait machinalement, à l'exception de la Prière du seigneur murmurée tous les dimanches.

Mais l'image des précieux grains enfilés sur une corde m'est restée, et je repense parfois à mes chers souvenirs dans cet esprit. Je revois encore l'expression de mon mari le jour où, au début de nos fréquentations, je lui avais dit que je devais me rendre dans une ville éloignée ; croyant que je partais pour de bon, il avait dit : « Je suis navré d'entendre cela. » Ce souvenir, je le conserve précieusement depuis plus de 40 ans. Ou encore, le jour où ma fille, exprimant la fierté qu'elle ressentait pour un poème que j'avais écrit, m'a demandé : « Puis-je l'apporter à l'école et le montrer à mon enseignant ? »

L'amour émanant de mes souvenirs est éternel.

10 DÉCEMBRE

Debout à son chevet, en larmes, j'ai ressenti une sorte de joie, presque une étrange gaieté, à l'idée qu'il serait bientôt libéré, et j'ai eu l'impression qu'il était à l'aube d'une grande aventure.

... Bizarrement, j'ai donc connu un atroce chagrin, mais aussi un moment de lumière alors que je lui disais au revoir.

— MARTHA WHITMORE HICKMAN

C'était mon père qui agonisait sur ce lit. Je savais que j'éprouverais du chagrin. Mais, même si je crois en une vie après la mort, je ne m'attendais pas à éprouver cet étrange sentiment de bonheur en anticipant l'aventure et la joie. Pas sur le coup. C'était donc un immense cadeau, bien qu'éphémère.

Nul parmi nous ne sait ce qui se cache de l'autre côté de la mort, mais nous avons des indices : dans les récits transmis, dans nos propres expériences, dans des livres décrivant des expériences de mort imminente ; et ces signes donnent espoir et nous promettent qu'au-delà de la mort, il y a la lumière où nous serons bien accueillis et où nous connaîtrons des sentiments inimaginables de paix et de joie. Ces indices sont tellement réconfortants dans les heures sombres. Nous sommes absorbés par ces images comme par les grains d'un chapelet. Oui, pensons-nous. L'espoir est légitime. Tout va s'arranger à la fin.

Dans mes moments sombres, conduis-moi vers la lumière.

11 DÉCEMBRE

Le soir s'attardent les pleurs, mais au matin crie la joie.

— Psaumes 30,6

Combien de fois sommes-nous restés éveillés durant la nuit, le cerveau rempli de pensées stressantes, ruminant tel ou tel problème et, pour couronner le tout, avec la frustration de ne pouvoir faire ce que nous aurions dû faire, c'est-à-dire dormir ! Au matin, même si nous sommes fatigués, les choses se présentent habituellement sous un meilleur jour.

Être aux prises avec un profond chagrin est une affliction beaucoup plus fondamentale qu'une simple agitation nocturne ; mais on dirait que le chagrin oppresse plus fortement notre cœur lorsque tout est sombre et silencieux. C'est un bon moment pour pleurer. C'est quelquefois un moment incontournable pour laisser couler les larmes.

Puis vient le matin. Et, même si la tristesse persiste durant la journée, elle est un peu adoucie parfois par la vue du soleil qui brille, l'odeur du café, certains gestes routiniers et familiers.

Sans parler des connotations symboliques de la nuit et du matin – si sombre que soit notre tristesse, il y a certainement des jours plus radieux qui nous attendent !

J'accueillerai le soleil dans ma vie, pour sa chaleur, sa lumière et l'espérance qu'il apporte.

12 DÉCEMBRE

Ils sont peut-être morts et enterrés mais, tandis que nous parvenons peu à peu à les voir sous un jour nouveau, c'est comme s'ils parvenaient eux aussi à nous voir différemment — et, grâce à eux, nous arrivons à mieux nous comprendre nous-mêmes.

— Frederick Buechner

Il faut un certain temps pour que nous commencions à saisir cette danse délicate avec les âmes des défunts. Nous croyons que la relation immédiate a pris fin, tout en sachant que nous continuerons de nous souvenir et d'éprouver du chagrin.

Or, tandis que nous revivons en esprit les expériences que nous avons vécues avec l'être physiquement disparu, la présence psychique de ce dernier, plutôt que de rester confinée au corps que nous avons connu et aimé, semble prendre de l'expansion en quelque sorte et nous entourer de sa douce compréhension, de sa compassion et de son amour.

Nous engageons donc différentes sortes de conversations avec l'être aimé, des échanges sans mots bien souvent. Nous avons l'impression que nous parvenons à nous comprendre mutuellement et à apprécier ce que nous nous sommes apporté de bon ou de difficile. Nous en arrivons à sourire avec bienveillance, en repensant à tous nos émois, et à savourer la profondeur de cet amour et de cette paix.

Cher amour disparu, continue d'être avec moi, comme je suis avec toi.

13 DÉCEMBRE

Je ressens un fort et immortel espoir
Qui soutient mon esprit mélancolique
Ployé sous une charge accablante ;
Racheté de la mort, du chagrin et de la douleur,
Je retrouverai sous peu mon ami
Dans les bras de Dieu.

— Charles Wesley

Nos images proviennent de nos expériences. L'image d'un être bercé dans les bras de Dieu est une ancienne analogie souvent employée pour faire référence à un amour aussi primordial et indispensable que celui d'un parent qui berce un tout jeune enfant. Pourrions-nous imaginer plus grande sécurité ?

Si nous avons eu des enfants, nous connaissons cette sensation et nous savons que, pour un parent, le besoin de bercer un nouveau-né sans défense est aussi fort que le besoin de l'enfant d'être tenu dans les bras de sa mère ou de son père. À défaut d'avoir été parents, nous avons certainement été témoins – chez des amis ou dans notre famille – de ce genre de tendresse, de cette attention mutuelle absolue. Que pourrions-nous espérer de mieux pour l'être aimé disparu que d'être accueilli par un amour aussi nourricier et vaste, un amour dont nous hériterons nous aussi quand notre tour viendra ?

Je confie mon cher disparu à l'amour qui embrasse tout.

14 DÉCEMBRE

Je suis debout sous la voûte dorée de ton ciel nocturne et je lève des yeux ardents vers ton visage.

Je suis arrivé à l'orée de l'éternité, là où rien ne peut disparaître : nul espoir, nul bonheur, nulle vision d'un visage aperçu à travers les larmes.

Oh, baigne ma vide existence dans cet océan, plonge-la dans la plus profonde plénitude. Laisse-moi pour une fois ressentir ce doux contact perdu dans la totalité de l'univers.

— Rabindranath Tagore

La vision d'une éternité où rien ne se perd peut être très réconfortante. Car, même si l'être aimé est séparé de nous pour un temps, nous avons le sentiment de faire partie de l'Unité de la création qui englobe tout ; lorsqu'à notre tour nous franchirons la frontière de l'éternité, nous expérimenterons cette ultime plénitude où demeure l'être aimé, et où nous résiderons aussi.

Cette espérance, cette image de l'amour retrouvé au cœur de la lumière et de l'amour universels, est un élément de la conception du monde, partagée par tant d'individus et de communautés qu'il doit certainement y avoir quelque chose derrière tout cela !

Dans l'unité de la création, je peux espérer retrouver l'être que j'aime.

15 DÉCEMBRE

Béni sois-Tu d'être mon œil.
Puisse mon œil bénir tout ce qu'il voit;
Je bénirai mon voisin,
Puisse mon voisin me bénir.

— Prière celtique

Nous sommes tous liés; nous avons tous besoin des bénédictions des uns et des autres!

Un geste utile, que nous pouvons poser pendant que nous traversons cette journée, est de nous efforcer consciemment d'offrir une bénédiction silencieuse à tous ceux que nous rencontrons. Cela ne leur fera certainement aucun mal et nous aidera à les approcher avec un maximum de compréhension et de bonne volonté.

Et qui sait! Il se peut qu'ils captent l'énergie des pensées que nous dirigeons vers eux et qu'ils nous répondent avec une sensibilité et une grâce inhabituelles. (Nous ne pouvons parier là-dessus, et l'absence d'une telle réaction n'invalidera pas notre élan en leur faveur. Au moins, la bonne volonté dans le monde aura franchi quelques échelons!)

Je bénirai mon voisin. Puisse mon voisin me bénir.

16 DÉCEMBRE

« Vous allez vous embarquer, dit-il, sur une mer calme, et il fera beau, parfois, mais pas toujours. Vous rencontrerez des tempêtes et vous y survivrez. À tour de rôle, vous dirigerez votre bateau par beau temps comme par mauvais temps. Ne perdez jamais courage. Un havre sécuritaire vous attend tous deux au bout du voyage. »

— Daphné du Maurier

L'auteure décrit ici une relation à l'intérieur d'un long et heureux mariage, mais ce pourrait être n'importe quelle relation de longue durée entre deux personnes qui s'aiment. En repensant aux vicissitudes de l'existence, au « beau temps et au mauvais temps » que toute relation intense et de longue durée rencontre inévitablement, que peut-on espérer de plus que cette reconnaissance à l'effet que nous avons affronté des tempêtes et avons survécu, et qu'un havre sécuritaire nous attend tous les deux à la fin du voyage ?

Il est rare que deux personnes qui s'aiment atteignent le port en même temps. L'une des deux y arrive la première. Dans notre cas, dans cette relation, nous arriverons en second lieu. Et ce n'est pas entretenir de trop grands espoirs que d'imaginer cet être que nous avons aimé – et nos autres êtres chers partis avant nous – là, sur le quai, prêt à nous accueillir à la maison.

Confiant dans les étoiles qui me guident et les vagues qui me portent, je mets le cap sur ce havre où m'attendent les êtres qui me sont chers.

17 DÉCEMBRE

La valeur suprême n'est pas l'avenir mais le présent.

— Octavio Paz

Le présent est bien assez difficile à supporter lorsque nous sommes aux prises avec un deuil récent. Mais nous aggravons notre chagrin en nous représentant constamment les années à venir et les événements que nous connaîtrons, alors que se fera cruellement sentir l'absence de l'être aimé.

Dans une certaine mesure, cette anticipation est non seulement inévitable, mais utile : c'est une sorte de préparation pour ce qui s'en vient et une façon de nous habituer à la perte de l'être cher en réfléchissant à toutes ses conséquences.

Mais, après un certain temps, nous devons nous rappeler que nous vivons un jour à la fois et que ce jour-là, cet instant-là, est tout ce que nous avons, qu'il représente notre seule certitude. Sir William Osler dit qu'il faut vivre sa vie comme si chaque jour était « compartimenté », faire comme le capitaine qui, d'une simple pression sur un bouton de commande, ferme les cloisons étanches de son navire.

C'est nous qui contrôlons les boutons de commande de nos préoccupations et de nos inquiétudes, et nous aurions tout intérêt à concentrer principalement notre attention sur les moments et les heures du jour qui est là devant nous.

J'essaierai de traverser cette journée avec élégance et efficacité.

18 DÉCEMBRE

En conséquence, ce n'est pas la volonté de Dieu que nous prolongions notre souffrance dans le chagrin et que nous pleurions sur elle ; Il veut plutôt que nous surmontions soudainement cette douleur et que nous nous maintenions dans Sa joie infinie.

— Julienne de Norwich

Plus facile à dire qu'à faire, non ?

À un certain niveau, nous avons peut-être le sentiment que ce serait négliger le travail de deuil que d'y mettre fin, ne pas honorer l'être aimé comme il le mérite et banaliser en quelque sorte notre chagrin.

Mais, pendant quelque temps du moins, nous pouvons peut-être prendre du recul par rapport au deuil et avoir confiance que l'univers en prendra soin. S'il est vrai que la création est une, alors nul chagrin – et nulle joie – ne se perd. Nous avons besoin de pleurer l'être aimé, mais ce dernier n'attend pas cela de nous. Et Dieu non plus n'a pas besoin que, dans notre petit coin de l'univers, nous rétablissions l'équilibre du monde en faisant correspondre notre chagrin à l'intensité de la perte que nous avons subie.

Pensez à cette phrase que l'on retrouve dans la religion populaire traditionnelle : « Lâchez prise ; confiez cela à Dieu. » Ce faisant, allégez votre fardeau, confiant que Dieu saura mieux que vous ce qu'il convient de faire – ce qu'il a probablement déjà fait.

Si nous avons foi en Dieu, alors, après le deuil, nous pourrons réintégrer la vie avec confiance et joie.

19 DÉCEMBRE

Que peut-on faire lorsque des personnes précieuses et uniques décèdent, si ce n'est de les faire revivre par le souvenir?

— May Sarton

Ces dernières années est apparue une coutume vraiment utile qui consiste à donner aux personnes endeuillées – au cours d'une messe du souvenir ou dans le cadre d'une autre cérémonie commémorative – l'occasion de partager les souvenirs qu'elles gardent de la personne décédée. Cela peut faire naître des larmes, des éclats de rire. Les participants sont certainement en mesure d'éprouver un sentiment de richesse en se souvenant de la personne décédée, de son identité et de son histoire.

Ce processus se poursuivra encore et encore, lors de réunions familiales ou entre amis non planifiées, quand il nous vient en tête une histoire et que nous voulons la partager. Cela remonte le moral des gens à tout coup. Même s'ils ne sont pas particulièrement élogieux, ces récits font revivre la personnalité complexe et aimée ainsi que la vie de celui ou celle qui nous manque.

À l'opposé, l'une des erreurs les plus désolantes des survivants est de ne jamais reparler de l'être aimé parce qu'ils ont trop de peine. Un tel silence, loin de diminuer la souffrance, l'augmente plutôt et peut donner naissance à une amertume envahissante et permanente.

Alors parlons-en. Souvenons-nous. Bien sûr, toutes les rencontres en famille ou entre amis ne se prêtent pas nécessairement à la remémoration. Mais nous risquons davantage de faire fausse route si nous optons pour le silence.

Je sais que le fait de parler de l'être aimé est un excellent remède!

20 DÉCEMBRE

Quand je dis que j'ai peur, cela ne doit pas te perturber, mon amour. Nous avons tous peur quand nous sommes dans une salle d'attente. Et pourtant nous devons aller au-delà… Tout ceci semble très ardu et sérieux. Mais, maintenant que je me suis débattue avec cette réalité, ce n'est plus le cas. Je suis heureuse, au plus profond de moi. Tout est bien.

— KATHERINE MANSFIELD

Voilà ce qu'écrivait Katherine Mansfield à son époux. Elle parlait de sa propre mort imminente et de sa peur.

Nous, qui pleurons la perte d'un être cher, sommes restés, en quelque sorte, dans la salle d'attente, et nous ne savons pas comment s'effectue le passage de l'autre côté. Mais, si nous comprenons que la personne qui s'apprête à traverser n'a plus peur du tout et, qu'après une longue lutte, elle est convaincue que tout ira bien, cela contribue assurément à diminuer nos propres craintes. Et à faire grandir aussi l'espoir que nous entretenons concernant ce qui se trouve de l'autre côté de la porte et que nous découvrirons lorsque nous serons appelés à entrer dans ce mystère.

Après la lutte et la peur… vient la paix.

21 DÉCEMBRE

J'ai rêvé qu'une trappe s'ouvrait sous mes pieds et que je tombais dans des terreurs souterraines.

— Hoyt Hickman

Ils seront toujours là : l'événement que fut la perte de l'être aimé, le souvenir des premiers jours du deuil et de la souffrance qui l'accompagnait, la possibilité moins présente mais réelle qu'à tout moment, nous y soyons replongés.

En un sens, nous ne voudrions pas qu'il en aille autrement. Si nous ne ressentions plus cette perte dans toute son acuité, nous risquerions de voir notre relation avec l'être aimé perdre de son intensité.

Au début, nous retombons toujours dans cette trappe. Cette image m'est revenue sans cesse, ainsi qu'à mon époux, les premières années où il a fallu composer avec la mort de notre fille.

Mais il est possible de s'extraire de ce piège, ou de reprendre pied après l'ouverture de la trappe. Et, avec le temps, nous allons nous rendre compte que nous pouvons choisir — que nous évitions de justesse la crise émotionnelle ou non. Ce n'est pas toujours un mauvais choix que d'agir ainsi. Lorsque nous découvrons que nous avons le choix, quelles que soient les circonstances, c'est une bonne nouvelle.

Même pendant que je ressens cette souffrance, l'intensité de l'amour que j'éprouve pour l'être que j'ai perdu suscite en moi de la gratitude.

22 DÉCEMBRE

Je ressens dans chacun de mes os une douleur épuisante et lancinante, et mes articulations réclament à grands cris un baume réchauffant; de l'huile douce pour remplir à ras bord mes cavités articulaires rouillées. Des somnifères, médicaments, nectars, élixirs, etc., je les veux tous; tout ce qui peut me transformer, faire de moi une autre personne, me permettre de m'oublier ne serait-ce qu'une seconde.

— Caitlin Thomas

Cela vous dit quelque chose? Si seulement nous pouvions sortir de notre peau, être la conscience d'un autre. Si nous pouvions seulement oublier cette perte atroce pendant un petit moment.

Mais, quand nous oublions — dans le sommeil ou par une diversion quelconque —, le retour est si douloureux que ce moment de répit n'en valait presque pas la peine.

Qu'allons-nous faire?

Soyons prudents. Prenons garde de ne rien faire qui soit autodestructeur, comme l'abus d'alcool et de tranquillisants. Surveillons notre santé et notre sécurité en général.

Et puis, supportons patiemment la souffrance, sachant que, aussi incroyable que cela puisse paraître dans l'immédiat, celle-ci s'estompera.

Il me revient à l'esprit une remarque de mon fils. C'était peu de temps après le décès de sa sœur dans un accident, alors que toute notre famille était terriblement bouleversée. Au milieu de son deuil, inspiré par une source de sagesse à laquelle il avait accès, il a dit d'une voix posée : « Cela prendra du temps, mais nous nous sentirons bien à nouveau. »

Cela prendra du temps, mais je me sentirai bien à nouveau.

23 DÉCEMBRE

... le souvenir nourrit le cœur, et le chagrin s'apaise.

— MARCEL PROUST

En cette période de l'année – si remplie de souvenirs et, pour la plupart des gens, de célébrations en famille –, notre chagrin nous semble presque insupportable parfois. Et le chagrin devient souvent très intense les jours de fêtes.

Mais, après quelque temps, nous commençons à apprécier le souvenir de ces époques où nous nous réunissions tous ensemble, où l'ambiance était à la fête et à l'affection mutuelle. Si la personne aimée et aujourd'hui disparue jouait un rôle particulier dans ces rituels saisonniers, nous pouvons, en reprenant ce rôle, sentir qu'un lien privilégié nous unit.

Ainsi, le souvenir « nourrit le cœur », adoucit le chagrin et, que nous en parlions ou pas entre nous, nous enveloppe pour nous réconforter et nous rassembler en tant que membres d'une même famille dans le grand fleuve humain de la vie.

Dans mon souvenir, je peux vivre à nouveau avec l'être aimé et être heureux.

24 DÉCEMBRE

À Noël, nous avons comme autrefois
Tressé sur le foyer le houx piqué de rouges graines.
En silence la neige avait couvert les plaines
Et le soir de Noël calme s'est abaissé.

À la bûche le gel mit un éclat aigu
Nul vent ne balayait la plaine solennelle
Mais partout se posait comme l'ombre d'une aile
Le muet sentiment de quelque bien perdu[14].

— ALFRED TENNYSON

Les fêtes de fin d'année sont parmi les moments les plus difficiles pour ceux qui ont perdu un être cher. Il y a tant de rituels familiaux, de souvenirs accumulés au fil des ans.

Parfois, nous nous sentons assez libres pour en parler ; en fait, comment faire autrement quand le chagrin est encore vif ?

Mais, après un certain temps, quand le deuil est passé à l'arrière-plan sans être vraiment intégré dans notre vie, cela peut même être encore plus difficile : la sourde douleur de l'absence et tous ces gens qui s'efforcent d'être joyeux.

Une année – la première année où nous avons essayé de retrouver nos rituels des Fêtes –, la tristesse inexprimée est venue roder derrière nos tentatives pour être joyeux et avoir l'esprit de répartie. Soudain, un peu comme si un metteur en scène nous avait indiqué nos déplacements, nous avons formé un cercle, posé les bras sur les épaules de nos compagnons, et nous avons reconnu et accepté notre chagrin. Ce n'est qu'ensuite que nous avons pu célébrer la fête de Noël.

En cette période des fêtes, je trouverai espoir, et chagrin également.

14. N.d.T.: Traduction de Léon Morel, *In memoriam LXXVIII*, Gallica.bnf.fr.

25 DÉCEMBRE

Là où il y a un grand amour, il y a toujours des miracles.

— Willa Cather

Chaque religion a ses miracles. Pour les chrétiens, c'est le miracle de la vie du Christ, de sa mort et de sa résurrection ; pour les Juifs, la fuite d'Égypte et la manne providentielle dans le désert ; pour les musulmans, l'ascension de Mahomet depuis Jérusalem jusqu'au ciel.

Et nous avons nos propres miracles de l'amour : nos histoires familiales de réconciliations et de guérisons attribuables à la foi, qui défient toute explication médicale. Peut-être voyons-nous, dans nos communautés religieuses, d'autres miracles de l'amour : le déshérité que l'on fait se sentir chez soi, l'affamé que l'on nourrit, les liens de compréhension et de joie mutuelle que l'on établit par-delà les différences raciales et culturelles. Et l'on voit se reproduire constamment dans l'ensemble de la société des élans de solidarité, avec les victimes inconnues d'un désastre, qui se manifestent par la distribution de vêtements, de nourriture et d'abri.

Il y a bien sûr des difficultés, dans les relations personnelles comme dans les efforts sur le plan international. Les autres ne sont pas toujours sensibles à nos besoins, pas plus que nous ne le sommes aux leurs. Compte tenu du fait que chaque personne habite un monde unique et privé, c'est sans doute un miracle que nous nous entendions aussi bien. En cette saison de célébrations et de nostalgie, levons donc notre verre ou poussons un hourra intérieur, même dans notre chagrin, pour les cadeaux d'amour partout où ils se trouvent : chez les étrangers, les êtres aimés, ainsi que dans nos cœurs.

J'ouvrirai mon cœur à l'amour qui m'entoure.

26 DÉCEMBRE

Le temps nous redonne une joie paisible dans la présence spirituelle de ceux que nous aimons, si bien que nous apprenons à nous souvenir sans souffrir et à parler sans suffoquer sous les larmes. Mais il y aura toujours au cours de notre vie de petits rappels impromptus qui raviveront, tout en nous submergeant, l'ancienne blessure causée par le départ d'un être cher.

— Elizabeth Watson

Surtout à ce moment de l'année, alors que les familles célèbrent le temps des fêtes, « les petits rappels impromptus » – et les plus importants aussi – viennent nous tourmenter. Nous pensions aller bien, et puis voilà que nous pleurons l'être cher comme s'il était parti la veille.

Nous devons prendre courage. Si la perte est récente, le chagrin est écrasant, cela se comprend. Si elle a eu lieu il y a un certain temps déjà et que nous pensions avoir connu le pire, alors, cette fois-ci, il faudra peut-être moins de temps pour que la « joie paisible » revienne et que la présence spirituelle réintègre sa voie calme et infiniment précieuse.

Le deuil évolue au rythme des saisons, comme la vie. Certaines saisons sont longues, d'autres sont courtes. Mais, si nous faisons preuve de détermination dans nos efforts pour vivre l'instant présent, conscients que ce moment cédera la place à un autre, nous pouvons avoir la certitude, en ces périodes où la douleur se ravive, que les choses s'amélioreront.

Au moment où je ressens le plus intensément la blessure du deuil, puissé-je garder en quelque lieu de mon cœur la certitude de me sentir mieux un jour.

27 DÉCEMBRE

L'amour est la pulsation de toute vie.

— Paramahansa Yogananda

Nous la sentons en nous, cette mystérieuse force créatrice qui nous permet de tendre la main à l'étranger dans le besoin et à ceux sur qui nous comptons pour alimenter notre vie et la partager. Notre besoin d'aimer les autres est aussi constant que le battement de notre cœur. C'est pourquoi nous bâtissons un réseau qui soutient et améliore la vie, et c'est principalement au sein de ce réseau que nous trouvons le sens de notre vie.

Puis, voilà qu'une des principales composantes du réseau nous est enlevée. Nous sommes sidérés. Le système entier sombre dans le chaos.

Mais l'énergie est encore là. L'amour n'est pas une disposition limitée, finie, pas plus que l'énergie libérée dans la création ne peut être pleinement maîtrisée, enfermée ou dépensée.

L'amour que nous prodiguons à l'être disparu se dirige encore vers lui. Mais, dans notre chagrin, l'amour semble prendre de l'expansion et, dans cette compassion d'un cœur tendre, nous reconnaissons la force des liens qui nous unissent tous : la vie à la vie, le fragment au fragment, l'amour à l'amour.

L'amour qui me lie à l'être disparu nous relie tous.

28 DÉCEMBRE

— Mais, Mamie, est-ce que tout va vraiment bien? Vraiment?

Voilà un exemple parfait d'une interrogation cosmique, sortie de la bouche d'une petite fille en chemise de nuit blanche, brosse à dents à la main, et qui sent que l'inconnu rôde autour du connu… Comme je dois trouver une réponse pour elle, je baisse les yeux vers le visage sérieux qu'elle lève vers moi…

— Oui, Léna, tout va bien.

Et les deux fillettes grimpent avec moi sur le lit à colonnes pour chanter des comptines et raconter des histoires.

— MADELEINE L'ENGLE

« Est-ce que tout va vraiment bien ? Vraiment ? » Bien qu'elle revête différents aspects à différents moments, c'est notre question la plus fondamentale. Elle est là, derrière nos incursions dans les domaines théologique et éthique, derrière nos rêves angoissés, nos craintes et nos espoirs, alors que nous sommes au chevet de nos êtres chers, confrontés au mystère de la mort.

Nous n'avons aucun moyen de savoir si vraiment et jusqu'à quel point « tout va bien ». Mais si nous croyons fermement que, derrière les mystères et les dilemmes de l'existence, il y a un Créateur qui sait ce qui se passe et qui nous veut du bien, c'est un très bon début.

Et ensuite, me direz-vous ? Quoi de mieux que de chanter des comptines et raconter des histoires ?

Je ferai confiance à la vie qui m'entoure et me soutient pour traverser cette période difficile.

29 DÉCEMBRE

Durant une période sombre, l'œil commence à voir.

— THEODORE ROETHKE

Quand on est plongé dans l'obscurité, il est difficile au début de voir quoi que ce soit. Puis les yeux s'adaptent à l'absence de lumière et, petit à petit, ils commencent à voir ; nous distinguons sans doute des choses que nous n'aurions pas prises en considération si nous étions passés à côté en pleine lumière.

Ce genre de chose se produit avec la souffrance. Ce n'est pas que nous l'ayons choisi ou que nous l'aimions vraiment. Mais, après un certain temps, malgré nous et contre toute attente, nous nous rendons compte qu'en supportant toute cette souffrance, nous avons acquis une certaine sagesse. Le sentiment que nous avons de ce qui est vraiment important s'est accru. Les choses insignifiantes ne nous bouleversent plus aussi facilement. Il se peut que nous fassions un autre usage de notre temps. Nous réévaluons peut-être nos exigences envers nous-mêmes et en rayons probablement quelques-unes de la liste. Après le décès de ma fille, j'ai compris que je n'avais pas à assumer la responsabilité du bien-être de tous, quelle que soit la situation sociale dans laquelle je me retrouvais. Ce fut toute une révélation. Il est des choses bien pires que les silences gênés.

Nous découvrirons probablement, entre autres choses, que nous sommes attirés par les personnes aux prises avec un deuil récent. Mieux que la plupart des gens, nous pouvons les accompagner afin qu'ils puissent, dans cette période sombre, commencer à voir.

Nous, qui avons connu l'obscurité, commençons à voir.

30 DÉCEMBRE

Je sais que mes enfants s'inquiètent à mon sujet, mais je vais bien et je suis content qu'ils me laissent seul quelques jours, de temps à autre. Leur mère leur a enseigné à prendre soin des autres, et je perçois son influence dans tout cela. Je devrais probablement considérer cette sollicitude comme un signe de sa présence ; elle est là et elle veille sur moi.

— TERRY KAY

Quand un membre de la famille décède, les survivants sont confrontés à la délicate tâche de prendre soin les uns des autres, de remplir l'espace libre créé par le départ de l'être cher.

Certaines choses, comme remplir les papiers et s'occuper des questions financières, vont de soi. D'autres, comme le degré de réconfort et de présence requis ou souhaité par la personne endeuillée, sont plus difficiles à évaluer, et il faut un certain temps pour trouver un juste équilibre. Il importe de reconnaître les bonnes intentions, et aussi de le dire avec clarté et délicatesse, quand la balance penche un peu trop d'un côté ou de l'autre.

Dans ce mouvement de va et vient, où il s'agit de savoir qui peut le mieux et le plus judicieusement agir, et en faveur de qui, l'absence de l'être aimé se fait profondément ressentir ; sinon, pourquoi ferions-nous tout cela ? Mais peut-être que l'être aimé est présent ici aussi… dans le soin que nous prenons les uns des autres, dans la tendresse avec laquelle nous tentons de chausser des bottes impossibles à chausser.

J'essaierai d'être honnête et délicat dans ma façon de composer avec les réactions d'autrui par rapport à la perte que j'ai subie.

31 DÉCEMBRE

Il fait nuit maintenant. La neige est d'un bleu profond, et l'océan, presque noir. Le temps est venu d'écouter un peu de musique.

— MAY SARTON

Au cœur de l'hiver le plus profond, de la nuit la plus sombre, qu'allons-nous faire ?

Reconnaître le froid et l'obscurité, le mystère d'un noir océan incompréhensible qui semble s'étirer à l'infini… et puis chanter !

Ou, en d'autres termes : « Mieux vaut allumer une chandelle que de maudire l'obscurité. »

Une des qualités dont peut se glorifier l'être humain est sa capacité de courir des risques, de voir au-delà du spectacle immédiat, de faire naître un peu d'espoir et de s'aventurer dans un monde parfois menaçant.

Puisse donc cette veille du Nouvel An – ce passage à une autre année, cet événement marquant qui a son aura de tristesse, car j'aborde l'année nouvelle sans l'être aimé –, puisse-t-elle être pour moi un moment de musique. Et, si j'en suis capable – maintenant, sinon plus tard –, puissé-je entendre dans mon cœur la voix de l'être que j'aime s'élever avec la mienne pour faire l'éloge de la vie, faire naître l'espoir en la vie, afin que nous nous joignions aux autres sur cette planète dans un « Alléluia », pour célébrer ensemble les expériences que nous avons partagées, et partageons encore, et rendre hommage à ces liens qui nous unissent les uns aux autres, par-delà le temps et la mort, dans la gratitude et l'amour.

Bonne année. Alléluia. Amen.

L'auteure

Martha Whitmore Hickman a écrit plus de 20 livres pour adultes et enfants. Parmi les livres destinés aux adultes, on trouve : *The Growing Season, Fullness of Time* et *I Will Not Leave You Desolate.* Et, parmi les livres destinés aux enfants, on trouve : *And God Created Squash, When Andy's Father Went to Prison*, et *Eeps Creeps, It's My Room.*

Originaire du Massachusetts, Martha est une Phi Beta Kappa diplômée de Mount Holyoke. Elle intègre à ses écrits les points de vue de la mère, de la grand-mère, de l'épouse et parfois ceux de l'éditrice et de l'enseignante qu'elle est.

Elle vit actuellement avec son mari à Los Altos en Californie.